普通高等教育城市轨道交通系列教材

LIECHE YUNXING JISUAN YU SHEJI
列车运行计算与设计

（第3版）

刘海东　丁　勇◎主　编
王保山　陈绍宽　柏　赟◎副主编

人民交通出版社

北京

内 容 提 要

本书为普通高等教育城市轨道交通系列教材。全书共 12 章，主要内容包括列车牵引力，列车运行阻力，列车制动力，合力曲线、运动方程及时分解算，列车制动问题解算，牵引质量的确定，列车运行能耗计算及节能技术，多列车运行计算与分析，自动闭塞区段信号布置方法，城市轨道交通列车运行计算，高速列车运行计算，列车运行计算软件。

本书主要可作为高等院校轨道交通类专业的专业课教材。

图书在版编目(CIP)数据

列车运行计算与设计/刘海东，丁勇主编. —3 版. —北京：人民交通出版社股份有限公司，2024.12.
ISBN 978-7-114-19781-9

Ⅰ. U292.4

中国国家版本馆 CIP 数据核字第 20244R52B1 号

书　　名：	列车运行计算与设计(第 3 版)
著 作 者：	刘海东　丁　勇
责任编辑：	李　良
责任校对：	赵媛媛　魏佳宁
责任印制：	刘高彤
出版发行：	人民交通出版社
地　　址：	(100011)北京市朝阳区安定门外外馆斜街 3 号
网　　址：	http://www.ccpcl.com.cn
销售电话：	(010)85285911
总 经 销：	人民交通出版社发行部
经　　销：	各地新华书店
印　　刷：	北京市密东印刷有限公司
开　　本：	787×1092　1/16
印　　张：	14.75
字　　数：	348 千
版　　次：	2008 年 1 月　第 1 版
	2013 年 8 月　第 2 版
	2024 年 12 月　第 3 版
印　　次：	2024 年 12 月　第 3 版　第 1 次印刷　总第 8 次印刷
书　　号：	ISBN 978-7-114-19781-9
定　　价：	49.00 元

(有印刷、装订质量问题的图书，由本社负责调换)

第3版前言

20世纪以来，我国轨道交通技术水平及建设得到了快速发展，自2008年我国第一条高速铁路——京津城际铁路开通运营以来，截至2023年底，全国铁路运营里程达15.9万km，高速铁路里程达4.5万km，"八纵八横"高速铁路主通道已建成投产约80%。同时，截至2023年底，全国共有59个城市开通城市轨道交通运营线路338条，运营线路总长度11224.54km，投运车站总计6239座。

2018年，国家铁路局颁布了《列车牵引计算 第1部分：机车牵引式列车》(TB/T 1407.1—2018)，为适应轨道交通的发展，同时满足TB/T 1407.1—2018的要求，对《列车运行计算与设计》第2版进行了修订，主要修订内容如下：

(1) 在列车牵引力计算部分，增加了新型机车的牵引系统参数，更新了内燃机车牵引力海拔修正系数及环境温度修正系数；在列车阻力计算部分，调整了滑动轴承重车的单位阻力公式，增加了新型机车的单位基本阻力公式，更新了单位加算附加阻力的计算公式；在列车制动力计算部分，调整了机车、货车的实算和换算摩擦系数公式，修改了机车、车辆换算闸瓦压力表；在合力曲线、运动方程及时分解算部分，更新了图解法比例尺取值表；在列车制动问题解算部分，更新了铸铁闸瓦的距离等效摩擦系数表以及相关的计算；在牵引质量确定部分，修改了平直道最高速度下的保有加速度取值；在列车运行能耗计算部分，修改了直流传动电力机车耗电量计算公式，增加了交流传动电力机车再生制动发电量的计算公式，更新了列车运行节能技术领域的相关成果；在多列车运行计算部分，更新了固定闭塞、准移动闭塞及移动闭塞下多列车的运行过程。

(2) 在信号布局部分，调整了信号显示及追踪间隔计算部分的内容，增加了固定闭塞方式下信号布置的案例设计。在城市轨道交通列车运行计算部分，更新了车辆的性能要求、线路平纵断面的设计要求及列车制动特性等内容，并增加了无级牵引条件下列车牵引力的插值计算法；在高速列车运行计算部分，更新了线路平纵断面的设计要求、动车组牵引制动特性及列车运行模式等内容，同时增加了高速列车的操纵特性等内容；在列车运行计算软件部分，更新了国内外列车运行计算相关软件的介绍，增加了高速铁路列车运行仿真系统的介绍；附录修订了电力机车及内燃机车牵引计算主要数据表。

第3版教材由刘海东负责第3、8、9章，丁勇负责第2、10～12章，王保山负责第4～6章，陈绍宽负责第1章及附录，柏赟负责第7章。全书由刘海东统稿。

《列车运行计算与设计》是普通高等教育城市轨道交通系列规划教材，可以作为相关专业的本科生教材或教学参考资料，同时，也可以为轨道交通系统相关的政府决策与管理人员、设计与咨询人员提供参考。

本书在修订过程中,引用了大量国内外作者发表的有关轨道交通列车运行计算的相关文献,得到了北京交通大学交通运输学院城市轨道交通系毛保华、贾顺平、彭宏勤、杜鹏、徐彬、刘智丽、刘爽、王志美、宋丽英、许奇、梁肖、冯佳、陈垚、郑汉等老师的帮助与支持,研究生于平玮参与了附录的整理和修订工作,在此表示衷心感谢。同时感谢人民交通出版社对本书再版的大力支持。

由于编者水平和能力有限,本书仍然会有不当或错漏之处,敬请广大师生、同行和读者批评指正。

编 者
2024 年 5 月

目　录

第1章　列车牵引力 ··· 1
　第1节　牵引力的形成及分类 ·· 1
　第2节　电力机车的牵引特性 ·· 8
　第3节　内燃机车的牵引特性 ·· 12
　第4节　牵引力的计算标准和取值规定 ······································ 15
　习题 ··· 22

第2章　列车运行阻力 ··· 23
　第1节　概述 ·· 23
　第2节　基本阻力 ··· 24
　第3节　附加阻力 ··· 30
　第4节　列车运行阻力计算 ·· 33
　习题 ··· 35

第3章　列车制动力 ·· 36
　第1节　列车制动方式 ··· 36
　第2节　列车制动力的产生及限制 ··· 38
　第3节　闸瓦压力摩擦系数 ·· 40
　第4节　闸瓦压力 ··· 42
　第5节　列车制动力的计算 ·· 45
　第6节　动力制动力 ·· 54
　习题 ··· 58

第4章　合力曲线、运动方程及时分解算 ·· 59
　第1节　作用于列车的合力 ·· 59
　第2节　合力曲线图的绘制及应用 ··· 59
　第3节　列车运动方程式 ··· 64
　第4节　列车速度时分曲线的计算 ··· 67
　第5节　列车速度时分曲线的绘制 ··· 68
　第6节　线路纵断面化简 ··· 74
　习题 ··· 77

第5章　列车制动问题解算 ·· 78
　第1节　概述 ·· 78

第2节　制动距离及其计算 ·················· 79
　　第3节　列车换算制动率的解算 ·············· 87
　　第4节　列车紧急制动限速的解算 ············ 87
　　习题 ································· 91

第6章　牵引质量的确定 ···················· 92
　　第1节　概述 ······························ 92
　　第2节　牵引质量的计算 ···················· 92
　　第3节　牵引质量的验算 ···················· 96
　　第4节　牵引定数的确定 ···················· 98
　　习题 ································· 101

第7章　列车运行能耗计算及节能技术 ········ 102
　　第1节　内燃机车燃油消耗量计算 ··········· 102
　　第2节　电力机车耗电量计算 ··············· 104
　　第3节　列车运行能耗的其他计算方法 ······· 106
　　第4节　列车运行节能技术 ················· 109
　　习题 ································· 116

第8章　多列车运行计算与分析 ·············· 117
　　第1节　自动闭塞系统的基本原理 ··········· 117
　　第2节　列车追踪间隔时间计算 ············· 120
　　第3节　多列车运行计算原理 ··············· 122
　　第4节　案例设计及分析 ··················· 128
　　习题 ································· 130

第9章　自动闭塞区段信号布置方法 ·········· 131
　　第1节　信号布置的目标及要求 ············· 131
　　第2节　信号布置方法 ····················· 135
　　第3节　信号布置检验 ····················· 139
　　第4节　案例设计及分析 ··················· 143
　　习题 ································· 148

第10章　城市轨道交通列车运行计算 ········· 149
　　第1节　城市轨道交通列车运行计算的要素 ··· 149
　　第2节　城市轨道交通列车运行计算方法 ····· 158
　　第3节　城市轨道交通线路纵断面优化设计 ··· 163
　　习题 ································· 168

第11章　高速列车运行计算 ················· 169
　　第1节　高速列车运行计算的要素 ··········· 169
　　第2节　高速列车运行计算方法 ············· 184
　　习题 ································· 192

第 12 章　列车运行计算软件 …………………………………………………………… 193
　第 1 节　概述 …………………………………………………………………………… 193
　第 2 节　通用列车运行计算系统（GTMS） …………………………………………… 198
　第 3 节　通用列车运行计算系统（GTMS）的应用 …………………………………… 208
　习题 ……………………………………………………………………………………… 213
附录　部分机车牵引计算数据表 ………………………………………………………… 214
参考文献 …………………………………………………………………………………… 227

第1章 列车牵引力

牵引力是列车运行动力的来源,通过牵引机车或动车产生。自19世纪20年代火车诞生以来,铁路从最早的以蒸汽机为动力,已经发展到主要由内燃机车、电力机车等提供动力的时代,这三种方式均属于动力集中模式。本章主要介绍列车牵引力的形成与分类、黏着牵引力、电力机车的牵引特性、内燃机车的牵引特性、列车牵引力的计算标准和取值规定。

第1节 牵引力的形成及分类

一、列车牵引力的定义

机车产生的牵引力是指引导列车运行并可控制的作用力。列车牵引力主要是由机车动力装置发出的内力经传动装置传递,在轮周上形成切线方向力,再通过轮轨间的黏着而产生的、由钢轨反作用于轮周上的外力。

二、列车牵引力的形成

就电力机车而言,牵引力是由牵引电动机产生的内力传递到钢轨后得到的钢轨对机车的反作用力。以交-直传动电力机车为例,牵引力的产生过程是:机车受电弓将接触网的高压交流电引入主变压器的原边绕组,主变压器将高压交流电变为低压交流电,由次边绕组经整流器整流后,以直流电供给牵引电动机,牵引电动机转轴输出转矩 M_d,并通过齿轮传给动轮,再通过动轮与钢轨间的相互作用,产生钢轨对动轮的切向反作用力,即机车牵引力,使机车运动起来。电力机车牵引过程的实质是电能变为机械能、内力引起外力的过程。

下面从力学角度对机车牵引过程进行分析,如图 1-1 所示。机车通过轮对将自身重量 P_g 作用在钢轨上,通过轮轨接触点 C,产生钢轨对车轮的反向作用力 N。当牵引电动机输出转矩 M_d 时,通过大小齿轮啮合,传递给动轮一个转矩 M。然后 M 驱动半径为 R 的动轮绕其圆心 O 转动时,受到轮轨接触面摩擦的阻碍,从而形成车轮与钢轨间的作用力 F' 与反作用力 F。此时 M 转化为 F' 和 F'' 力偶,由 F' 作用于钢轨,得到钢轨的反作用力 F。由于轮轨间的黏着作用(将在后文中介绍),反作用力 F 阻碍了动轮与轨面间的滑动,因此 F'' 推动动轮以 C 为瞬时转动中心滚动,并将力传递给轴箱,再通过转向架及车架传至车钩,牵引列车运行。牵引力的计算公式如下:

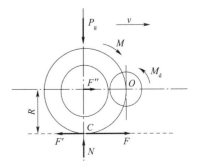

图 1-1 机车牵引力的形成力学图

$$F = \frac{M}{R} \tag{1-1}$$

三、黏着牵引力

1. 轮轨间的摩擦

轨道车辆是通过车轮与轨道间的接触摩擦来实现运动的,根据刚体动力学的分析:沿轨道自由滚动的车轮,具有不断变化的瞬时转动中心,车轮和轨道的各个接触点在它们接触的瞬间是没有相对运动的,轮轨之间的纵向水平作用力就是物理学所说的静摩擦力。静摩擦力最大值被定义为"最大静摩擦力",是一个与运动状态无关的常量。它等于钢轨对车轮的垂直支持力 N 与静摩擦系数 μ 的乘积。其实,这只是一种从刚体力学角度出发的难以实现的理想状态。如果能达到此状态,则可能实现的牵引力最大值约为轮轨间的最大静摩擦力。

另一种情况则相反:轮轨间的纵向水平作用力超过了维持静摩擦力极限值——最大静摩擦力,轮轨接触点发生了相对滑动,机车动轮在强大力矩的作用下快速转动,轮轨间的纵向水平作用力则变成了滑动摩擦力,其值比最大静摩擦力小很多,机车运行速度很低,这种状态称为"空转"。"空转"是一种不正常状态,在这种状态下,牵引力反而大幅降低,钢轨和车轮都将遭到剧烈磨耗。如果在列车起动时发生机车动轮"空转",列车未能起动而司机又没有及时采取措施减小动轮所受力矩,则可能发生钢轨的轨头被磨掉,甚至动轮陷入钢轨凹下深坑内的严重事故。

2. 轮轨间的黏着

车轮和钢轨在很高的压力作用下都有变形,轮轨间实际是椭圆面(Hertz 曲面)接触而非点接触,如图 1-2 所示,并不存在理想的瞬时转动中心;机车运行过程中又不可避免地要发生冲击和各种振动,车轮踏面又形成圆锥形。因此,车轮在钢轨上滚动的同时必然伴随着微量的纵向和横向滑动。也就是说,实际上不是纯粹的"静摩擦状态",而是"静中有微动"或"滚中有微滑"的情形。在运行过程中,由于牵引力和惯性力不是作用在同一水平面内,造成机车前后车轮作用于钢轨的垂直载荷不均匀分配。所以,轮轨间纵向水平作用力的最大值实际上与运动状态有关,而且比物理学意义上的"最大静摩擦力"小很多。因此,在铁路牵引和制动理论中,在分析轮轨间纵向力问题时,避免用"静摩擦"这个名词,而更多地以"黏着"来代替它。在黏着状态下,轮轨间纵向水平作用力的最大值被定义为黏着力,黏着力与轮轨间垂直载荷之比称为黏着系数。为方便应用,一般假定轮轨间垂直载荷在运行中固定不变,即黏着力的变化完全因黏着系数的变化而引起,因而黏着系数实际上是一个假定值(称为计算黏着系数)。然而,由于它和假定不变的垂直载荷的乘积等于实际的黏着力,因此这个假定值用于黏着力计算是合理可行的,实际上的计算也都是按此假定进行(本书中凡是提到黏着系数,如无特别说明,均指假定值)。

3. 蠕滑

进一步分析牵引工况轮轨接触处的弹性变形,可深化对黏着的认识。如图 1-3 所示,在动轮正压力的作用下,轮轨接触处产生弹性变形,形成椭圆形的接触面。从微观上看,两接触面是粗糙不平的。由于切向力的作用,动轮在钢轨上滚动时,车轮和钢轨的粗糙接触面产生新弹性变形,接触面间出现微量滑动,即"蠕滑"。

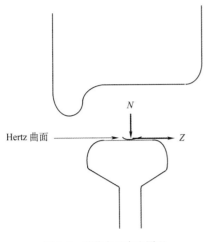 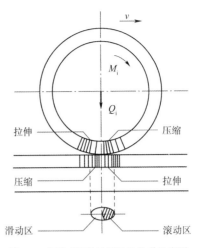

图1-2 黏着力 Z 产生原理　　图1-3 牵引工况轮轨接触处的弹性变形

蠕滑的产生是由于在车轮接触面的前部受到压缩,后部产生拉伸,而在钢轨接触面的前部产生拉伸,后部受到压缩。车轮上被压缩的金属,在接触表面的前部与钢轨被拉伸的金属相接处。随着动轮的滚动,车轮上原来被压缩的金属陆续放松,并被拉伸,而钢轨上原来被拉伸的金属陆续被压缩,因而在接触面的后部出现滑动。

轮轨接触面存在两种不同区域:接触面的前部,轮轨间没有相对滑动,称为滚动区,在图1-3中用阴影线表示;接触面的后部,轮轨间有相对滑动,称为滑动区。这两个区域的大小随切向力的变化而变化。当切向力增大时,滑动区面积增大,滚动区面积减小。当切向力增大到一定程度时,滚动区面积变为0,整个接触面间出现相对滑动,轮轨间的黏着被破坏,即出现空转。

蠕滑是滚动体的正常滑动。动轮在滚动过程中必然会产生蠕滑现象。伴随着蠕滑产生静摩擦力,轮轨之间才能传递切向力。由于蠕滑的存在,牵引式动轮的滚动圆周速度比其前进速度大。这两种速度的差称为蠕滑速度,蠕滑的大小用蠕滑率 σ 表示。

$$\sigma = \frac{\omega R_i - v}{v} \tag{1-2}$$

式中: v ——动轮的前进速度;

ω ——动轮转动的角度;

R_i ——动轮半径。

轮轨间由于摩擦产生的切向力反过来作用于驱动机构。随着切向力的增大,驱动机构内的弹性应力也增大。当切向力达到极限时,由于蠕滑的积累波及整个接触面,发展为真滑动。积累的能量使车轮本身加速,这时驱动机构内的弹性应力被解除。由于车轮的惯性和驱动机构的弹性,在轮轨间出现滑动→黏着→再滑动→再黏着的反复振荡过程,一直持续到重新再驱动机构中建立起稳定的弹性力为止。

4. 计算黏着牵引力

黏着牵引力是由于轮轨间黏着作用产生的机车牵引力,如图1-4所示。在机车牵引特性图中通常以带有阴影的曲线表示。

机车黏着牵引力的理论计算公式如下:

$$F_\mu = P_f \cdot \mu_j = (P_\mu \cdot g) \cdot \mu_j \quad (\text{kN}) \tag{1-3}$$

式中:P_f——机车黏着重力(机车动轮对钢轨的垂直载荷之和,或全部动轴荷重之和),kN;

P_μ——机车黏着质量,因内燃机车和电力机车全部车轮均为动轮,故这类机车的黏着质量等于机车计算质量,t;

g——重力加速度(如无专门说明,本书均取 9.81m/s^2);

μ_j——计算黏着系数。

计算黏着系数与气候环境、列车运行速度、机车构造、线路品质和轮轨表面状态等诸多因素有关,难以通过理论方法计算确定。图 1-5 反映了计算黏着系数与列车运行速度、气候条件的关系。因此,牵引计算过程中应用的计算黏着系数公式都是在大量试验的基础上,结合机车运用经验,根据平均值测算得到的。

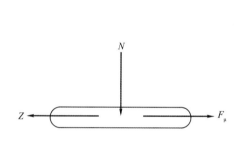

图 1-4 黏着力 Z 与黏着牵引力 F_μ　　图 1-5 黏着系数与列车运行速度、气候条件间的关系

几种机车的计算黏着系数的经验公式如下:

SS 型电力机车　　　　　　　　$\mu_j = 0.24 + \dfrac{12}{100 + 8v}$ (1-4)

8K 型电力机车　　　　　　　　$\mu_j = 0.38 \times \dfrac{10 + 0.11v}{10 + 0.2v}$ (1-5)

8G 型电力机车　　　　　　　　$\mu_j = 0.28 + \dfrac{4}{50 + 6v} - 0.0006v$ (1-6)

国产各型直流电传动内燃机车　　$\mu_j = 0.248 + \dfrac{5.9}{75 + 20v}$ (1-7)

ND_5 型电传动内燃机车　　　　$\mu_j = 0.242 + \dfrac{72}{800 + 11v}$ (1-8)

式中:v——运行速度,km/h。

对于液力传动内燃机车的计算黏着系数,目前还缺乏充分的试验资料,也没有制订通用的计算公式,因此可暂用电传动内燃机车的公式进行计算。

根据式(1-4)~式(1-8),计算黏着系数与速度的关系,结果见表 1-1。

从表 1-1 可看出,随着运行速度的提高,各种机车的计算黏着系数都有所下降。不同类型机车的计算黏着系数有所区别,主要原因是它们的走行部结构不同。

日本新干线高速列车运营初期为防止滑行发生,计算黏着系数使用了较为保守的计算

数值,其基本计算公式为:

$$\mu_j = \frac{13.6}{85+v} \quad (1-9)$$

各型机车不同运行速度下的计算黏着系数　　　　表 1-1

机型	速度(km/h)						
	0	10	20	30	40	50	60
SS 型电力机车	0.360	0.307	0.286	0.275	0.269	0.264	0.261
8K 型电力机车	0.380	0.352	0.331	0.316	0.304	0.295	0.287
8G 型电力机车	0.360	0.310	0.292	0.279	0.270	0.261	0.254
国产各型直流电传动内燃机车	0.327	0.269	0.260	0.257	0.255	0.253	0.253
ND_5 型电传动内燃机车	0.332	0.321	0.313	0.306	0.300	0.295	0.291

由于考虑了恶劣天气的影响,应用式(1-9)计算所得的计算黏着系数取值在 0.02~0.04 之间,明显偏小。随着新干线车辆技术的不断提高,100 系动车的黏着系数增加至 0.04~0.08,300 系动车的黏着系数增加至 0.04~0.1。黏着系数的提高减少了动轴数量,因而降低了运营成本,图 1-6 为新干线 0 系、100 系和 300 系动车的黏着系数变化趋势。

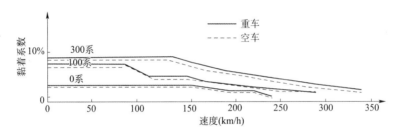

图 1-6　新干线 0 系、100 系和 300 系动车的黏着系数变化趋势

5. 黏着牵引力的修正

当机车在曲线轨道上运行时,由于外侧钢轨超高及内外侧动轮走行距离不同引起横向和纵向滑动等原因,黏着系数将会减少,通常简称为"黏降",特别是在小半径曲线时影响更显著。因此,起动地段或限制坡道部分如果存在小半径曲线,则必须进行修正和牵引质量验算。

电力机车在曲线半径 $R < 600\text{m}$ 时的修正计算黏着系数为:

$$\mu_r = \mu_j(0.67 + 0.00055R) \quad (1-10)$$

内燃机车在曲线半径 $R < 550\text{m}$ 时的修正计算黏着系数为:

$$\mu_r = \mu_j(0.805 + 0.000355R) \quad (1-11)$$

6. 黏着牵引特性

黏着牵引特性是指机车黏着牵引力与机车速度之间的关系。根据不同速度下的黏着牵引力,可以在直角坐标图中绘出黏着牵引力与速度的关系曲线,通常称为黏着牵引力曲线。一般在机车牵引特性曲线图中表示为带有阴影的曲线。

实际上,机车黏着牵引力是机车牵引力的一个限制值,机车牵引力是机车本身所具有的能力,机车黏着牵引力与机车牵引力两者必须很好地配合才能使机车特性发挥到最佳状态。

对于电力机车来说,如果牵引电动机的牵引力过大,超过黏着牵引力,那么牵引电动机的功率就不能充分发挥,机车真正能实现的牵引力是根据黏着牵引力限制值得到的黏着牵引力;反之,假如牵引电动机的牵引力小于黏着牵引力,则机车牵引力受到牵引电动机动力的限制,机车能实现的牵引力大小等于牵引电动机的动力大小。在不同条件下机车能实现的牵引力事实上是上述两种牵引力中的较小者。例如,当SS_3型电力机车的速度$v=60km/h$时,黏着牵引力为353.2kN,而牵引电动机在8-Ⅱ级时,其牵引力为255.1kN,此种情况下,轮周上的牵引力为牵引电动机的牵引力,其值等于255.1kN。

7. 提高黏着牵引力的方法

近年来,随着牵引电动机制造水平的不断提高,机车黏着特性越来越不能满足牵引力正常发挥的需要,尤其是当机车在低速和中速运行状态时,黏着力不足问题已成为限制牵引力、制动力发挥的关键问题。因此,铁路运营部门在掌握机车动轮空转的规律的基础上,采取预防措施,以提高黏着系数,使机车的黏着质量被充分利用。常用的方法有如下4类。

1) 改善轮轨接触面的状态

(1) 撒砂是目前最常用,也是最简单的一种方法。在雨、雾、霜、雪及冰冻的天气情况下,轮轨黏着系数会降低20%~30%,在油污的情况下可能降低约50%,此时通过撒砂可以使机车黏着系数提高到0.225左右。需要引起注意的是,为了得到预期的效果,必须使用质量较好的砂子,即砂子的颗粒大小、成分、硬度和湿度适合。不过,大量撒砂或频繁撒砂会影响轨道电路的信号传输,并且增加后续通过列车的运行阻力,还对滚动轴承不利。虽然对高速列车采用撒砂来增加黏着系数的方法比较简单、经济,但其效果并不是十分理想。

(2) 通过机械方法清洁钢轨表面。钢轨上的油污可以通过某些机械方法清除,使轮轨恢复正常的黏着系数,但是具体清洁方法较为麻烦,不易实际操作。

2) 提高机车走行部质量

(1) 保持机车技术状态良好,尽可能使所有的动轮具有相同的半径;保持弹簧装置的良好状态,使各动轴具有均衡的荷重;加强轮对维护,防止车轮踏面擦伤。

(2) 机车走行部应及时清洁,防止润滑油脂滴到车轮踏面和轨面上。

3) 优化设计

在新型机车设计阶段,应该合理选择机车牵引电动机的布置方式,降低牵引点高度,减少弹簧质量以避免过多轴重转移,提高黏着质量的利用率。把多台电动机在机械上连接起来也是减少空转的措施之一,还可以通过牵引电动机的无级调速控制,使牵引力变化均匀。

4) 加装空转保护措施

新型机车一般都装有防空转自动检测保护装置(也称黏着控制系统),使机车在空转刚刚发生时就能检测出来,并能自动采取措施消除空转,从而保证机车正常运行。

目前,国内外常见的黏着控制系统主要有校正型和蠕滑率控制型两大类。城市轨道交通车辆要求动车具有良好的防空转和防滑行性能,大多采用校正型的控制系统。

当轨道交通车辆产生空转时,会有如下情况发生:

(1) 空转轮对转速不正常地大幅上升。

(2) 空转牵引电动机电流不正常地大幅下降。

(3) 串联电路中一台电动机的端电压迅速上升,而另一台迅速下降。

(4) 轮对空转前有某种一定频率的扭振。

控制系统是通过检测装置测得上述空转信息的。当动车牵引力超过黏着值,空转或空转趋势达到一定程度时,控制系统快速并深度削减动轮驱动转矩,使空转得到强烈的抑制;进入再黏着恢复区后,又迅速恢复牵引力;当回升到空转前转矩的一定百分比时,再以缓慢速率增长,以便寻找一个黏着极限点。采用这种短时超越黏着的最大值,又不让空转发生的简单办法,可使轮轨经常工作在高黏着区,而使每次校正削减造成的牵引力损失都减到最小。

四、机车牵引力的分类

常用的机车牵引力分类方法有两种:一种是按机械功传递顺序分类,另一种是按能量转变过程分类。

1. 按机械功传递顺序分类

按机械功传递顺序牵引力分为指示牵引力、轮周牵引力与车钩牵引力三类。

1) 指示牵引力

指示牵引力是假设内燃机车柴油机汽缸中燃气对活塞所做的机械功毫无损失地传动到动轮周上所得到的机车牵引力。指示牵引力是一个理想情况下的概念,可由测定柴油机汽缸中的指示功计算得到,通常仅在机车设计阶段使用。

2) 轮周牵引力

机车通过动力传动装置的作用,将电能(电力牵引)或化学能(内燃牵引)最终转变成机械能,并传递到动轮上。然而,动力传动装置作用在动轮上的力矩是机车的一种内力矩,假如动轮不作用于钢轨上,则动轮只能自身旋转,而无法使机车运动。因此,使机车牵引车辆沿轨道运行的外力来自钢轨和轮周,称为轮周牵引力。轮周牵引力产生有两个必须具备的条件:机车动轮上有动力传动装置传来的旋转力矩;动轮与钢轨接触并存在摩擦作用。

轮周牵引力的产生过程为:当机车的动轮在力矩 M 的作用下,轮轨间出现相对运动趋势时,如果轮轨间的静摩擦作用不被破坏,那么动轮产生对钢轨的作用力 F' 和钢轨对动轮的反作用力 F,如图 1-7 所示。F' 与 F 两个力的方向相反、大小相等,通过式(1-1)计算其数值。

显然,反作用力 F 是由动力传动装置引起的,与列车运行方向相同的外力,其本质是可由司机调节的机车牵引力。由于 F 作用于动轮轮周(踏面),因此通常称其为轮周牵引力。

3) 车钩牵引力

机车牵引力为机车牵引客、货车辆的纵向力,通常也称其为车钩牵引力或挽钩牵引力 F_g,如图 1-8 所示。一些欧美国家以车钩牵引力作为牵引力计算标准,原因是其容易测量,计算牵引质量时用车钩牵引力也比较方便。不足之处是:在计算列车运行速度和运行时间的时候要以整个列车为单独整体,而车钩牵引力是机车和车辆之间相互作用的内力,因此车钩牵引力 F_g 不是使整个列车发生运动或加速的外力。

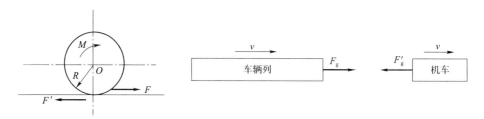

图 1-7　轮周牵引力的产生　　　　　图 1-8　车钩牵引力的概念

列车匀速运行时,车钩牵引力 F_g 等于轮周牵引力 F 减去机车运行阻力 W',是实际作用在车钩上的牵引力,即

$$F_g = F - W' \quad (kN) \tag{1-12}$$

式中:W'——机车运行阻力。

注意:我国《列车牵引计算 第1部分:机车牵引式列车》(TB/T 1407.1—2018)规定,机车牵引力以轮周牵引力为计算标准,即以轮周牵引力来衡量和表示机车牵引力的大小。由于动轮直径的变化会影响牵引力的大小,因此《列车牵引计算 第1部分:机车牵引式列车》(TB/T 1407.1—2018)又规定,机车牵引力按轮箍半磨耗状态进行计算。无论是设计资料还是试验资料,所提供的轮周牵引力和机车速度数据,必须换算到轮箍半磨耗状态。

2. 按能量转变过程分类

电力机车的电能是由牵引变电所供给的,进入机车的单向交流电经过变压整流后输入牵引电动机(交-直传动电力机车),将电能转变为带动轮对转动的机械功,然后借助于轮轨间的黏着作用转变为轮周牵引力所做的机械功。因此,电力机车牵引力受到牵引电动机和轮轨间黏着这两部分工作能力的限制;内燃机车牵引力则受到柴油机、传动装置以及轮轨间黏着的限制。根据这些限制,机车的牵引力可按机车类型的不同进行分类。

1) 电力机车
(1) 牵引电动机牵引力。　　受牵引电动机功率限制的轮周牵引力。
(2) 黏着牵引力。　　　　　受轮轨间黏着能力限制的轮周牵引力。
2) 内燃机车
(1) 柴油机牵引力。　　　　受柴油机功率限制的轮周牵引力。
(2) 传动装置牵引力。　　　受传动装置能力限制的轮周牵引力。
(3) 黏着牵引力。　　　　　受轮轨间黏着能力限制的轮周牵引力。

在一定条件下,能够实现的机车牵引力是上述这些牵引力中的最小者。

第2节　电力机车的牵引特性

一、牵引电动机特性

1. 牵引电动机电流 I_d 与运行速度 v 的关系

牵引电动机电压平衡方程式为:

$$U_d = C_e \Phi n + I_d \sum R \tag{1-13}$$

$$I_d = \frac{U_d - C_e \Phi n}{\sum R} \quad (1\text{-}14)$$

式中：C_e——牵引电动机电势常数；

Φ——牵引电动机主磁通；

n——转速；

$\sum R$——电枢总电阻。

机车速度 v 与牵引电动机转速 n 成正比，即

$$v = \frac{60\pi D n}{1000\mu_c} \quad (1\text{-}15)$$

$$n = \frac{1000\mu_c v}{60\pi D} \quad (1\text{-}16)$$

则

$$I_d = \frac{U_d - C_e \Phi \cdot \dfrac{1000\mu_c v}{60\pi D}}{\sum R} \quad (1\text{-}17)$$

式中：μ_c——齿轮传动比；

D——机车动轮直径，m。

令

$$C = \frac{1000\mu_c C_e}{60\pi D} \quad (1\text{-}18)$$

可推出

$$I_d = \frac{U_d - C v \Phi}{\sum R} \quad (1\text{-}19)$$

通常，C 称为机车常数。

式(1-19)说明机车和电动机的结构参数一定时，牵引电动机电流由其端电压和机车速度共同决定。机车运行电流 I_d 随速度 v 和司机控制器手柄位数 n_s 变化，采用特性函数控制。

2. 机车牵引力 F 与牵引电动机电流 I_d 的关系

机车牵引力 F 与牵引电动机电流 I_d 之间的关系称为机车牵引力特性。

式(1-19)中忽略电枢总电阻的压降 $I_d \sum R$，可得：

$$\frac{U_d}{v} = C\Phi \quad (1\text{-}20)$$

根据电动机做功与牵引力及速度之间的关系，可得：

$$F = 3.6 m C \Phi I_d \eta_d \eta_c 10^{-3} \quad (\text{kN}) \quad (1\text{-}21)$$

式中：m——电动机台数；

U_d——牵引电动机电压，V；

I_d——牵引电动机电流，A（$U_d I_d$ 为牵引电动机功率值）；

η_d——牵引电动机效率；

η_c——齿轮传动效率。

3. 牵引电动机牵引特性

牵引电动机牵引力 F_d 与机车运行速度 v 的关系称为牵引电动机牵引特性。

根据机车能量转换关系,有:

$$\frac{1000F_\mathrm{d}v}{3.6} = mU_\mathrm{d}I_\mathrm{d}\eta_\mathrm{d}\eta_\mathrm{c} \tag{1-22}$$

因此
$$F_\mathrm{d} = 3.6mU_\mathrm{d}I_\mathrm{d}\eta_\mathrm{d}\eta_\mathrm{c}\frac{1}{v}10^{-3} \tag{1-23}$$

二、电力机车牵引特性

电力机车牵引的电动机牵引力是通过专门的试验测算出来的。对于尚未经过试验测算的新机车,可暂时依据理论计算得出的预期特性曲线。牵引电动机牵引力、黏着牵引力与速度的关系用图的形式表示出来,就形成了电力机车牵引特性曲线。图1-9为SS_1型电力机车由试验资料整理获得的实际牵引特性,图中标明了不同调压级位的牵引力曲线,共有33个调压级位(手柄位置),在第33级除了满磁场的33m之外,还有三级磁场削弱(33-Ⅰ、33-Ⅱ、33-Ⅲ)。其磁场削弱系数β分别为70%、50%和45%。图1-9中还绘出了受持续电流450A限制的等电流牵引力变化线。

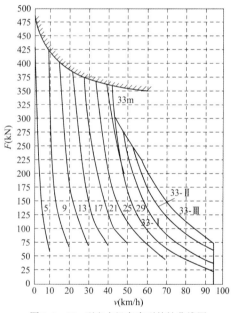

图1-9 SS_1型电力机车牵引特性曲线图

采用恒流准恒速控制方式的机车,牵引特性曲线图上所标的级位是"名义级位"。实际上的级位是连续(无级)的,即名义级位间的位置也可以使用。此外,采用这种调速方式的货运机车,其牵引特性曲线图上往往缺少黏着牵引曲线,图上"外包线"低速度段的直线就是按照黏着限制设定的控制函数所决定的牵引力,此直线大体上代表了黏着限制。

恒流准恒速控制方式的机车牵引特性有一个值得注意的点:在某一名义级位下,低速度段是一条水平线,即牵引力是常数,然后随速度变化沿斜线下降,到一定速度时机车牵引力会降为0。牵引力开始下降和降为0的速度与名义级位之间都有一定关系,这种关系是由该型机车的特性控制函数决定的。

图1-10为SS_3型电力机车的牵引特性曲线图,带阴影的部分是黏着牵引力曲线,另外若干条标明级位的是牵引电动机牵引力曲线。在SS_1、SS_3型机车牵引特性曲线图上,满级位的牵引力曲线右上方有三条(Ⅰ级、Ⅱ级、Ⅲ级)磁场削弱工况下的牵引力曲线,连接最高级位满磁场和最深磁场削弱牵引力曲线上方的一段曲线是受牵引电动机持续电流限制的牵引力。其他机型机车的磁场削弱是无级的,最外方的曲线是最深磁场削弱工况。SS_7、SS_8型机车采用"准恒速"的调速方式,其牵引特性曲线图上所标"级位"数字乘以10,就是该级位所要控制的近似"目标速度",存在一定误差。

图1-11是HXD_3型交流大功率电力机车的牵引特性曲线图。HXD_3型电力机车的司机

牵引控制器手柄为 13 级,级间能平滑调节,每级牵引力变化设定为 80kN。

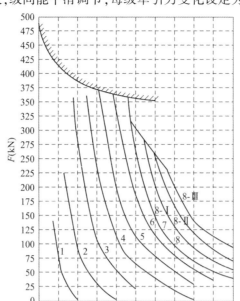

图 1-10 SS$_3$ 型电力机车牵引特性曲线图

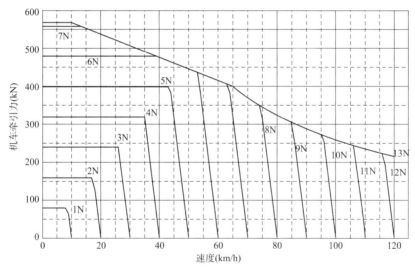

图 1-11 HXD$_3$ 型电力机车(25t 轴重)牵引特性曲线图

三、牵引特性的有效范围

为保证列车安全运行,机车所发挥的牵引力和运行速度必须控制在安全限度以内。因此,机车牵引特性的工作范围受如下条件的限制:

(1)黏着条件。机车牵引力应小于由动轮与钢轨间黏着条件决定的黏着牵引力。

(2)机车最大速度。机车运行速度应小于由机车机械构造条件决定的最大速度。

(3)牵引电动机容许的最大电流。机车所发挥的牵引力应保证牵引电动机的电流小于由电枢绕组发热决定的最大电流。

(4)牵引电动机安全换向。机车在任一运行状态下的牵引力、速度均应保证牵引电动机的安全转向。

第3节 内燃机车的牵引特性

一、柴油发动机牵引力

柴油发动机(简称柴油机)的功率大小限制了机车的牵引力,受柴油机功率限制的机车牵引力,称为柴油机牵引力。内燃机车轮周牵引力是根据柴油机每分钟所做的功,减去机械摩擦损失、传动损失和辅助装置消耗之后,与轮周牵引力每分钟所做的功相等求出的,其基本计算公式为:

$$W_c = m_c \frac{\pi d_c^2}{4} l p_i \frac{2n_c}{Z_c} \eta_m \beta_c \eta_c \tag{1-24}$$

式中：m_c——柴油机工作缸数；

d_c——柴油机汽缸直径,m；

l——柴油机活塞冲程,m；

p_i——汽缸中燃气的平均指示压力,kPa；

n_c——柴油机转速,r/min；

Z_c——柴油机一个工作循环的冲程数,二冲程柴油机 $Z_c = 2$,四冲程柴油机 $Z_c = 4$；

η_m——柴油机的机械效率,考虑了柴油机的机械摩擦损失和柴油机辅助装置(如油泵、水泵及传动齿轮等)消耗,一般取 $\eta_m = 0.8 \sim 0.9$；

β_c——柴油机的功率利用系数,扣除机车辅助装置(如空压机、冷却风扇、牵引电动机通风机及变速器等)消耗的功率后, $\beta_c = 0.9 \sim 0.95$；

η_c——传动装置的传动效率,电传动内燃机车 $\eta_c = 0.8 \sim 0.86$。

轮周牵引力每分钟所做的功为：

$$W_c = F \pi D_i n \tag{1-25}$$

式中：F——受柴油机功率限制的轮周牵引力,kN；

D_i——机车计算动轮直径,m；

n——机车动轮转速,r/min。

由于式(1-24)与式(1-25)的数值相等,可得：

$$F \pi D_i n = m_c \frac{\pi d_c^2}{4} l p_i \frac{2n_c}{Z_c} \eta_m \beta_c \eta_c d \tag{1-26}$$

进一步可得：

$$F = m_c \frac{d_c^2 l}{2 Z_c D_i} \beta_c p_i \frac{n_c}{n} \eta_m \eta_c \tag{1-27}$$

对一定型式的机车来说, m_c、d_c、l、Z_c、D_j、β_c 均为常数,如果令

$$M = m_c \frac{d_c^2 l}{2 Z_c D_j} \beta_c \tag{1-28}$$

$$i_c = \frac{n_c}{n}\tag{1-29}$$

M、i_c 分别为内燃机车的牵引力模数和机车传动比,则

$$F = Mp_i i_c \eta_m \eta_c \quad (\text{kN})\tag{1-30}$$

由式(1-30)可知,柴油机牵引力的大小主要由牵引力模数 M、传动比 i_c、平均指示压力 p_i 以及有关效率 η_m 和 η_c 共同决定。柴油机转速越高,每个工作循环的进油量越大,平均指示压力越大,牵引力就越大。同时,随着机车速度的提高,机车的牵引力越来越小。

机车牵引力模数 M 是由柴油机与机车的有关构造条件共同确定的一个常数,是决定机车牵引力大小的基本条件。一台机车设计制成后,牵引力模数 M 就成为一个常数值,平均指示压力 p_i 变成影响机车牵引力的基本因素。p_i 值的大小取决于柴油机每个工作循环过程中完全燃烧的燃油量,完全燃烧的燃油量越多,p_i 值越大,相应的机车牵引力也越大。

机车的传动比 i_c 取决于柴油机和动轮转速,柴油机转速 n_c 越高,i_c 值也就越大。因此,机车牵引力随着主控制器手柄挡位的提高而增加。当 n_c 不变时,传动比 i_c 与机车动轮转速 n_L 成反比关系,机车牵引力随速度的升高而降低,随速度的降低而升高,从而形成所需的牵引特性。

柴油机的机械效率 η_m、机车传动装置的传动效率 η_c 一般变化不大,但两者的提高均可使牵引力增大。机械效率 η_m 随 p_i 值增加而提高,又随柴油机转速 n_c 上升而下降。传动装置的传动效率 η_c 则主要取决于传动装置的形式及工作状态。

二、电传动装置牵引力

内燃机车在起动和速度较低时,牵引能力受黏着特性的限制,速度逐渐提高后才受机车动力传动装置功率与性能的限制。这是大功率货运内燃机车牵引特性的一般规律。受动力传动装置功率和性能限制的牵引力统称为"传动装置牵引力"。电传动装置牵引力的计算依据是:轮周牵引力的功率与主发电机传至轮周的功率相等。

轮周牵引力功率为:

$$W = \frac{Fv}{3.6}\tag{1-31}$$

计算主发电机传至动轮轮周的功率,直流发电机为:

$$W = \frac{U_f I_f}{1000}\eta_d \eta_c'\tag{1-32}$$

交流发电机为:

$$W = \frac{\sqrt{3}U_f I_f \cos\varphi}{1000}\eta_{zl}\eta_d \eta_c'\tag{1-33}$$

式中:U_f——主发电机端电压,V;

I_f——主发动机电流,A;

η_{zl}——整流柜效率;

η_d——牵引电动机效率;

η_c'——齿轮传动效率。

由上述两种功率算式相等关系,可得出受电传动装置功率限制的轮周牵引力的表达式。

直流发电机为:
$$F = 0.0036 \frac{U_f I_f}{v} \eta_d \eta_c' \tag{1-34}$$

交流发电机为:
$$F = 0.0036 \frac{\sqrt{3} U_f I_f}{v} \eta_{zl} \eta_d \eta_c' \tag{1-35}$$

若以牵引电动机的参数表示,则有
$$F = 0.0036 m \frac{U_d I_d}{v} \eta_d \eta_c' \tag{1-36}$$

式中:U_d——牵引电动机端电压,V;

I_d——牵引电动机电流,A;

m——牵引电动机个数。

列车实际运行中,为保持柴油机恒功率工作,机车的功率调节系统使电传动装置的功率(即端电压与电流的乘积)在尽可能大的速度范围内为一常数,因此可以认为轮周牵引力与速度成反比。

三、牵引特性曲线

内燃机车牵引特性是指轮周牵引力与速度之间的关系,由专门的试验测算得出。与电力机车相同,未经试验的新机车,也可采用预期牵引特性曲线作为参考。进行机车设计时,需要充分考虑柴油机牵引力和传动装置牵引力的匹配情况,运行过程中可采取一系列调控装置使两者之间有良好的配合。实际上,两者并不能严格区分,通常以不同手柄位或柴油机转速(r/min)区分为若干条曲线,加上计算黏着牵引力曲线,便构成了内燃机车牵引特性曲线。以 DF_4 型货运内燃机车的牵引特性曲线为例,如图1-12所示,DF_4 型货运内燃机车采用有级控制。司机的控制手柄共有 16 个级位,图1-12中只画出了 4 个级位的动力传动装置牵引力曲线。

图1-13和图1-14分别为 DF_{11} 型和 BJ 型客运内燃机车的牵引特性曲线图。由于客运内燃机车运行速度较高,牵引力通常只受到动力传动装置功率和性能的限制。所以,在牵引特性图中可以不绘出黏着牵引力曲线。BJ 型仅画出一条最高手柄位(16 位)的牵引力曲线。DF_{11} 型的牵引特性图上有 4 条最高手柄位的牵引力曲线,分别对应柴油机的 4 种转速:1000r/min、960r/min、840r/min、680r/min。

图1-15为 HXN_5 型机车在两个不同环境温度/海拔条件下(23℃/2500m、40℃/700m)、正常工况下、最高手柄位、6 根动轴发挥牵引力时的设计牵引特性曲线。

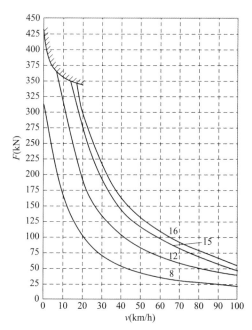

图1-12 DF_4(货)型内燃机车牵引特性曲线图

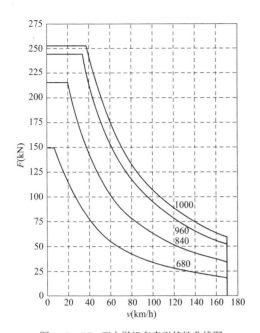

图 1-13 DF$_{11}$ 型内燃机车牵引特性曲线图

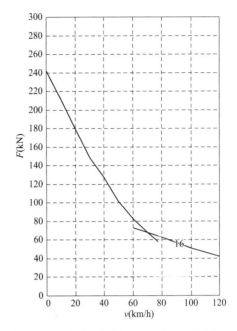

图 1-14 BJ 型液力传动内燃机车牵引特性曲线图

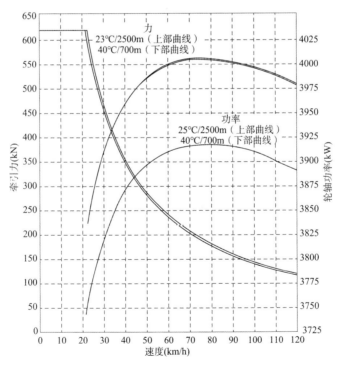

图 1-15 HXN$_5$ 型内燃机车牵引特性曲线图

第4节 牵引力的计算标准和取值规定

在进行牵引计算时,为了统一标准,必须结合牵引特性曲线确定一些计算标准及不同速度下机车牵引力的取值原则,这些标准及取值原则的确定,将关系牵引质量、运行速度、时间和列车运行安全等一系列重大技术经济问题。

一、牵引力计算标准

1. 计算黏着牵引力

计算黏着牵引力、黏着系数及小半径曲线上的黏着系数、黏着牵引力按前文所述内容计算。

2. 持续电流、持续速度与持续牵引力

(1)持续电流:电力机车和电传动内燃机车的牵引电动机都有规定的持续电流。持续电流是牵引电动机在行驶试验中以额定电压持续长时间工作时,电动机绕组因能量损耗而产生的热量与其散热量平衡,绕组发热温度不超过最高容许温度的最大负荷电流。

(2)持续速度:对一定型式的牵引电动机,其持续电流维持在一定的电动机转速下,这个转速称为持续转速。结合既定的齿轮传动比、机车计算动轮直径,可计算出一个实现持续电流的速度,称为机车的持续速度。持续速度是机车在全功率工况下,传动装置及电动机可以长时间连续工作而不会过热的机车最低速度。持续速度一般比最高级位(柴油机最高转速)的牵引力曲线与黏着牵引力曲线的交点速度略高,即在持续速度下,机车牵引力一般不会受到黏着能力的限制。液力传动内燃机车的持续速度是按传动液的发热与散热平衡条件确定的,即机车用最高手柄位(全功率工况)长时间牵引运行,传动液温度不超过最高容许温度所容许时的最低速度。

(3)持续牵引力:持续速度下满级位(柴油机最高转速)的轮周牵引力称为机车的持续牵引力。

各型电力机车、内燃机车的持续速度及持续牵引力分别见表1-2、表1-3。

各型电力机车牵引计算主要数据 表1-2

机型	轴式	轴重(t)	计算质量P或黏着质量P_μ(t)	计算起动牵引力F_q(kN)	持续速度v_c(km/h)	持续牵引力F_c(kN)	最高速度v_{max}(km/h)	全长l_j(m)
SS_1	C_0-C_0	23	138	487.3	43.0	301.2	95	20.4
SS_3	C_0-C_0	23	138	470.0	48.0	317.8	100	21.4
$SS_3$4000	C_0-C_0	23	138	490.0	48.0	316.7	100	21.4
SS_{3B}	2(C_0-C_0)	23	276	941.8	48.0	635.6	100	42.8
SS_4	2(B_0-B_0)	23	184	649.8	51.5	431.6	100	32.8
SS_4(改)	2(B_0-B_0)	23	184	628.0	51.5	436.5	100	32.8
SS_{4B}	2(B_0-B_0)	23	184	628.0	50.0	450.0	100	32.8
SS_6	C_0-C_0	23	138	485.0	48.0	351.0	100	21.4
SS_{6B}	C_0-C_0	23	138	485.0	50.0	337.5	100	21.4
SS_7	B_0-B_0-B_0	23	138	487.3	48.0	353.3	100	22.0
SS_{7C}	B_0-B_0-B_0	22	132	310.0	76.0	220.0	120	22.0
SS_{7D}	B_0-B_0-B_0	21	126	245.0	96.0	171.0	170	22.0
SS_{7E}	C_0-C_0	21	126	245.0	96.0	171.0	170	22.0

续上表

机型	轴式	轴重 (t)	计算质量 P 或黏着质量 P_μ (t)	计算起动牵引力 F_q (kN)	持续速度 v_c (km/h)	持续牵引力 F_c (kN)	最高速度 v_{max} (km/h)	全长 l_j (m)
SS_8	B_0-B_0	22	88	230.0	99.7	127.0	177	17.5
SS_9	C_0-C_0	21	126	286.0	99.0	169.0	170	22.2
SS_9(改)	C_0-C_0	21	126	286.0	99.0	169.0	170	22.2
8G	2(B_0-B_0)	23	184	627.0	50.0	455.0	100	34.5
8K	2(B_0-B_0)	23	184	628.0	48.0	471.0	100	36.2
HXD_1	2(B_0-B_0)	23	184	700.0	70.0	493.7	120	35.2
		25	200	760.0	65.0	531.7		
HXD_{1B}	C_0-C_0	25	150	570.0	81.9	422.0	120	22.7
HXD_{1C}	C_0-C_0	23	138	520.0	70.0	370.3	120	22.7
		25	150	570.0	65.0	398.8		
HXD_{1D}	C_0-C_0	21	126	420.0	80.0	324.0	160	22.5
HXD_{1F}	2(B_0-B_0)	27	216	820.0	55.0	628.0	100	35.2
		30	240	910.0	50.0	691.0		
HXD_2	2(B_0-B_0)	25	200	760.0	62.4	554.0	120	38.2
HXD_{2B}	C_0-C_0	25	150	584.0	76.0	454.7	120	22.9
HXD_{2C}	C_0-C_0	23	138	520.0	70.0	370.3	120	23.0
		25	150	570.0	65.0	398.8		
HXD_{2F}	2(B_0-B_0)	27	216	820.0	55.0	628.0	100	38.2
		30	240	910.0	50.0	691.0		
HXD_3	C_0-C_0	23	138	520.0	70.0	370.3	120	20.8
		25	150	570.0	65.0	398.8		
HXD_{3A}	2(B_0-B_0)	25	200	760.0	65.0	532.0	120	37.8
HXD_{3B}	C_0-C_0	25	150	570.0	68.2	506.7	120	22.8
HXD_{3C}	C_0-C_0	23	138	520.0	62.0	371.6		
HXD_{3CA}	C_0-C_0	23	138	520.0	70.0	370.3	120	20.8
		25	150	570.0	65.0	398.8		
HXD_{3D}	C_0-C_0	21	126	420.0	80.0	324.0	160	23.0

3. 计算速度与计算牵引力

(1)计算速度:在一定的线路条件下,列车的牵引质量与其所在计算坡道上的运行速度相关。运行速度降低时,牵引力会提高,牵引质量也会增加;反之,运行速度提高时,牵引力就会降低,牵引质量也会随之减少。因此,计算牵引质量时必须先确定按一定速度进行牵引力计算,这个速度称为(最低)计算速度,所以计算速度是计算牵引质量的依据。这个速度是列车在限制坡道上容许的最低通过速度。如果计算速度规定得过高,尽管线路通过能力可以提高,但牵引质量小,不能充分发挥机车的牵引能力;相反,如果计算速度规定得较低,对发挥机车牵引能力虽然有利,但因速度低,占用区间时间长,线路通过能力降低,对铁路运营部门来说,并不经济合理。此外,如果在限制坡道上速度太低,容易由于意外的空转或其他原因造成列车"坡停",影响列车正常运行。《列车牵引计算 第1部分:机车牵引式列车》(TB/T 1407.1—2018)规定,在计算货物列车牵引质量时,采用的最低计算速度应不低于持续速度,对发挥机车功率、提高运输能力较为有利,可以保证据此计算出的牵引质量在实际运行中不会出现牵引电动机过热问题,因此也就避免了牵引电动机的发热校验工作。实际计算中,在较平缓的线路上可以根据运输需要,用高于最低计算速度的值作为确定牵引质量的标准。

各型内燃机车牵引计算主要数据　　　　表1-3

机型	轴式	轴重 (t)	计算质量 P 或黏着质量 P_μ (t)	计算起动牵引力 F_q (kN)	持续速度 v_c (km/h)	持续牵引力 F_c (kN)	最高速度 v_{max} (km/h)	全长 l_j (m)
DF_4(货)	C_0-C_0	22.5	135	401.7	20.0	302.1	100	21.1
DF_4(客)	C_0-C_0	22.5	135	346.3	24.0	251.6	120	21.1
DF_{4B}(货)	C_0-C_0	23	138	442.2	21.8	313.0	100	21.1
DF_{4B}(客)	C_0-C_0	23	138	325.3	29.0	235.2	120	21.1
DF_{4C}(货)	C_0-C_0	23	138	442.2	24.5	301.5	100	21.1
DF_{4D}(货)	C_0-C_0	23	138	442.2	24.5	341.2	100	21.1
DF_{4D}(客)	C_0-C_0	23	138	302.6	39.0	214.8	140	21.1
DF_{4D}(准高速)	C_0-C_0	23	138	232.6	51.8	160.9	170	21.1
DF_{4DF}	C_0-C_0	23	138	378.0	24.9	267.9	120	21.1
DF_{4E}	2(C_0-C_0)	23	276	884.4	19.4	675.0	100	42.2
DF_{7D}	2(C_0-C_0)	22	264	846.0	16.0	617.4	100	37.6
DF_8	C_0-C_0	23	138	442.2	31.2	307.3	100	22.0
DF_{8B}	C_0-C_0	25	150	480.7	31.2	340.0	100	22.0
DF_{8B}(高原)	C_0-C_0	23	138	442.2	22.3 (H=5100m)	339.0	100	22.0
DF_{10F}	2(C_0-C_0)	19.5	234	605.0	28.2	430.0	140	36.4
DF_{11}	C_0-C_0	23	138	253.0	65.6	160.0	170	21.3
DF_{11G}	2(C_0-C_0)	23	276	386.0	83.5	250.0	170	44.4
TF_{11z}	2(C_0-C_0)	23	276	490.0	65.6	320.0	160	42.6
ND_5	C_0-C_0	22.5	135	439.7	22.2	360.0	118	19.9
NJ_2	C_0-C_0	23	138	533.9	20.4 (H=2828m)	427.0	120	20.9
				533.9	18.3 (H=5072m)	427.0		
HXN_3	C_0-C_0	25	150	620	20.0	598.0	120	22.3
HXN_5	C_0-C_0	25	150	620	25.0	565.0	120	22.3

注:H-海拔。

(2)计算牵引力:指计算速度下手柄位为满级位(柴油机最高转速)时的牵引力。电力与内燃机车的最低计算速度和最大计算牵引力分别是各型机车的持续速度和持续牵引力。在牵引计算过程中,将持续速度作为最低计算速度、持续牵引力作为最大计算牵引力有以下优点:

①最低计算速度不低于持续速度,可以保证据此计算出的牵引质量在实际运行中不会出现牵引电动机过热问题,免去了牵引电动机的发热校验工作。

②将持续速度作为最低计算速度、持续牵引力作为最大计算牵引力意味着计算速度可以向上浮动。在平缓的线路上,可以根据运输需要,用高于最低计算速度的速度作为计算速度来确定牵引质量。

内燃机车取持续速度和持续牵引力分别作为计算速度和计算牵引力。《列车牵引计算 第1部分:机车牵引式列车》(TB/T 1407.1—2018)规定,内燃机车在通过长1000m以上隧道时,最低运行速度应比最低计算速度高至少5km/h。

为适应各种不同线路断面情况下计算牵引质量的需要,电力机车曾对计算速度采取浮动的概念,即计算速度可以分别按黏着制、小时制和持续制来选定。

(1)黏着制:以最高级位满磁场的牵引特性曲线(SS_1型电力机车为33m牵引力曲线)与黏着牵引力曲线的交点所对应的速度和牵引力作为计算速度和计算牵引力,是电力机车的最低计算速度和最大计算牵引力。在电动机的温升不超过容许值的条件下,采用黏着制有利于发挥机车功率和提高运输能力。以SS_1型电力机车为例,按黏着制运行时,牵引电动机从冷态开始可以连续运转40min而不会超过容许温升。

(2)小时制:以最高级位满磁场牵引特性曲线上小时电流所决定的速度和牵引力作为计算速度和计算牵引力。牵引电动机从冷态开始按小时制工作,可以连续运转1h,其绕组温升不会超过容许值。以SS_1型电力机车为例,其小时制的电流值为500A。

(3)持续制:以最高级位满磁场牵引特性曲线上持续电流所决定的速度和牵引力作为计算速度和计算牵引力。按持续制工作时,牵引电动机绕组的发热量与散热量平衡,它可以长时间连续运转。以SS_1型电力机车为例,它的持续电流为450A。

根据《列车牵引计算 第1部分:机车牵引式列车》(TB/T 1407.1—2018),电力机车也像内燃机车一样,按持续制计算。

4. 计算起动牵引力

计算起动牵引力是机车在起动条件下所能发挥的最大牵引力,用于计算机车的起动牵引质量。《列车牵引计算 第1部分:机车牵引式列车》(TB/T 1407.1—2018)规定的机车起动牵引力是根据限制条件计算或通过专门试验确定的,称为计算起动牵引力。货运机车的计算起动牵引力受牵引电动机最大容许电流或黏着条件的限制。由于牵引电动机不断发展和完善,按最大起动电流得到的牵引电动机牵引力往往大于按黏着条件得到的黏着牵引力。为了防止空转,电力机车多按黏着条件选取机车起动牵引力。客运机车则主要受起动电流的限制(也有极个别例外)。各型电力机车、内燃机车的计算起动牵引力分别见表1-2、表1-3。

电力机车起动时牵引力受黏着条件限制,其起动牵引力取速度为0时的黏着牵引力。以SS_1型电力机车的起动牵引力为例,试验结果表明:起动牵引力可以保持到运行速度$v=2.5$km/h不变。

对于电传动内燃机车,其计算起动牵引力选择黏着牵引力和起动电流所决定的牵引力中的较小者。例如:DF_4型货运内燃机车的计算起动牵引力受黏着条件限制,取401.7kN。DF_{11}型客运内燃机车的计算起动牵引力受起动电流限制,取253kN。对于液力传动内燃机车,其计算起动牵引力选择黏着牵引力和全功率牵引力中的较小者。例如:BJ型内燃机车的计算起动牵引力受最大控制手柄位的牵引力限制,取234kN。

5. 不同速度下的牵引力取值

电力机车在不同速度下运行时,其牵引力取值也不相同。例如,SS_1型电力机车从起动到黏着限制范围内的最高速度为41.2km/h,牵引力受黏着限制,应按黏着牵引力取值。在运行速度$v=0\sim 10$km/h范围内,牵引力取$v=10$km/h时的黏着牵引力。当运行速度超过$v=41.2$km/h时,首先沿满磁场手柄位33m曲线取值至持续电流450A的转折点(计算速度$v_j=43$km/h)。然后,沿450A等电流牵引力变化曲线过渡到最大削弱磁场33-Ⅲ曲线取值。

电传动内燃机车从起动至满手柄位或柴油机额定转速的牵引特性有下列两种形式:

(1)由起动电流限制线直接过渡到满手柄位或柴油机额定转速牵引力特性曲线,即不受黏着牵引力限制的形式。DF_{11}型客运内燃机车属于这种形式。当机车速度v在$0\sim 38.5$km/h范围内时,牵引力取值受起动电流限制,因而牵引力取为253kN;当机车速度$v>38.5$km/h时,按柴油机转速$n_e=1000$r/min的牵引特性取值。

(2)由黏着牵引力曲线或由起动电流限制线经黏着牵引力曲线,过渡到满手柄位或柴油机额定转速牵引特性曲线。DF_4型货运内燃机车即属于受黏着牵引力限制的形式。其牵引力的取值自起动开始至速度$v=16.5$km/h,取黏着牵引力(其中速度$v=0\sim 2.5$km/h,取$v=2.5$km/h的黏着牵引力);速度$v>16.5$km/h,取满手柄位牵引特性曲线上相应速度的牵引力。

液传动内燃机车牵引力取黏着牵引力和满手柄位牵引特性中的较小者。例如,$v=2.5$km/h时,BJ型内燃机车的牵引力不受黏着条件限制,当速度$v=0\sim 2.5$km/h时,按$v=2.5$km/h取牵引力值;当速度$v>2.5$km/h时,取满手柄位牵引特性曲线上相应速度的牵引力值。

二、牵引力的修正

1. 内燃机车牵引力因功率降低的修正

在列车实际运行环境中,内燃机受到温度、湿度、气压等影响时,通常难以发挥其全部功率。一般情况下,内燃机车柴油机的功率是在一个标准大气压(101.3kPa或760mmHg)、环境温度摄氏20℃和相对湿度60%的条件下测定的。在高原和高温地区,由于空气密度小,进入柴油机汽缸的空气量减少,燃料燃烧不充分,功率降低。这时必须对受动力传动装置功率和特性限制的牵引力进行修正。修正后的机车牵引力可按式(1-37)计算。

$$F_x = F \cdot \lambda_p \cdot \lambda_h \cdot \lambda_s \quad (1\text{-}37)$$

式中:λ_p——内燃机车牵引力海拔修正系数;

λ_h——内燃机车牵引力环境温度修正系数;

λ_s——内燃机车牵引力受隧道影响的修正系数,对DF_{4B}(货、客)型内燃机车,在隧道长度>1000m时,单机或重联牵引的第一台机车取为0.88,重联机车的第二台机车取为0.85。

表1-4和表1-5分别列出了我国常用内燃机车的牵引力修正系数 λ_p 和 λ_h 的试验数据。《列车牵引计算 第1部分:机车牵引式列车》(TB/T 1407.1—2018)规定:各型内燃机车在周围空气温度不高于30℃、海拔不超过700m的地区运用时,机车牵引力不修正。但如果柴油机排气温度高于390℃,或排气烟度大于1.7波许,或按牵引发电机功率计的燃油消耗量超过326.4g/(kW·h),牵引力可予修正,此时 λ_p 也应不小于0.94。

内燃机车牵引力海拔修正系数 λ_h 表　　　　　　　　　　　　　表1-4

车型		海拔(m)								
		700	1000	1500	2000	2500	3000	3500	4000	4500	5100
DF$_4$(货、客)		1.000	1.000	0.929	0.852	0.775	0.698	0.621	0.544	—	—
DF$_{4B}$ (货、客)	45GP802-A 增压器	1.000	0.940	0.880	—	—	—	—	—	—	—
	ZN310 增压器	—	—	0.885	0.823	0.758	0.697	0.634	0.569	—	—
DF$_{7D}$		1.000	0.992	0.946	0.900	0.854	0.808	—	—	—	—
DF$_{11}$	VTC254-13G 增压器	1.000	1.000	1.000	1.000	0.962	0.909	0.855	0.802	—	—
	ZN310-LSA4 增压器	1.000	1.000	1.000	0.984	0.928	0.872	0.816	0.760	—	—
DF$_{8B}$(高原)		—	—	—	—	1.000	0.969	0.917	0.865	0.813	0.751
NJ$_2$		—	—	1.000	1.000	1.000	0.997	0.987	0.976	0.943	0.899

内燃机车牵引力环境温度修正系数 λ_p 表　　　　　　　　　　　　表1-5

环境温度(℃)	30	32	34	36	38	40
DF$_4$(客、货)	0.979	0.950	0.921	0.891	0.862	0.833
DF$_{4B}$(客、货)	1.000	0.978	0.950	0.922	0.894	0.866
DF$_{4C}$(货)	1.000	1.000	1.000	1.000	0.988	0.950
DF$_8$、DF$_{11}$	1.000	1.000	1.000	1.000	1.000	1.000

环境温度 t_p 按式(1-38)计算。

$$t_p = \frac{t_7 + 2t_{13} + t_{19}}{4} \tag{1-38}$$

式中:t_7、t_{13}、t_{19}——每日7时、13时、19时的平均外温,℃,根据气象台(站)测得的最高温度月份不少于5年的资料计算。

2. 多机牵引和补机推送的牵引力修正

电力机车和内燃机车采用多机牵引时,在使用重联或同步操纵时,每台机车的牵引力均取全值;分别操纵时,第二台及其后的每台机车牵引力均取全值的0.98倍;补机在列车尾部推送时,机车牵引力取全值的0.95倍。

3. 最大牵引力的取值和牵引力使用系数

最大牵引力是指机车牵引特性曲线的"外包线"(最外侧的曲线)所表示的牵引力。电力机车和电传动内燃机车的最大牵引力,当机车低速运行时,在起动电流所决定的牵引力和黏着牵引力曲线中取较低者;速度提高后,电力机车依次按最高级位满磁场、持续电流限制和最深磁场削弱的牵引力曲线取值,内燃机车则按最高手柄位(柴油机最高转速)的牵引力曲线取值。

牵引力使用系数是为了避免由于长时间满负荷运转而降低机车使用寿命。对于各型机车,凡取用最大牵引力计算列车最大合力、绘制最大合力线图或进行其他计算时,均应乘以牵引力使用系数 λ_y,即实际使用的最大牵引力为:

$$F_y = \lambda_y F \quad (kN) \tag{1-39}$$

式中:λ_y——牵引力使用系数,取 0.9。

当列车在平直道上运行时,其最高速度的牵引力不乘以牵引力使用系数。当计算较平缓地段的运行时分时,为了避免频繁交替地变换牵引和惰行工况,也可以取用部分负荷的牵引力,如果较高部分负荷的牵引力大于上述最大牵引力与牵引力使用系数的乘积 F_y 时,按 F_y 取值。

习题

1. 简述机车所受的沿轨道运行方向外力产生的条件。
2. 简述机车牵引力的定义、分类及形成过程。
3. 车钩牵引力与轮周牵引力之间有什么区别与联系?
4. 黏着系数受哪些因素的影响?解释"黏降"的含义及产生的原因。
5. 内燃机车牵引力在不同速度下取值有何规定?在何种情况下需要进行修正?如何修正?
6. 简述电力机车的"黏着制""小时制"和"持续制"的含义与区别。
7. 提高机车黏着牵引力可以采用哪些措施?
8. 根据下列条件,查表得出机车在不同速度下的牵引力值(包括速度为 0、10km/h 及其倍数点、曲线转折点和最大速度点)。
   (1) SS_1 型电力机车、持续制、33-Ⅲ位;
   (2) DF_4(货)型内燃机车、海拔 2500m、环境温度 36℃、手柄在 16 位。

第 2 章　列车运行阻力

列车运行过程中,列车始终受到与其运行方向相反、阻碍列车运行的力,这类力称为列车运行阻力。按作用对象,列车运行阻力由机车运行阻力和车辆运行阻力组成。按产生原因,列车运行阻力包括基本阻力和附加阻力。本章主要讲述列车运行阻力产生的原因与分类以及列车运行阻力的计算与取值方法。

第 1 节　概　　述

列车运行时,作用在列车上的阻碍列车运行且不受人力操纵的外力,称为列车运行阻力,简称列车阻力,以 W 表示。列车运行阻力的来源有很多种,主要包括:

(1)机车内部阻力,由汽缸、轴承以及机车内部各部件之间的摩擦和运行偏离产生的阻力。

(2)与轴重相关的阻力,包括轴颈阻力、滚动阻力、线路阻力。

(3)与速度相关的阻力,包括轮缘阻力、振荡阻力等。

(4)与速度平方相关的阻力,一般称为空气阻力。

(5)轨道模式阻力,与轨道形状相关的阻力。

20 世纪以来,包括 Davis(1926)、Schmidt(1934)和 Tuthill(1948)在内的许多专家与工程技术人员针对不同类型列车做了大量试验,试图用一个数学表达式来直接描述列车阻力的大小。如 W. J. Davis 通过试验得到了列车阻力与轴重和轴数相关的结论。较早的列车运行的单位阻力 w 方程(Davis 方程)形式为:

$$w = 1.3 + \frac{29}{A} + b \cdot v + \frac{C \cdot S \cdot v^2}{A \cdot n} \tag{2-1}$$

式中:A——轴重;

　　n——轴数;

　　b——与轮缘摩擦、振荡等相关的系数;

　　S——车辆或机车的面积;

　　C——与整个车辆或机车及其构造有关的系数;

　　v——列车运行速度。

铁路专家围绕上述 Davis 方程做了一系列实验和改进。

按作用对象,列车运行阻力 W 由机车运行阻力 W' 和车辆运行阻力 W'' 组成,其计算公式如下:

$$W = W' + W'' \tag{2-2}$$

按产生原因,列车运行阻力 W 又可划分为基本阻力和附加阻力。

1. 基本阻力

基本阻力是列车在空旷地段沿平直轨道运行时所遇到的阻力,是在列车在运行中任何情况下都存在的阻力,通常以阻力符号加下标"0"来表示,如 W_0'、W_0'' 分别表示机车基本阻力和车辆基本阻力。

2. 附加阻力

附加阻力是列车在线路上运行时受到的额外阻力。例如:在坡道上运行时有坡道附加阻力,以加下标"i"表示;在曲线上运行时有曲线附加阻力,以加下标"r"表示;在隧道内运行时有隧道附加阻力,以加下标"s"表示。附加阻力随列车运行的线路平纵断面情况而定。

因此,列车运行阻力也可按式(2-3)进行计算。

$$W = W_0 + W_i + W_r + W_s \quad (2\text{-}3)$$

试验表明,作用在机车、车辆上的阻力与其重量成正比,故在牵引计算中采用单位阻力来计算总阻力。单位阻力即平均到机车、车辆或列车每1kN重力上的阻力,用小写英文字母"w"表示,单位为N/kN。单位阻力乘以机车或车辆重量,即得机车、车辆或列车所受总阻力 W。

列车单位阻力与总阻力的关系为:

$$w = \frac{W \cdot 10^3}{\left(\sum_{i=1}^{n} P_i + G\right) \cdot g} \quad (\text{N/kN}) \quad (2\text{-}4)$$

$$W = \left(\sum_{i=1}^{n} P_i + G\right) \cdot w \cdot g \cdot 10^{-3} \quad (\text{kN}) \quad (2\text{-}5)$$

式中:$\sum_{i=1}^{n} P_i$ ——机车计算质量,t;

G ——牵引质量,t。

第2节 基本阻力

一、基本阻力的分析

基本阻力是牵引计算中常用的重要参数之一。引起基本阻力的因素很多。其中最主要的是机车、车辆各零部件之间,机车、车辆表面与空气之间,以及车轮与钢轨之间的摩擦和冲击。归纳起来,列车的基本阻力由机械阻力和空气阻力组成,具体可分为以下5种。

1. 由轴承摩擦产生的机车车辆运行阻力(简称轴承阻力)

轮对滚动时,轴颈和滑动轴承之间发生相对运动,接触面处将产生摩擦力,其值等于轴荷重 Q 与摩擦系数 φ 的乘积,如图2-1所示。摩擦力 $Q\varphi$ 对轮轴中心所形成的力矩 $Q\varphi \cdot r$(r为轴颈半径)将阻碍车轮围绕轴心旋转,但这仅是内力作用,该力对列车运行的阻碍作用只有通过它引起的外力才能体现出来,这个外力仍然是由钢轨产生的。由图2-1可知,由于轴荷重 Q 的作用,轮轨间存在着黏着,列车运行时,车辆的轮对正是由于黏着作用才得以在轨面上滚动的,而力 $Q\varphi$ 阻碍车轮的旋转,试图使轮对在轨面上滑动,于是产生车轮给钢轨的向前的作用力,从而引起钢轨给车轮的反作用力 f。对于列车来说,这是个外力,也就是由轴颈和轴承的摩擦作用而产生的那部分列车运行阻力,其值可按车轮转动一周中所消耗的牵引力功相等的条件确定。即:

$$f 2\pi R = Q\varphi 2\pi r \tag{2-6}$$

$$f = Q \frac{r}{R} \varphi \tag{2-7}$$

式中:R——车轮半径;
$\quad r$——轴颈半径;
$\quad Q$——轴荷重;
$\quad \varphi$——轴承摩擦系数。

由式(2-7)可知,由轴颈与轴承之间的摩擦产生的机车车辆运行阻力与轴荷重、轴承摩擦系数、轴颈半径、车轮半径有关。对于固定类型的车辆,其构造参数不变,即轴颈及车轮直径都是常数,轴荷重取决于车辆的轴数和总重(自重加载重)。客车变化不大,货车因为空车和重车时总重差别很大,故对阻力有较大的影响。摩擦系数则是变化比较复杂的参数,受下述几个因素的影响:

(1)轴承类型。图 2-2 为由试验方法获得的轴承摩擦系数曲线,表明滚动轴承摩擦系数比滑动轴承小得多(一般相差 3～5 倍),而且随速度的变化也比滑动轴承平缓。因而,改用滚动轴承,是减少货物列车基本阻力的首要措施。

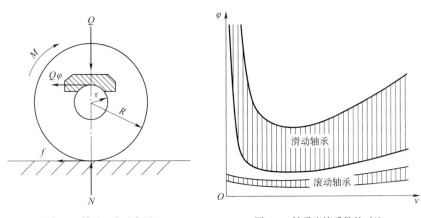

图 2-1　轴承阻力示意图　　图 2-2　轴承摩擦系数的对比

(2)润滑油的影响。润滑油黏度小时,摩擦系数较小;黏度大时,摩擦系数加大。为减少轴承摩擦阻力,并保证润滑油必需的黏度和流动性,机车车辆在冬、夏季应使用不同标准的润滑油或采用高性能的通用油。

(3)轮对转速或列车运行速度。轴承间在干摩擦和半干摩擦状态下的摩擦系数,比完全润滑状态下的数值大。列车起动时油膜很薄,油温较低,轴承间处于干摩擦和半干摩擦状态,故摩擦系数很大。由图 2-2 可以看出,只要轴颈一转动,油被带到摩擦面,轴承间的干摩擦和半干摩擦状态即为液体润滑状态所代替,摩擦系数 φ 急剧下降。但是,在液体润滑状态下,随着相对运动速度的增加,润滑油层变厚,摩擦系数 φ 又随之增大,对滚动轴承来说,也因速度增加,滚子的轴向滑动,滚子与轴承座间、轴承座与轴箱间的振动加剧等,摩擦系数 φ

亦有所增大。这是机车车辆基本阻力随速度的升高而增大的原因之一。

2. 车轮在钢轨上滚动所产生的机车车辆运行阻力(简称滚动阻力)

钢轨并非绝对刚体。车轮压在轨面上时,轨面产生少许凹面变形,如图 2-3 所示。变形程度与轴重、钢轨刚度和表面硬度、轨枕种类和铺设密度、道床质量及列车停留时间的长短有关。车轮在轨面滚动时,轨面因被碾压而产生弹性波。这种弹性波受车轮的推动向前移动。此时,钢轨反作用于车轮踏面的施力点向前移动距离 m 至 A 点,将此法向反力移到车轮中心,并分为两个分力。其中一个分力 δ 起着阻碍列车运行的作用,消耗一部分牵引力。δ 即为车轮在钢轨上滚动而引起的列车运行阻力。

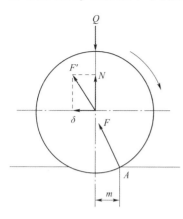

图 2-3 滚动阻力示意图

3. 车轮与钢轨的滑动摩擦所产生的机车车辆运行阻力(简称滑动阻力)

车轮在钢轨上滚动时,由于下述原因还发生少量的滑动。

(1)车轮踏面与轨面各接触点的直径不相等。车轮踏面是圆锥形的,由于轮轨间的挤压变形,它们是面接触的,即车轮以各种不同的直径与钢轨接触。但车轮滚动一周在钢轨上只能运行同一个距离,因此车轮只有一个直径处是纯滚动的,其他直径处在滚动的同时必然有滑动,以适应这个共同的运行距离。另外,由于车轮的圆锥形踏面引起机车车辆的蛇行运动,又产生了车轮在钢轨上的横向摩擦及车轮轮缘与钢轨侧面的摩擦。

(2)同一轮对的两个车轮直径不同。因轮对加工误差或磨损的不同而产生同一轮对的两个车轮直径不同的现象,在滚动的同时也将引起滑动。

(3)轮对组装不正确,也会引起车轮在钢轨上发生纵向滑动和横向滑动。

这些摩擦也将消耗机车的牵引力,是列车运行阻力的一部分。

4. 冲击和振动阻力

列车运行时,由于钢轨接缝、轨道不平直、钢轨擦伤等原因会引起轮轨间的冲击和机车车辆振动的加剧。同时,机车、车辆间也存在着纵向和横向的冲击和振动。所有这些都将使列车的动能减少,消耗机车或动车牵引力。因此,它也是列车运行阻力的一部分。

显然,这部分阻力受线路质量(轨缝多少,钢轨是否平直与良好)及机车、车辆状态等因素的影响。随着速度的提高,这些影响也就越大,所以,改善线路结构对实现铁路高速重载运输具有重要意义,其中最重要的措施是采用焊接长钢轨,最好采用无缝线路。据计算,对轴重 21t 的货车,如果以 50m 长钢轨代替 12.5m 钢轨,列车速度为 50km/h 时,基本阻力可减少 2.7%;列车速度为 70km/h 时,基本阻力可减少 4.3%。无缝线路可降低基本阻力的 4% ~ 16%。

5. 空气阻力

列车运行时与周围空气发生相对运动,列车前面的空气被压缩和赶走,尾部则产生真空和涡流,上下左右的外表面则与空气摩擦。这些都成为阻碍列车运行的阻力,称为空气阻力。

空气阻力取决于列车速度、列车外形和尺寸,通常用式(2-8)表示。

$$W_{\mathrm{a}} = C_x \Omega \frac{\rho v^2}{2} \tag{2-8}$$

式中：C_x——空气阻力系数，取决于列车外形；

Ω——列车最大截面积，m^2；

ρ——空气密度，kg/m^3；

v——列车与空气的相对速度，m/s，无风时即为列车速度。

由式(2-8)可见，空气阻力与列车速度的平方成正比。

图 2-4 给出了机械阻力与空气阻力两部分随速度变化的关系。

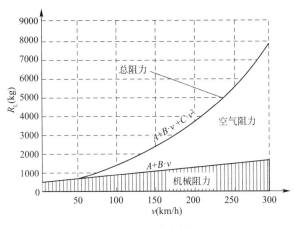

图 2-4 总阻力的构成

因此，对速度较高的列车来说，采用流线型车体以降低 C_x 值，对减小列车运行阻力具有重大意义。

上述 5 种阻力随着列车速度的大小而有不同的变化。低速时，轴承阻力占较大的比例；速度提高后，轮轨间滑动阻力、冲击振动阻力、空气阻力所占的比例逐渐加大；高速（200km/h以上）时，列车基本阻力则以空气阻力为主。

二、列车运行中的基本阻力计算

基本阻力由轴颈与轴承间的摩擦阻力、车轮与钢轨的滚动摩擦阻力、车轮在钢轨上的滑动摩擦阻力、轨道不平顺与车轮踏面擦伤等引起的冲击和振动阻力以及空气阻力构成。列车运行中影响基本阻力的因素极为复杂，包括轴承类型、轴颈与轴承所承受的单位压力、润滑油性质、轮对转速、轴重、轮轨材料性质、车轮半径、线路质量、车轮踏面形状和误差以及列车外形与尺寸等，在实际运用中难以用理论公式来计算。因此，通常采用大量试验综合得出的经验公式进行计算。这些公式都采用单位基本阻力等于列车运行速度的一元二次方程的形式。单位基本阻力 w_0 的计算公式如下：

$$w_0 = A + Bv + Cv^2 \tag{2-9}$$

式中：v——列车运行速度，km/h；

A、B、C——常数，由试验确定，根据机车车辆类型而不同。

1. 货车单位运行基本阻力

我国货车车型繁多，不同类型的车辆，由于外形、尺寸、轴承、转向架结构以及自重、载重等因素的不同,单位基本阻力也不相同。

根据《列车牵引计算 第1部分:机车牵引式列车》(TB/T 1407.1—2018),我国铁路货车单位运行基本阻力按表2-1所列公式计算,货车基本阻力公式适用于最高速度100km/h。

我国铁路货车单位运行基本阻力计算公式　　　表2-1

货车类型	单位基本阻力计算公式
货车重车	$w_0'' = 0.92 + 0.0048v + 0.000125v^2$
油罐重车专列	$w_0'' = 0.53 + 0.0121v + 0.000080v^2$
货车空车	$w_0'' = 2.23 + 0.0053v + 0.000675v^2$

对于混编货物列车,可根据其所占比例,按重量加权平均的方法求得其车辆列的单位基本阻力 w_0'',具体公式如下:

$$w_0'' = \frac{\sum_{i=1}^{n} ([w_0'']_i G_i g)}{\sum_{i=1}^{n} (G_i g)} = \sum_{i=1}^{n} ([w_0'']_i x_i) \qquad (2-10)$$

式中:$[w_0'']_i$——某种货车(货车重车、货车空车)的单位基本阻力,N/kN;

x_i——该种车的总重 G_i 与牵引总重 $\sum_{i=1}^{n} G_i$ 之比。

《列车牵引计算 第1部分:机车牵引式列车》(TB/T 1407.1—2018)规定,罐车与其他货车混编时按普通货车基本阻力公式计算。为了简化计算,可预先求出该混编列车的车辆单位基本阻力公式,即按各种货车所占的比例,用按重量加权平均的方法先求出混编列车单位基本阻力公式的三个系数,然后应用式(2-11)计算。

$$A = \sum_{i=1}^{n} (A_i x_i),\ B = \sum_{i=1}^{n} (B_i x_i),\ C = \sum_{i=1}^{n} (C_i x_i) \qquad (2-11)$$

式中:A_i、B_i、C_i——各种货车单位基本阻力公式的三个系数。

2. 客车单位运行基本阻力

客车在运用中载重量变化不太大,而且我国铁路干线客车已全部使用滚动轴承,所以客车不分空车、重车。

根据《列车牵引计算 第1部分:机车牵引式列车》(TB/T 1407.1—2018),我国铁路客车单位运行基本阻力按表2-2所列公式计算。

我国铁路客车单位运行基本阻力计算公式　　　表2-2

客车类型	单位运行基本阻力计算公式
120km/h 速度等级	$w_0'' = 1.66 + 0.0075v + 0.000155v^2$
140km/h 速度等级	$w_0'' = 1.82 + 0.0100v + 0.000145v^2$
160km/h 速度等级(单层)	$w_0'' = 1.61 + 0.0040v + 0.000187v^2$
160km/h 速度等级(双层)	$w_0'' = 1.24 + 0.0035v + 0.000157v^2$

3. 机车单位运行基本阻力

1)电力机车

根据《列车牵引计算 第1部分:机车牵引式列车》(TB/T 1407.1—2018),我国铁路电力机车单位运行基本阻力按表2-3所列公式计算。

我国铁路电力机车单位运行基本阻力计算公式 表2-3

电力机车类型	单位运行基本阻力计算公式
SS_1、SS_3、SS_4、SS_4(改)	$w'_0 = 2.25 + 0.0190v + 0.000320v^2$
SS_{4B}	$w'_0 = 2.16 + 0.0012v + 0.000401v^2$
$SS_3 4000$、SS_{3B}、SS_6、SS_{6B}	$w'_0 = 1.89 + 0.0029v + 0.000396v^2$
SS_7	$w'_0 = 1.40 + 0.0038v + 0.000348v^2$
SS_{7C}	$w'_0 = 1.44 + 0.0099v + 0.000298v^2$
SS_{7D}、SS_{7E}	$w'_0 = 1.23 + 0.0179v + 0.000233v^2$
SS_8	$w'_0 = 1.02 + 0.0035v + 0.000426v^2$
SS_9、SS_9(改)	$w'_0 = 1.75 + 0.0234v + 0.000184v^2$
8G、8K	$w'_0 = 2.55 + 0.0089v + 0.000212v^2$
HXD_1(轴重23t)、HXD_1(轴重25t)、HXD_{1B}、HXD_{1C}(轴重23t)、HXD_{1C}(轴重25t)、HXD_2、HXD_{2B}、HXD_{2C}(轴重23t)、HXD_{2C}(轴重25t)、HXD_3(轴重23t)、HXD_3(轴重25t)、HXD_{3A}(轴重25t)、HXD_{3B}、HXD_{3C}、HXD_{3CA}	$w'_0 = 1.20 + 0.0065v + 0.000279v^2$
HXD_{1D}、HXD_{3D}	$w'_0 = 1.48 + 0.0018v + 0.000304v^2$
HXD_{1F}(轴重27t)、HXD_{2F}(轴重27t)、HXD_{1F}(轴重30t)、HXD_{2F}(轴重30t)	$w'_0 = 1.61 + 0.0177v + 0.000192v^2$

2)内燃机车

根据《列车牵引计算 第1部分:机车牵引式列车》(TB/T 1407.1—2018),我国铁路内燃机车单位运行基本阻力按表2-4所列公式计算。

我国铁路内燃机车单位运行基本阻力计算公式 表2-4

内燃机车类型	单位运行基本阻力计算公式
DF_4(货、客)、DF_{4B}(货、客)、DF_{4C}(货)、DF_{4D}(货、客)、DF_{4DF}、DF_{4E}、DF_{7D}、DF_{10F}	$w'_0 = 2.28 + 0.0293v + 0.000178v^2$
DF_8、DF_{8B}、DF_{8B}(高原)	$w'_0 = 2.40 + 0.0022v + 0.000391v^2$
DF_{11}、DF_{4D}(准高速)	$w'_0 = 0.86 + 0.0054v + 0.000218v^2$
DF_{11G}、DF_{11Z}	$w'_0 = 1.16 + 0.0089v + 0.000160v^2$
ND_5	$w'_0 = 1.31 + 0.0167v + 0.000391v^2$
NJ_2	$w'_0 = 1.87 + 0.0052v + 0.000344v^2$
HXH_3	$w'_0 = 0.82 + 0.0026v + 0.000499v^2$
HXH_5	$w'_0 = 0.95 + 0.0023v + 0.000497v^2$

应用以上机车车辆单位基本阻力公式时应注意以下问题:

(1)基本阻力的试验都是在运行速度不小于10km/h、外温不低于-10℃、风速不大于5m/s的条件下进行的。因此,当气候条件变化时,计算结果与实际情况有不同程度的误差。

计算公式也不适用于速度较低、情况较特殊的调车作业。

(2) 低速运行时列车阻力的变化比较复杂,所以当 $v<10 \text{km/h}$ 时,计算基本阻力,规定按 $v=10 \text{km/h}$ 计算。

(3) 装载轻浮货物的车辆,凡不足标记载重 50% 的可按空车计算单位基本阻力,达到标记载重 50% 及其以上的可按重车计算单位基本阻力。

(4) 对于高速列车及无缝长钢轨的线路,阻力公式应相应改变。

三、机车车辆单位起动基本阻力

机车、车辆停留时,轴颈与轴承之间润滑油被挤出,油膜减薄;同时,轴箱内温度降低,油的黏度增大,故起动时,轴颈与轴承的摩擦阻力增大。此外,车轮压在钢轨上产生凹形变形比运行时大,增加了滚动阻力。列车起动时,要求有较大的加速力以克服列车的静态惯性力。《列车牵引计算 第1部分:机车牵引式列车》(TB/T 1407.1—2018)将起动加速力也包括在起动阻力中考虑。因此,应另行计算列车起动时的阻力。

根据试验结果,《列车牵引计算 第1部分:机车牵引式列车》(TB/T 1407.1—2018)规定:(内燃和电力)机车单位起动基本阻力 w'_q 取 5N/kN,货车单位起动基本阻力 w''_q 取 3.5N/kN。

第3节 附加阻力

列车在特定条件下(通过坡道、曲线、隧道)运行时所受到的阻力称为附加阻力。与基本阻力不同的是,附加阻力受机车车辆类型的影响很小,主要取决于运行的线路条件。因此,同一条件下作用在机车、车辆的单位附加阻力是相同的。

一、单位坡道附加阻力

列车在坡道上运行时,其重力产生垂直于轨道的和平行于轨道的两个分力。垂直于轨道的分力被轨道的反作用力平衡,平行于轨道的分力即列车坡道附加阻力。列车上坡时,坡道附加阻力与列车运行方向相反,阻力是正值;列车下坡时,坡道附加阻力与列车运行方向相同,阻力是负值(变成了坡道下滑力)。单位坡道附加阻力计算公式推导如下:

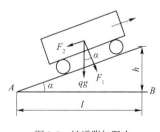

图 2-5 坡道附加阻力

在图 2-5 中,设机车或车辆的质量为 q(单位为 t),则其在坡道上运行时的重力为 qg(单位为 N),平行于轨道的分力 F_2 即为坡道附加阻力。

$$F_2 = q \cdot g \cdot \sin\alpha \quad (\text{N}) \tag{2-12}$$

因为 α 角一般都很小(线路坡度千分数 $i=34.9$ 时,$\alpha=2°$),可令 $\sin\alpha=\tan\alpha$,将机车或车辆的质量 q 的单位 t 改用 kg,于是得到:

$$F_2 = 1000q \cdot g \cdot \tan\alpha \quad (\text{N}) \tag{2-13}$$

线路坡度系数用千分率可表示为 $i = \frac{h}{l} \cdot 1000 = 1000\tan\alpha$，即 $\tan\alpha = \frac{i}{1000}$，则有：

$$F_2 = q \cdot g \cdot i \quad (\text{N}) \tag{2-14}$$

因单位阻力的定义为单位质量阻力，故单位坡道附加阻力 w_i 为：

$$w_i = \frac{q \cdot g \cdot i}{q \cdot g} = i \quad (\text{N/kN}) \tag{2-15}$$

式中：i——坡度千分数，上坡取正值，下坡取负值。

可见机车、车辆的单位坡道附加阻力 w_i，在数值上等于该坡道的坡度千分数 i。例如，上坡 $i=6$ 时，单位坡道阻力 $w_i = 6\text{N/kN}$；若为下坡道，即 $i=-6$，则 $w_i = -6\text{N/kN}$。

二、单位曲线附加阻力

1. 引起曲线附加阻力的因素

列车在曲线上运行比在直线上运行的阻力大，增大的部分称为曲线附加阻力。引起曲线附加阻力的因素主要如下：

（1）有些车轮轮缘压向外侧钢轨，有些车轮轮缘压向内侧钢轨，使轮缘与钢轨之间产生额外摩擦。

（2）在离（内）心力作用下，车轮向外（内）侧移动，轮轨间产生额外横向滑动。

（3）由于曲线上内外轨长度不同，同一轴上的内、外股钢轨上的两车轮的滚动半径不同，增加了车轮与钢轨间的纵向滑动。

（4）进入曲线后，转向架围绕中心盘转动时，上、下心盘之间产生的摩擦，使轴瓦与轴颈之间摩擦加剧。

由这些原因增加的阻力与曲线半径、列车运行速度、曲线外轨超高、轨距加宽量、机车车辆的轴距等许多因素有关，难以用理论公式计算，通常采用试验方法，得出以曲线半径 R 为函数的试验公式。

2. 单位曲线附加阻力计算式

根据试验，单位曲线附加阻力 w_r 的公式为：

$$w_r = \frac{600}{R} \quad (\text{N/kN}) \tag{2-16}$$

式中：R——曲线半径，m。

如果用曲线长度 L_r(m) 与曲线转角 $\alpha(°)$ 表示半径，则：

$$R = \frac{180 L_r}{\pi \alpha} \quad (\text{m}) \tag{2-17}$$

式(2-17)也可写为：

$$w_r = \frac{10.5\alpha}{L_r} \quad (\text{N/kN}) \tag{2-18}$$

其中，曲线长度 L_r 包括圆曲线长度及两端的缓和曲线长度的 1/2，可按式(2-19)计算。

$$L_r = L - \frac{1}{2}(l_1 + l_2) \quad (\text{m}) \tag{2-19}$$

式中：L——曲线总长度，m；

l_1、l_2——曲线两端的缓和曲线长度,m。

式(2-16)和式(2-18)仅适用于列车整体位于曲线上的情形。如果列车长度大于曲线长度,列车不是全部同时位于曲线上,而仅有一部分车辆受到曲线附加阻力的作用,此时,列车受到的平均曲线附加阻力,可以根据阻力机械功相等的原则计算(分摊到全列车),列车长度表示为 L_c(单位:m)。

$$\frac{600}{R}L_r = w_r \cdot L_c \quad (2\text{-}20)$$

$$w_r = \frac{600}{R} \cdot \frac{L_r}{L_c} \quad (\text{N/kN}) \quad (2\text{-}21)$$

式(2-21)也可以表示为:

$$w_r = \frac{10.5\alpha}{L_c} \quad (\text{N/kN}) \quad (2\text{-}22)$$

此外,如果列车位于 n 条曲线上,设列车全长范围内的曲线转角总和为 $\sum\alpha$,则列车平均单位曲线附加阻力为:

$$w_r = \frac{10.5\sum\alpha}{L_c} \quad (\text{N/kN}) \quad (2\text{-}23)$$

三、单位隧道附加阻力

列车进入隧道时,对隧道内的空气产生冲击作用,使列车头部受到突然增大的正面压力。进入隧道后,列车驱使空气移动,造成列车头部的正压与尾部负压的压力差,产生阻碍列车运动的阻力。同时,由于机车车辆外形结构的原因,隧道内的空气产生紊流,造成空气与列车表面、隧道表面的摩擦,也产生阻碍列车运动的阻力。以上两项阻力之和,称为隧道附加阻力。应当指出的是,列车在空旷地段运行也有空气阻力,只是比较小。所以,隧道附加阻力是指隧道内空气阻力与空旷地段空气阻力之差。

影响隧道附加阻力的主要因素有行车速度、列车长度、列车迎风面积、隧道长度、隧道净空面积、列车及隧道表面粗糙程度等。隧道越长,该阻力越大;列车越长,速度越高,该阻力亦增大。另外,该阻力还与隧道断面积、列车外形等因素有关,这些复杂因素很难从理论上推导,因此通常也采用由试验得出的经验公式。单位隧道附加阻力以 w_s 表示。

由于国内试验资料较少,尚不足以整理出简便的可正式颁布的计算公式。不过,在必要时也可用下面的参考公式进行计算:

(1)隧道内有限制坡道时

$$w_s = L_s v_s^2/10^7 \quad (\text{N/kN}) \quad (2\text{-}24)$$

(2)隧道内无限制坡道时

$$w_s = 0.00013 L_s \quad (\text{N/kN}) \quad (2\text{-}25)$$

式中:L_s——隧道长度,m;

v_s——列车在隧道内的运行速度,km/h。

四、单位加算附加阻力

以上所述机车、车辆的运行附加阻力,都是由线路的条件引起的。列车在坡道上运行时有坡道附加阻力,在曲线上运行时有曲线附加阻力,在隧道内运行时有隧道附加阻力。这三种附加阻力有时单独存在,有时两种或三种同时并存。为了计算方便,用单位加算附加阻力 w_j 表示因线路条件产生的单位附加阻力之和,即:

$$w_j = w_i + w_r + w_s \quad (\text{N/kN}) \tag{2-26}$$

前面已证明,单位坡道附加阻力在数值上等于该坡道的坡度千分数。因此,这些单位附加阻力也可用一个相当的坡道附加阻力代替,这个相当的坡道称为加算坡道。加算坡道的坡度千分数,即加算坡度为:

$$i_j = i + w_r + w_s \tag{2-27}$$

为了提高计算精度,计算列车单位附加阻力时应考虑列车长度。按列车长度所覆盖的地段,把列车单位坡道附加阻力、单位曲线附加阻力、单位隧道附加阻力一并换算为加算坡度千分数,见式(2-28)。

$$w_j = \frac{1}{L_c} \left[\sum (i_i \cdot l_{ii}) + 600 \sum \frac{l_{ri}}{R_i} + \sum (w_{si} \cdot l_{si}) \right] \tag{2-28}$$

式中:L_c——列车长度,m;

i_i——列车所覆盖的第 i 个坡道的坡度千分数;

l_{ii}——列车所覆盖的第 i 个坡道的长度(未覆盖部分的长度除外),m;

R_i——列车所覆盖的第 i 条曲线的半径,m;

l_{ri}——列车所覆盖的第 i 条曲线的长度(未覆盖部分的长度除外),m;

w_{si}——列车所覆盖的第 i 个隧道的单位隧道附加阻力,N/kN;

l_{si}——列车所覆盖的第 i 个隧道的长度(未覆盖部分的长度除外),m。

五、其他附加阻力

除了上面所述各种附加阻力以外,还有因气候条件,如大风或严寒所引起的阻力。由于机车、车辆的基本阻力公式是在一定的气候条件下进行试验求得的,所以气候条件变化时,列车的基本阻力亦将发生变化。风向与列车运行方向相反时列车阻力增大;风向与列车运行方向相同时则阻力减小。如果大风从列车侧面吹来,将使列车表面摩擦加大,并使车轮轮缘紧靠钢轨一侧,发生较大摩擦;同时,轴承摩擦以及轮轨间的滑动也会加剧,列车越长时这种附加阻力就越大。因此,这种侧向大风对于列车运行是不利的。

严冬季节,气温很低的地区将使列车运行增加额外阻力,原因是润滑油黏度随气温下降而增大,摩擦系数和摩擦阻力随之增加;同时气温降低时,空气密度增大,空气阻力也有所增加。

由以上两种条件的变化而额外增加的阻力应由专门试验来确定,或者采用适当减少牵引质量的措施进行修正。

第4节　列车运行阻力计算

由前节分析得到列车的总阻力公式和列车单位阻力公式,分别如式(2-29)和式(2-30)所示。

列车总阻力 $W = \left[\sum_{i=1}^{n} (P_i \cdot [w_0']_i) + G \cdot w_0'' + \left(\sum_{i=1}^{n} P_i + G \right) \cdot i_j \right] \cdot g \cdot 10^{-3}$ （kN）

(2-29)

列车单位阻力 $w = \dfrac{\sum\limits_{i=1}^{n}(P_i \cdot [w_0']_i) + G \cdot w_0''}{\sum\limits_{i=1}^{n} P_i + G} + i_j$ （N/kN）

(2-30)

式中：n——机车数量；

w_0'、w_0''——机车、车辆的单位基本阻力，N/kN；

i_j——加算坡道的坡度千分数。

【例2-1】 DF_4（货）型内燃机车牵引滚动轴承的重货物列车在 $i_j=0、2、4、-3$ 的坡道上运行，牵引质量 $G=3500t$，求 $v=10km/h、20km/h、30km/h\cdots\cdots80km/h$ 牵引运行的列车单位运行阻力。

解：DF_4（货）型内燃机车的计算质量 $P=135t$。采用表格形式顺序计算 $i_j=0、2、4、-3$ 的坡道上各种速度下的列车单位运行阻力，结果见表2-5。

各坡道上各种速度下的列车单位运行阻力　　表2-5

速度 v(km/h)	10	20	30	40	50	60	70	80
w_0'	2.59	2.94	3.32	3.74	4.19	4.68	5.20	5.76
w_0''	0.98	1.07	1.18	1.31	1.47	1.66	1.87	2.10
$w_0 = \dfrac{P \cdot w_0' + G \cdot w_0''}{P+G}$	1.04	1.14	1.26	1.40	1.57	1.77	1.99	2.24
$i_j=2, w=w_0+2$	3.04	3.14	3.26	3.40	3.57	3.77	3.99	4.24
$i_j=4, w=w_0+4$	5.04	5.14	5.26	5.40	5.57	5.77	5.99	6.24
$i_j=-3, w=w_0-3$	-1.96	-1.86	-1.74	-1.60	-1.43	-1.23	-1.01	-0.76

注：表中负的阻力实际上是剩余的坡道下滑力（与列车运行方向相同）。

由表2-5计算结果可知，列车在各坡道上各速度下的单位运行阻力都是基本阻力与加算坡度 i_j 的代数和。利用附加阻力在计算上与速度无关的特性，将列车单位基本阻力与速度的关系绘成曲线后，只要按加算坡度 i_j 的大小和方向平移 i_j 个单位，即可得到列车在任意坡道上的单位阻力与速度的关系曲线。

【例2-2】 SS_3 型电力机车一台，牵引滚动轴承重车，牵引质量为4200t，求在6‰的上坡道上起动时的总阻力。

解：起动时，有：

电力机车单位基本阻力 $w_q' = 5N/kN$；

车辆单位基本阻力 $w_q'' = 3.5N/kN$；

坡道附加单位阻力 $i_j = 6N/kN$；

归纳起来，列车起动时的总阻力为：

$W = [P \cdot w_0' + G \cdot w_0'' + (P+G) \cdot i_j] \cdot g \cdot 10^{-3}$

由题意，$P=138t$，$G=4200t$，代入后可得：

$$W = [138 \times 5 + 4200 \times 3.5 + (138 + 4200) \times 6] \times 9.81 \times 10^{-3} = 406.31 (\text{kN})$$

习题

1. 试述列车阻力的定义及分类。
2. 何谓单位阻力？它的取值有何规定？
3. 基本阻力由哪几部分组成？
4. 货车单位基本阻力为何要区别空车或者重车？
5. 对于空重混编的列车，应如何计算车列的单位基本阻力公式的三个系数？
6. 附加阻力有几种？如何计算？
7. 曲线阻力和坡道阻力为什么能折算为坡度？
8. 机车、车辆的起动基本阻力是怎样规定的？
9. SS_4型电力机车一台，牵引滚动轴承重车，牵引质量为3500t，列车位于5‰的上坡道上，牵引力使用系数为0.9，计算在牵引工况下，速度为60km/h时的列车合力（牵引力按持续制、32-Ⅲ位取值）。

第3章 列车制动力

列车制动力是由制动装置引起的、与列车运行方向相反、阻碍列车运行的、司机可以根据需要调节的外力。这个人为的阻力一般比自然产生的列车运行阻力要大得多。在列车制动减速过程中，尽管运行阻力也在起作用，但起主要作用的是列车制动力。本章主要介绍列车制动方式、列车制动力的产生及限制、闸瓦压力摩擦系数的影响因素及计算方法、闸瓦压力的确定过程及列车制动力的计算方法，并介绍动力制动的原理和特性以及动力制动的特性曲线和控制。

第1节 列车制动方式

在制动操纵上，列车制动作用按用途可分为常用制动和紧急制动两种。常用制动是指正常情况下为调控列车速度或进站停车所施行的制动，其作用较缓和，而且制动力可以调节，通常只用列车制动能力的20%～80%，多数情况下只用50%左右。紧急制动是指紧急情况下为使列车尽快停住而施行的制动，它不仅用上了全部制动能力，而且作用比较迅猛。

列车制动方式分类标准很多，本节按照动能转移方式、制动力形成方式、制动力的源动力等不同标准对列车制动方式进行分类介绍。

一、按照动能转移方式分类

在制动方式上，按列车动能转移方式的不同，我国铁路目前主要使用摩擦制动、动力制动和电磁制动。摩擦制动主要包括闸瓦制动和盘式制动，动力制动主要包括电阻制动和再生制动，电磁制动主要包括电磁轨道制动和轨道涡流制动。

1. 摩擦制动

1）闸瓦制动

闸瓦制动又称踏面制动，以压缩空气为动力将闸瓦压紧车轮踏面，通过闸瓦与车轮踏面的机械摩擦，把列车动能转变为热能消散于大气，并产生制动力。目前在普通列车上仍广泛采用这种制动方式。高速列车制动系统已经很少采用踏面制动，并且有逐渐淘汰闸瓦制动的趋势。不管是日本的动力分散式高速动车组、德国的ICE动力集中式高速列车，还是意大利的ETR高速列车，都没有采用踏面制动方式。法国的RTG内燃动车、TGV-PSE及TGV-A高速列车曾采用过踏面制动方式，但所发挥的制动功率都很小，且一般只用于动车上，主要作用是补偿低速时制动力的下降和踏面清扫。

2）盘式制动

盘式制动是在车轴上或车轮侧面安装制动盘，也是以压缩空气为动力将闸片压紧制动盘侧面，通过闸片与制动盘侧面的机械摩擦来产生制动作用。由于盘式制动在制动功率、减少车轮踏面热损害等方面具有闸瓦制动所无法比拟的优越性,因此成为准高速和高速列车摩擦制动的主导方式,我国新研制的客车也采用盘式制动。

在高速列车上,无论是动力分散式的高速动车组,还是动力集中式的高速列车,盘式制动都得到了广泛的应用,并且在整个列车制动系统中起到了"中流砥柱"的作用。在动车上,盘式制动逐渐取代了闸瓦制动作为低速时动力制动力下降的补充方式,并且在动力制动故障的情况下,全权负责动车的制动;在拖车上,无论是紧急制动还是常用制动,制动力都主要由盘式制动来承担。即使在列车利用动力制动进行调速的时候,盘式制动缸仍得到一定的预充气量,盘式制动处于"待命"状态。这样做是为了保证在动力制动力不足或电制动装置突然失灵的情况下盘式制动能及时补上。由此可见,盘式制动已成为高速列车制动系统中最为重要的一种制动方式。

2. 动力制动

动力制动又称电制动,是让机车或动车的车轮带动其动力传动装置,使它产生逆作用,从而消耗列车动能,产生制动作用。目前所采用的动力制动主要是电阻制动、再生制动和液力制动。动力制动广泛应用于高速列车和普通列车的制动系统。日本从 0 系新干线开始采用电阻制动和电磁直通制动装置并用,发展到 100 系的电制动装置机电阻制动和电空制动并用,300 系新干线主要采用了交流再生制动和电空制动并用。由于采用了再生制动,制动时转换器和逆变器的作用被颠倒过来,制动产生的能量以工频回归架线,消除原电阻制动时采用的电阻器,减少了能量消耗,电能归还于接触网。德国的 ICE 系列动车组均采用了再生制动。

3. 电磁制动

1) 电磁轨道制动

电磁轨道制动通常简称为磁轨制动,它利用安装在转向架上的制动电磁铁与钢轨之间的滑动摩擦力来提供制动力。列车运行时,制动电磁铁与钢轨之间保持一定的距离。制动时,制动电磁铁通电励磁后吸在钢轨上,电磁铁极靴在钢轨上滑行时产生摩擦力,用作列车制动力。

由于磁轨制动力具有不受轮轨间黏着系数限制的优越性,磁轨制动在高速列车上得到了广泛的应用。法国的 TGV-2N、德国的 ICE 及瑞典的 X2000 等高速列车都装有磁轨制动装置。但是,由于磁轨制动具有磨损轨面的缺点,目前仅适用于紧急制动工况。另外,和轨道涡流制动相比,磁轨制动的技术要求较低,在高速铁路技术不太成熟的情况下,磁轨制动是一种比较好的选择。

2) 轨道涡流制动

轨道涡流制动又称线性涡流制动,其制动装置与磁轨制动在外观上非常相似,但在原理上却截然不同。轨道涡流制动电磁铁的磁场方向平行于钢轨的纵长方向,且作多极布置(南北极交替布置)。制动时,电磁铁落下至距轨面 7~10mm 处,靠电磁铁与钢轨之间的相对速度引起的电涡流作用形成制动力。轨道涡流制动的制动力并不经轮轨黏着接触点作用于车轮,由于它没有靠摩擦来转移能量,因此是非摩擦制动方式。轨道涡流制动把列车的动能转换为热能转移到钢轨上,最终散失于大气中。轨道涡流制动主要应用在高速列车上。

轨道涡流制动的优点是:制动力与轮轨间的黏着系数无关,为无磨损制动;具有很好的可调节性,可用作常用制动;具有很好的制动特性,高速时也有很大的制动力。

德国 ICE3 城际高速动车组采用了可独立工作的轨道涡流制动,可实现无级调节,在高速线路以及大部分改建线路上可用于常用制动和紧急制动。日本 100 系、300 系新干线拖车也采用了轨道涡流制动,电动车组采用复合制动方式,当再生制动不能满足制动力需求时,首先由拖车的涡流制动补充,其次用摩擦制动补充。300 系新干线再生制动功率占整列车制动功率的 62%,拖车涡流制动功率占 35%,摩擦制动功率占 3%。

二、按照制动力形成方式分类

按照制动力的形成方式,列车制动方式可分为黏着制动和非黏着制动。这主要是按照制动力形成是否依赖于轮轨间的黏着关系而划分的。黏着制动通过轮轨间的黏着作用产生制动力,且制动力的最大值受黏着力的限制,一旦轮轨间的作用力超过了轮轨黏着的限制,车轮就会打滑。非黏着制动则无须通过轮轨黏着作用产生制动力,其制动力大小不受黏着的限制。

闸瓦制动、盘式制动、电阻制动、再生制动都属于黏着制动,因其制动力的产生离不开轮轨间的黏着关系,轮轨接触区域必须有黏着作用,制动力的大小受黏着的限制。磁轨制动和轨道涡流制动属于非黏着制动,因其制动力的产生与轮轨间的黏着作用没有直接关系,只取决于流动体与钢轨间因接触摩擦所产生的制动力,或因电涡流作用产生的电磁力。

三、按照制动力的源动力分类

列车制动方式中,制动力的源动力主要有压缩空气和电力。以压缩空气为源动力的制动方式称为空气制动,如闸瓦制动和盘式制动。以电力为源动力的制动方式称为电力制动,如动力制动和电磁制动。

第2节 列车制动力的产生及限制

一、制动力的产生

制动一般是在牵引力为 0 的情况下进行的。制动以前,列车靠惯性惰行。

设一块闸瓦的压力为 K,轮、瓦的摩擦系数为 φ_k,施行制动时,列车正以速度 v 惰行,轮对以角速度 ω 在轨面上滚动。如以轮对为隔离体,并且不考虑其他力的影响,则在轮对总闸瓦压力为 $\sum_{i=1}^{n} K_i$ 的作用下,产生的闸瓦摩擦力为 $\sum_{i=1}^{n} (K_i \cdot [\varphi_k]_i)$,如图 3-1 所示。

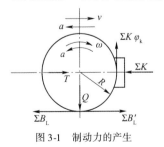

图 3-1 制动力的产生

应注意的是,闸瓦摩擦力 $\sum_{i=1}^{n} (K_i \cdot [\varphi_k]_i)$ 并不能使列车减速,而只能阻止轮对转动。但是,轮对转动一旦被阻,势必引起轮轨间相对滑动的趋势,产生轮轨间的相互作用力:轮对轨的作用力 $\sum_{i=1}^{n} [B'_L]_i$ 和轨对轮的反作用力 $\sum_{i=1}^{n} [B_L]_i$。在静摩擦或黏着条件下,由于 $\sum_{i=1}^{n} [B_L]_i$ 的作用,阻止轮对滑动,从而在车辆惯性力的推动下继续滚动。但是,轮对转速 ω 将降低,列车速度 v 亦相应降低。

由此可见,$\sum_{i=1}^{n}[B_L]_i$ 是由 $\sum_{i=1}^{n}K_i$ 作用而引起的,是钢轨作用在车轮轮周上的与列车运行方向相反的外力。这个外力才是使列车急剧减速的制动力,其大小可根据图 3-1 将轮对作为隔离体而建立的力矩平衡方程式 $M=0$ 求得:

$$\sum_{i=1}^{n}(K_i \cdot [\varphi_k]_i) \cdot R - \sum_{i=1}^{n}[B_L]_i \cdot R = I \cdot \omega \tag{3-1}$$

式中:n——闸瓦数量;
$\quad K_i$——每块闸瓦的压力,kN;
$\quad \varphi_k$——轮、瓦间滑动摩擦系数;
$\quad R$——车轮半径,mm;
$\quad B_L$——每块闸瓦产生的制动力,kN;
$\quad I$——轮对的转动惯量,kg·m^2;
$\quad \omega$——轮对的角减速度,rad/s^2。

可见,闸瓦摩擦力矩可分为两部分(起两种作用):一部分是 $\sum_{i=1}^{n}[B_L]_i \cdot R$,其作用是引起钢轨给车轮的纵向水平反作用力 $\sum_{i=1}^{n}[B_L]_i$,使列车获得线减速度 α;另一部分是 $I \cdot \omega$,其作用是使转动惯量为 I 的各轮对获得角减速度 ω。后一部分占的比例不大。为简化起见,在计算制动力时通常将后一部分忽略不计(即假定 $I=0$),留到计算制动距离或运行时分的时候再加以考虑。这样,制动力在数值上就等于闸瓦与车轮踏面之间的摩擦力,即:

$$\sum_{i=1}^{n}[B_L]_i = \sum_{i=1}^{n}(K_i \cdot [\varphi_k]_i) \quad (kN) \tag{3-2}$$

盘式制动的闸片产生的制动力等于闸片与制动盘之间的摩擦力换算到车轮踏面上的值。

二、制动力的限制

由式(3-2)可见,轮轨间的静摩擦力 $\sum_{i=1}^{n}[B_L]_i$ 因 $\sum_{i=1}^{n}(K_i \cdot [\varphi_k]_i)$ 而产生,并随它的增大而增大。但是,只有在轮对在钢轨上滚动的条件下,$\sum_{i=1}^{n}[B_L]_i$ 才能等于闸瓦摩擦力 $\sum_{i=1}^{n}(K_i \cdot [\varphi_k]_i)$。所以,与牵引力相似,$\sum_{i=1}^{n}[B_L]_i$ 也要受到轮轨间黏着条件的限制,即:

$$\sum_{i=1}^{n}[B_L]_i = \sum_{i=1}^{n}(K_i \cdot [\varphi_k]_i) \leq Q \cdot \mu \quad (kN) \tag{3-3}$$

式中:Q——轴荷重,kN;
$\quad \mu$——轮轨间的制动黏着系数。

当 $v \leq 160$km/h 时,机车、车辆制动时轮轨间的黏着系数 μ 按下列公式计算。

干燥轨面 $\quad\mu = 0.0624 + \dfrac{45.60}{260+v}$ (3-4)

潮湿轨面未使用防滑装置 $\quad\mu = 0.0405 + \dfrac{13.55}{120+v}$ (3-5)

潮湿轨面使用防滑装置 $\quad\mu = 0.0486 + \dfrac{13.55}{120+v}$ (3-6)

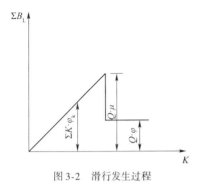

图 3-2　滑行发生过程

当 $\sum\limits_{i=1}^{n}[B_L]_i > Q \cdot \mu$ 时，轮对将发生滑行，即车轮将被"抱死"（不转动），制动力变为轮轨间的滑动摩擦力 $Q \cdot \varphi$，闸瓦摩擦力由滑动摩擦力变为静摩擦力。φ 是轮轨间的滑动摩擦系数，其值远小于制动黏着系数 μ。因此，轮对一旦滑行，制动力迅速下降，如图 3-2 所示。这种现象在低速和空车时最容易发生。所以，为使制动力增大而施加过大的闸瓦压力 K，反而会降低制动力，使制动距离延长，而且轮对滑行还会导致车轮踏面擦伤。

根据式(3-3)分析以下几种情况：

(1) 当轨面状况不好时，黏着系数 μ 下降，$Q \cdot \mu$ 值小，易滑行。

(2) 紧急制动时，由于闸瓦压力 K 值大，使 $\sum\limits_{i=1}^{n}(K_i \cdot [\varphi_k]_i)$ 增大，易滑行。

(3) 当速度 v 降低时，黏着系数 μ 略大，而 φ_k 随 v 下降而急剧增加，故 $\sum\limits_{i=1}^{n}(K_i \cdot [\varphi_k]_i)$ 增加的幅度大，易发生滑行，尤其是在快停车时，更易滑行。

为防止货车在空车或装载量不足时出现轮对因制动而滑行的现象，在标记载重为 50t 及更重的货车制动机上设置有空、重车调整装置。其调整手柄在空车位时，制动缸与降压风缸相通，制动缸的空气压强较低，由于降压风缸上装有空车安全阀，即使紧急制动也不会超过 190kPa。当调整手柄放在重车位时，制动缸与降压风缸不连通，故可获得比空车位大得多的空气压强。所以在计算列车制动力时，对标记载重为 50t 及更重的货车应按照重、空车予以区分。

第 3 节　闸瓦压力摩擦系数

闸瓦与车轮间的摩擦系数直接影响着制动性能的好坏。对闸瓦摩擦系数的要求是：数值要大，要比较稳定。影响闸瓦摩擦系数的主要因素有 4 个：闸瓦的材质、列车运行速度、闸瓦压强和制动初速度。对于铸铁闸瓦，含磷量越高，闸瓦摩擦系数越大；列车运行速度越低，闸瓦摩擦系数越大；闸瓦压强越小，闸瓦摩擦系数越大；制动初速度越小，闸瓦摩擦系数越大。

一、闸瓦的材质和列车运行速度

闸瓦材质和列车运行速度对闸瓦摩擦系数的影响非常大。长期以来，机车车辆主要使用铸铁闸瓦。最早用的是含磷量 0.3% 的（普通）铸铁闸瓦，很不耐磨，而且其摩擦系数随列车速度的增加而大大降低。可是,列车高速运行时动能大,需要较大制动力来使列车减速。普通铸铁闸瓦的上述性能正好与实际需要完全相反,所以,很快被含磷量为 0.7%~1% 的中磷(铸铁)闸瓦代替。中磷闸瓦的摩擦系数比普通铸铁闸瓦高约 35%,制动距离可缩短约 16%,在同样的制动条件下闸瓦温度较低,闸瓦磨损减轻约 30%,车轮踏面磨损也减轻约 47%。含磷量在 2% 以上的高磷(铸铁)闸瓦制动效果还要好。但是,随着含磷量的大大提高,闸瓦的脆裂性也变得很差,使得高磷闸瓦要以"钢背"来加强,这样又增大了它的成本,使它的价格增高,不易于推广。

闸瓦材质的另一大类是合成材料。用合成材料制造的闸瓦称为合成闸瓦,具有下列优点。

(1)可根据需要,改变配方和工艺,使摩擦系数曲线与黏着系数曲线获得较好的吻合,即摩擦系数很大而且对速度的改变不太敏感。

(2)特别耐磨,其寿命一般在铸铁闸瓦的 4 倍以上,不会发生"磨托"事故。

(3)制动时基本无火花,不会发生"烧车"或其他火灾事故。

(4)重量较轻,仅为铸铁闸瓦的 1/3 左右。

(5)车轮踏面磨耗也少,比用铸铁闸瓦可少一半。

合成闸瓦的缺点是对钢轨的湿润程度比较敏感,而且散热性能较差,易使车轮踏面发生热裂、剥离、金属镶嵌,甚至磨出沟槽。低弹性模量的闸瓦是一种比较成功的产品,已经获得推广应用。为了适应高速列车制动的需要,还在继续研究新的闸瓦材质,如粉末冶金、陶瓷铝等。

目前,高磷铸铁闸瓦在我国铁路的普通货车和普通客车上得到了普遍采用,低摩合成闸瓦在少数机车和个别普通客车上使用,高摩合成闸瓦在部分机车和客货车上使用,且使用范围逐渐扩大,高摩合成闸片在装有盘式制动的客车和动车组上使用,还有一些机车和动车组使用粉末冶金闸瓦。

二、闸瓦压强和制动时的初速度

闸瓦压强对闸瓦摩擦系数也有一定的负影响。试验结果表明,铸铁闸瓦压强越大,摩擦系数越小。压强增大一倍,摩擦系数降低约 27%。所以,闸瓦的工作压强一般不要超过 1200kPa,设计时不要超过 1000kPa。

对于需要增大制动力的机车车辆,不能一味地增大闸瓦压力。这是因为,闸瓦与车轮踏面的接触面积有一定的限制:闸瓦不可能太宽,而太长时由于受力沿闸瓦长度的分布不均匀,又不起多大作用。所以,在闸瓦压强已经不能再增大时,要想法改进闸瓦材质以增大摩擦系数,或者采用"双侧制动",用增加闸瓦数量的办法来增大闸瓦面积,从而增大闸瓦压力但不增大闸瓦压强。

制动初速度对闸瓦摩擦系数也有一定的负影响,试验结果表明:在闸瓦材质、闸瓦压强和列车运行速度相同的情况下,制动初速度越低,摩擦系数越大,而且,随着速度的降低,制动初速度对摩擦系数的影响逐渐减小。

三、闸瓦实算摩擦系数的计算公式

除了上述主要影响因素之外,闸瓦摩擦系数还与气候条件、车轮踏面清洁情况以及轮瓦新旧程度等因素有关。由于影响因素多而复杂,很难用理论方法来推导,主要靠室内 1∶1 的"制动摩擦副试验台"和在现场线路上进行成组车辆的"溜放试验"来实测。在溜放试验中由于缺乏列车运行中基础制动装置传动效率(动效率)的数据,难以准确测定出真正的闸瓦摩擦系数值。

在制定《列车牵引计算 第1部分:机车牵引式列车》(TB/T 1407.1—2018)时,为了建立对客货车都适用的闸瓦摩擦系数公式,采用了按客货车基础制动装置复杂程度分别规定"传动效率计算值"的办法:客车定为 0.85(双侧制动,较复杂);货车定为 0.90(单侧制动,较简单)。

《列车牵引计算 第1部分:机车牵引式列车》(TB/T 1407.1—2018)规定了下列材质的闸瓦和盘式制动闸片的实算摩擦系数 φ_k 的计算公式:

(1)铸铁闸瓦

$$\varphi_k = 0.82 \times \frac{K+100}{7K+100} \cdot \frac{17v+100}{60v+100} + 0.0012 \times (120-v_0) \tag{3-7}$$

(2)机车低摩合成闸瓦

$$\varphi_k = 0.25 \times \frac{K+500}{6K+500} \cdot \frac{4v+150}{10v+150} + 0.0006 \times (100-v_0) \tag{3-8}$$

(3)机车高摩合成闸瓦

$$\varphi_k = 0.391 \times \frac{K+200}{4K+200} \cdot \frac{2v+150}{3v+150} \tag{3-9}$$

(4)货车高摩合成闸瓦

$$\varphi_k = 0.481 \times \frac{K+200}{4K+200} \cdot \frac{2v+150}{3v+150} \tag{3-10}$$

(5)粉末冶金闸瓦

$$\varphi_k = 0.675 \times \frac{K+130}{6K+130} \cdot \frac{2v+40}{5v+40} \tag{3-11}$$

(6)合成闸片

$$\varphi_k = 0.444 \times \frac{K+200}{4K+200} \cdot \frac{2v+150}{3v+150} \tag{3-12}$$

式中:K——每块闸瓦(或闸片)作用于车轮(或制动盘)的压力,kN;

v——制动过程中的列车运行速度,km/h;

v_0——制动初速度,km/h。

第4节 闸瓦压力

一、闸瓦压力的计算公式

机车车辆闸瓦压力由制动缸提供。空气压强作用在制动缸活塞上,活塞产生推力,经过杠杆系统的放大,再传给闸瓦。由制动缸至闸瓦所构成的系统称为基础制动装置,如图 3-3 所示。

机车、车辆每块闸瓦的实算闸瓦压力 K 按式(3-13)计算。

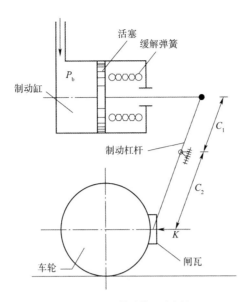

图 3-3 基础制动装置示意图

$$K = \frac{\frac{\pi}{4}d_z^2 \cdot p_z \cdot \eta_z \cdot \gamma_z \cdot n_z}{n_k \times 10^6} \quad (3-13)$$

盘式制动的实算闸片压力 K' 按式(3-14)计算。

$$K' = \frac{\pi}{4}d_z^2 \cdot p_z \cdot \eta_z \cdot \gamma_z \times 10^{-6} \quad (3-14)$$

从制动盘上折算到车轮踏面的实算闸片压力,按式(3-15)计算。

$$K = \frac{r_z}{R_c} \cdot K' \quad (3-15)$$

式中：π——圆周率,取 3.1416;

d_z——制动缸直径,mm;

p_z——制动缸空气压强,kPa;

η_z——基础制动装置计算传动效率;

γ_z——制动倍率;

n_z——制动缸数;

n_k——闸瓦数量;

r_z——制动盘摩擦半径,mm;

R_c——车轮半径,mm。

其中,d_z、γ_z、n_z、n_k、r_z、R_c 是结构参数,与车型有关,无须讨论。下面仅就基础制动装置的传动效率 η_z 和制动缸空气压强 p_z 给予说明。

二、基础制动装置的传动效率

制动缸活塞推力,经杠杆系统传给闸瓦。由于需要克服制动缸中缓解弹簧的抗力,活塞与缸壁的摩擦,以及各杠杆连接销的摩擦阻力,因此,闸瓦实际压力将小于只按杠杆比例计算的、不考虑阻抗损失的理论压力。两者之比，即为基础制动装置的传动效率 η_z。

$$\eta_z = \frac{K_s}{K_L} \quad (3-16)$$

式中：K_s——实际闸瓦压力，kN；

K_L——不考虑阻抗损失，只按杠杆比例计算的理论闸瓦压力，kN。

η_z 与机车、车辆所处状态（静止、运行）以及基础制动装置复杂程度和维护状态有关，所以 η_z 不仅因车而异，即使是同一辆车也不会是一个常数。可是，用溜放试验来测闸瓦摩擦系数时必须先知道 η_z 的数值，因此，如上节所述，在制定《列车牵引计算 第 1 部分：机车牵引式列车》(TB/T 1407.1—2018) 时采取了规定 η_z 计算值的办法。其规定是：机车及客车闸瓦制动均取 0.85；客车盘式制动及其踏面制动单元均取 0.9；货车闸瓦制动取 0.9。这个传动效率称为"计算传动效率"，它只是传动效率的计算值。它与式(3-13)的闸瓦压力公式是配套使用的。

三、常用制动时制动缸的空气压强

常用制动时，制动缸的空气压强 p_z 主要与制动机型式和列车管减压量 r 有关，列车管任一减压量 r 下的制动缸空气压强 p_z，可由下列各式计算（式中 r 的单位为 kPa）：

(1) 机车制动缸中空气压强

对于各种型式的分配阀

$$p_z = 2.5r \quad (\text{kPa}) \quad (3-17)$$

(2) 客车及货车制动缸中的空气压强

GK 型制动机的重车位　　　$p_z = 3.25r - 100$　（kPa）　　（3-18）

GK 型制动机的空车位　　　$p_z = 1.78r - 50$　（kPa）　　（3-19）

104 型和 103 型制动机重车位　$p_z = 2.6r$　（kPa）　　（3-20）

103 型制动机空车位　　　$p_z = 1.36r$　（kPa）　　（3-21）

四、列车管有效减压范围

由上述各式可知，制动缸压强随列车管减压量的增加而增加。但是，要使闸瓦压向车轮，产生实际制动效果，制动缸压强必须至少达到某一数值，它能够克服制动缸缓解弹簧的抗力和基础制动装置各销套的摩擦阻力，将制动缸活塞完全推出。对应这个制动缸压强的列车管减压量，就是列车管的最小减压量。其计算值如下：

单车试验时，$r_{min} \approx 40 \text{kPa}$；

列车状态下，$r_{min} \approx 50 \text{kPa}$。

另外，当列车管减压量达到某一数值，车辆制动机的副风缸与制动缸的压强相等时，即使列车管继续减压，制动缸压强也不会再上升。这个减压量就是列车管的最大减压量。其计算值如下：

列车管定压为 500kPa 时，$r_{max} \approx 140 \text{kPa}$；

列车管定压为 600kPa 时，$r_{max} \approx 170 \text{kPa}$。

五、紧急制动时制动缸的空气压强

列车施行紧急制动时，列车管空气压强将急降至 0。这时，各车辆制动机处于紧急制动的工况,有紧急增压的车辆列车管的部分压力空气将流向制动缸,使后者得到紧急增压,即得到比常用全制动还要高的空气压强。

《列车牵引计算 第1部分:机车牵引式列车》(TB/T 1407.1—2018)给出了紧急制动时的制动缸空气压强,见表3-1。

紧急制动时制动缸空气压强(单位:kPa)　　　　　表3-1

制动机类型		列车管定压	
		500	600
GK 型	重车位	360	430
	空车位	190	190
120 型	重车位	360	430
	空车位	140	160
103 型	重车位	360	430
	空车位	140	160
F8 型		—	480
104 型		—	420
机车分配阀	HXD_2	375	375
	其他车型	450	450

【**例 3-1**】 闸瓦压力的计算:标记载重 60t 的货车,装有 GK 型制动机,8 块闸瓦,有一个制动缸,直径为 356mm,制动倍率为 9,列车的管空气压力为 500kPa,求紧急制动时重车位的闸瓦压力。

解:计算传动效率 0.9,制动缸空气压力 360kPa,则

$$K = \frac{\frac{\pi}{4} \cdot d_z^2 \cdot p_z \cdot \eta_z \cdot \gamma_z \cdot n_z}{n_k \times 10^6} = \frac{3.14 \times 356^2 \times 360 \times 0.9 \times 9 \times 1}{4 \times 8 \times 10^6} = 36.3 (\text{kN})$$

紧急制动时重车位的闸瓦压力为 $\Sigma K = 8 \times 36.3 = 290.4 (\text{kN})$。

第5节　列车制动力的计算

列车中各制动轴产生制动力的总和,称为列车制动力 B。

$$B = \sum_{i=1}^{n} (K_i \cdot [\varphi_k]_i) \quad (\text{kN}) \tag{3-22}$$

列车制动力常按单位制动力进行计算,并以 b 表示(规定取至两位小数)。

$$b = \frac{B \times 10^3}{\left(\sum_{j=1}^{m} P_j + G\right) \cdot g} = \frac{1000 \sum_{i=1}^{n} (K_i \cdot [\varphi_k]_i)}{\left(\sum_{j=1}^{m} P_j + G\right) \cdot g} \quad (\text{N/kN}) \tag{3-23}$$

式中:n——闸瓦数量;

m——机车数量;

P——机车计算质量,t;

G——机车牵引质量,t。

计算列车制动力 B 或单位制动力 b 有三种方法:实算法、换算法和二次换算法。下面分别进行介绍。

一、列车制动力的实算法

实算法是以列车中各闸瓦的实算闸瓦压力 K 与各该闸瓦的实算摩擦系数 φ_k 乘积的总和计算列车制动力的方法。由于摩擦系数与闸瓦压力有关,而大多数列车是由各种车辆混编而成的,不同车辆的 K 值不同,其所对应的 φ_k 值也将不同,所以列车制动力的求解,是将式(3-22)展开成下列形式计算:

$$B = \sum_{j=1}^{m}(K_j \cdot [\varphi_k]_j) = \left(\sum K_1 \cdot \varphi_{k1} + \sum K_2 \cdot \varphi_{k2} + \cdots + \sum K_n \cdot \varphi_{kn}\right) \quad (\text{kN}) \quad (3\text{-}24)$$

式中: m ——闸瓦数量;

$\sum K_1$、$\sum K_2$、$\cdots$、$\sum K_n$ ——第 1 种车至第 n 种车的实算闸瓦压力,kN;

K_1、K_2、$\cdots$、K_n ——各种车辆每块闸瓦的实算闸瓦压力,kN;

φ_{k1}、φ_{k2}、$\cdots$、φ_{kn} ——与各闸瓦压力 K_1,K_2,$\cdots$,K_n 相对应的实算摩擦系数。

同理,列车单位制动力的计算公式为:

$$b = \frac{1000 \times \left(\sum K_1 \cdot \varphi_{k1} + \sum K_2 \cdot \varphi_{k2} + \cdots + \sum K_n \cdot \varphi_{kn}\right)}{\left(\sum_{k=1}^{l} P + G\right) \cdot g} \quad (\text{N/kN}) \quad (3\text{-}25)$$

式中:l ——机车数量。

由于实际列车编组车型很复杂,列车中的车辆不仅有各种类型的制动机,而且制动倍率也各不相同,再加上实算摩擦系数与初速度和各瞬时速度有关,所以用这种方法来计算列车制动力比较烦琐,一般计算不用。

二、列车制动力的换算法

换算法的实质是假定闸瓦摩擦系数与闸瓦压强无关,用一个不随闸瓦压强变化的换算摩擦系数 φ_h 来代替实算摩擦系数 φ_k,以简化计算。同时为使计算结果和原来一致,又将实算闸瓦压力 K 修正成换算闸瓦压力 K_h,修正的原则为:

$$K_h \cdot \varphi_h = K \cdot \varphi_k$$

即

$$K_h = K \cdot \frac{\varphi_k}{\varphi_h} \quad (3\text{-}26)$$

式中:K_h ——换算闸瓦压力,kN;

φ_h ——换算摩擦系数。

经过换算后,式(3-22)的列车制动力可按照式(3-27)计算。

$$B = \sum_{i=1}^{n}(K_i \cdot [\varphi_k]_i) = \sum_{i=1}^{n}([K_h]_i \cdot \varphi_h) = \varphi_h \cdot \sum_{i=1}^{n}[K_h]_i \quad (\text{kN}) \quad (3\text{-}27)$$

1. 换算摩擦系数

换算摩擦系数 φ_h 是将 K 固定为某一数值代入实算摩擦系数公式中求得的,为了减少换算带来的误差,应采用当前全国客、货车紧急制动时的实算闸瓦压力平均值。根据 1985 年统计的全路货车各型制动机保有量所占比例以及每块闸瓦的实算闸瓦压力值,有

货车重车位平均: $K = 33.5\text{kN}$。

货车空车位平均: $K = 19.5\text{kN}$。

货车空、重车位平均: $K = 26.5\text{kN}$。

此外,考虑全国客车每块闸瓦的实算闸瓦压力平均为 20kN,故换算摩擦系数的 K 值按 25kN 计算,代入式(3-7)得铸铁闸瓦换算摩擦系数公式。

$$\varphi_h = 0.372 \times \frac{17v + 100}{60v + 100} + 0.0012 \times (120 - v_0) \quad (3-28)$$

机车低摩合成闸瓦换算摩擦系数,按每块闸瓦的实算闸瓦压力 K 等于 25kN 计算。

$$\varphi_h = 0.202 \times \frac{4v + 150}{10v + 150} + 0.0006 \times (100 - v_0) \quad (3-29)$$

机车高摩合成闸瓦换算摩擦系数,按每块闸瓦的实算闸瓦压力 K 等于 20kN 计算。

$$\varphi_h = 0.307 \times \frac{2v + 150}{3v + 150} \quad (3-30)$$

货车高摩合成闸瓦的换算摩擦系数,按每块闸瓦的实算闸瓦压力 K 等于 20kN 计算。

$$\varphi_h = 0.378 \times \frac{2v + 150}{3v + 150} \quad (3-31)$$

粉末冶金闸瓦的换算摩擦系数,按每块闸瓦的实算闸瓦压力 K 等于 21.5kN 计算。

$$\varphi_h = 0.395 \times \frac{2v + 40}{5v + 40} \quad (3-32)$$

盘式制动合成闸片的换算摩擦系数,按每块闸片的实算闸片压力 K' 等于 21kN 折算到车轮踏面的 K 值计算。

$$\varphi_h = 0.382 \times \frac{2v + 150}{3v + 150} \quad (3-33)$$

按照上述公式计算的数值分别见表 3-2 ~ 表 3-7。

铸铁闸瓦换算摩擦系数表　　　　　　表 3-2

v_0 (km/h)	v(km/h)											
	5	15	25	35	45	55	65	75	85	95	105	115
120	0.172	0.132	0.123	0.118	0.115	0.113	0.112	0.111	0.1105	0.110	0.1096	0.109
110	0.184	0.144	0.135	0.130	0.127	0.125	0.124	0.123	0.1225	0.122	0.1215	—
100	0.196	0.156	0.147	0.142	0.139	0.137	0.136	0.135	0.1345	0.134	—	—
90	0.208	0.168	0.159	0.154	0.151	0.149	0.148	0.147	0.1465	—	—	—
80	0.220	0.180	0.171	0.166	0.163	0.161	0.160	0.159	—	—	—	—
70	0.232	0.192	0.183	0.178	0.175	0.173	0.172	—	—	—	—	—
60	0.244	0.204	0.195	0.190	0.187	0.185	—	—	—	—	—	—
50	0.256	0.216	0.207	0.202	0.199	—	—	—	—	—	—	—

续上表

v_0 (km/h)	v (km/h)											
	5	15	25	35	45	55	65	75	85	95	105	115
40	0.268	0.288	0.219	0.214	—	—	—	—	—	—	—	—
30	0.280	0.240	0.231	—	—	—	—	—	—	—	—	—
20	0.292	0.252	—	—	—	—	—	—	—	—	—	—
10	0.304	—	—	—	—	—	—	—	—	—	—	—

注：$\varphi_h = 0.372 \times \dfrac{17v+100}{60v+100} + 0.0012 \times (120 - v_0)$。

机车低摩合成闸瓦换算摩擦系数表　　　　表3-3

v_0 (km/h)	v (km/h)											
	5	15	25	35	45	55	65	75	85	95	105	115
120	0.160	0.129	0.114	0.105	0.099	0.095	0.092	0.089	0.087	0.085	0.084	0.083
110	0.166	0.135	0.120	0.111	0.105	0.101	0.098	0.095	0.093	0.091	0.084	—
100	0.172	0.141	0.126	0.117	0.111	0.107	0.104	0.101	0.099	0.097	—	—
90	0.178	0.147	0.132	0.123	0.117	0.113	0.110	0.107	0.105	—	—	—
80	0.184	0.153	0.138	0.129	0.123	0.119	0.116	0.113	—	—	—	—
70	0.190	0.159	0.144	0.135	0.129	0.125	0.122	—	—	—	—	—
60	0.196	0.165	0.150	0.141	0.135	0.131	—	—	—	—	—	—
50	0.202	0.171	0.156	0.147	0.141	—	—	—	—	—	—	—
40	0.208	0.177	0.162	0.153	—	—	—	—	—	—	—	—
30	0.214	0.183	0.168	—	—	—	—	—	—	—	—	—
20	0.220	0.189	—	—	—	—	—	—	—	—	—	—
10	0.266	—	—	—	—	—	—	—	—	—	—	—

注：$\varphi_h = 0.202 \times \dfrac{4v+150}{10v+150} + 0.0006 \times (100 - v_0)$。

机车高摩合成闸瓦换算摩擦系数表　　　　表3-4

v (km/h)	5	15	25	35	45	55	65	75	85	95	105	115	125	130
φ_h	0.298	0.283	0.273	0.265	0.259	0.253	0.249	0.246	0.243	0.240	0.238	0.236	0.234	0.233

注：$\varphi_h = 0.307 \times \dfrac{2v+150}{3v+150}$。

货车高摩合成闸瓦换算摩擦系数表　　　　表3-5

v (km/h)	5	15	25	35	45	55	65	75	85	95	105	115
φ_h	0.367	0.349	0.336	0.326	0.318	0.312	0.307	0.302	0.299	0.295	0.293	0.290

注：$\varphi_h = 0.378 \times \dfrac{2v+150}{3v+150}$。

第3章 列车制动力

粉末冶金闸瓦换算摩擦系数表 表3-6

$v(\text{km/h})$	5	15	25	35	45	55	65	75
φ_h	0.304	0.240	0.215	0.202	0.194	0.188	0.184	0.181
$v(\text{km/h})$	85	95	105	115	125	135	145	155
φ_h	0.178	0.176	0.175	0.173	0.172	0.171	0.170	0.170

注:$\varphi_h = 0.395 \times \dfrac{2v+40}{5v+40}$。

盘式制动合成闸片换算摩擦系数表 表3-7

$v(\text{km/h})$	5	15	25	35	45	55	65	75
φ_h	0.370	0.353	0.340	0.330	0.322	0.315	0.310	0.306
$v(\text{km/h})$	85	95	105	115	125	135	145	155
φ_h	0.302	0.299	0.296	0.293	0.291	0.289	0.287	0.286

注:$\varphi_h = 0.382 \times \dfrac{2v+150}{3v+150}$。

2. 换算闸瓦压力

式(3-26)已经表明了换算闸瓦压力与实算闸瓦压力、实算摩擦系数和换算摩擦系数的关系,将式(3-7)和式(3-28)代入式(3-26),并简化初速度得到每块闸瓦的换算闸瓦压力 K_h 的计算公式。

(1)铸铁闸瓦

$$K_h = 2.204 \times \frac{K+100}{7K+100} \cdot K \tag{3-34}$$

(2)机车低摩合成闸瓦

$$K_h = 1.238 \times \frac{K+500}{6K+500} \cdot K \tag{3-35}$$

(3)机车高摩合成闸瓦和货车高摩合成闸瓦

$$K_h = 1.273 \times \frac{K+200}{4K+200} \cdot K \tag{3-36}$$

(4)粉末冶金闸瓦

$$K_h = 1.709 \times \frac{K+130}{6K+130} \cdot K \tag{3-37}$$

(5)盘式制动闸片折算到车轮踏面

$$K_h = 1.162 \times \frac{K+200}{4K+200} \cdot K \tag{3-38}$$

运用中的我国机车、车辆每辆车紧急制动时的换算闸瓦压力 $\sum K_h$,见表3-8、表3-9。

经过上述简化得出的铸铁闸瓦换算闸瓦压力和换算摩擦系数公式,可直接从表3-8、表3-9和表3-2取得数值,按照式(3-27)计算列车制动力 B,计算过程比较简单,这就是换算法的优点。

机车每台紧急制动换算闸瓦压力（单位：kN）　　　　　　　　　　表 3-8

	机型	闸瓦类型	换算闸瓦压力	等效为别种闸瓦换算压力
电力	SS_1	铸铁闸瓦	830	(310)
	SS_3	铸铁闸瓦	710	(265)
	$SS_3 4000$、SS_{6B}	机车高摩合成闸瓦	340	(270)
	SS_{3B}	粉末冶金闸瓦	1240	(740)
	SS_4(改)、SS_{4B}	粉末冶金闸瓦	620	(370)
	SS_4	机车高摩合成闸瓦	550	(440)
	SS_6	机车低摩合成闸瓦	680	(230)
	SS_7	铸铁闸瓦	1100	(410)
	SS_{7C}、SS_{7D}、SS_{7E}、SS_9、SS_9(改)	粉末冶金闸瓦	510	[300]，<680>
	SS_8	粉末冶金闸瓦	340	[200]，<450>
	8G	铸铁闸瓦	520	(195)
	8K	机车高摩合成闸瓦	630	(510)
	HXD_1	合成闸片	360	(360)
	HXD_{1B}、HXD_{1C}	合成闸片	300	(300)
	HXD_{1D}	粉末冶金闸片	340	(340)，<750>
	HXD_2	机车高摩合成闸瓦	580	(470)
	HXD_{2B}、HXD_{2C}	机车高摩合成闸瓦	400	(320)
	HXD_3、HXD_{3B}、HXD_{3C}、HXD_{3CA}	合成闸片	360	(360)
	HXD_{3D}	粉末冶金闸片	380	[380]，<850>
	HXD_{1F}	合成闸片	370	(370)
	HXD_{2F}	合成闸片	380	(380)
	HXD_{3A}	合成闸片	460	(460)
内燃	DF_4(货、客)、DF_{4B}(货、客)、DF_{4D}(货、客)、DF_{4DF}、DF_8、DF_{4C}(货)	铸铁闸瓦	600	(225)
	DF_{4D}(准高速)	粉末冶金闸瓦	510	[300]，<680>
	DF_{4E}	铸铁闸瓦	1200	(450)
	DF_{7D}	机车低摩合成闸瓦	720	(250)
	DF_{8B}、DF_{8B}(高原)	粉末冶金闸瓦	470	(280)
	DF_{11}	粉末冶金闸瓦	590	[350]，<800>
	DF_{10F}	粉末冶金闸瓦	1020	[600]，<1370>
	DF_{11G}、DF_{11Z}	粉末冶金闸瓦	1180	[700]，<1600>
	ND_5	机车高摩合成闸瓦	430	(350)
	NJ_2	机车高摩合成闸瓦	450	(360)，[360]，<810>
	HXN_3	机车高摩合成闸瓦	400	(320)
	HXN_5	机车高摩合成闸瓦	360	(290)

注：1. 表中"换算闸瓦压力"栏为原型闸瓦换算压力。
　　2. "等效为别种闸瓦换算压力"栏中，圆括号内为货车高摩合成闸瓦的换算压力；方括号内为合成闸片换算压力；尖括号内为铸铁闸瓦换算压力。
　　3. 粉末冶金闸片暂借用合成闸片换算摩擦系数公式。

车辆每辆紧急制动换算闸瓦压力(单位:kN)   表 3-9

种类	车型	闸瓦类别	每辆换算闸瓦压力		人力制动机
			列车管定压 500kPa	列车管定压 600kPa	
客车	踏面制动客车	铸铁闸瓦	—	350,[130]	80
	盘式制动客车	合成闸片	—	160,<480>	13
	双层客车	合成闸片	—	180,<540>	13
货车	特快货物班列中的车辆(盘式制动,160km/h)	合成闸片	—	180,<540>	13
	快速货物班列中的车辆(18t轴重) 重车位	货车高摩合成闸瓦	—	140	40
	快速货物班列中的车辆(18t轴重) 空车位		—	55	40
	普通货车(21t轴重) 重车位		145	165	40
	普通货车(21t轴重) 空车位		60	70	40
	普通货车(23t轴重) 重车位		160	180	40
	普通货车(23t轴重) 空车位		65	75	40
	重载货车(25t轴重) 重车位		170	195	50
	重载货车(25t轴重) 空车位		70	80	50

注:表中"每辆换算闸瓦压力"栏为原型闸瓦换算压力;方括号内为合成闸片换算压力;尖括号内为铸铁闸瓦换算压力。

3. 换算制动率

列车换算制动率 ϑ_h 是列车换算闸瓦总压力与列车重力之比,是反应列车制动能力的参数。其计算公式为:

$$\vartheta_h = \frac{\sum_{i=1}^{n}[K'_h]_i + \sum_{j=1}^{m}[K''_h]_j}{\left(\sum_{k=1}^{l}P_k + G\right) \cdot g} \tag{3-39}$$

式中:n、m——机车、车辆的闸瓦数量;

    l——机车数量;

    K'_h——机车每块闸瓦的换算闸瓦压力,kN;

    K''_h——车辆每块闸瓦的换算闸瓦压力,kN;

    P——机车计算质量,t;

    G——牵引质量,t;

    g——重力加速度,取 9.81m/s^2。

机车闸瓦(片)与车辆闸瓦(片)材质不同时,应按照表 3-8 将机车换算闸瓦压力等效为所牵引车辆闸瓦(片)材质的换算闸瓦压力,才能和 $\sum_{j=1}^{m}[K''_h]_j$ 相加。

紧急制动时,列车换算制动率取全值;解算列车进站制动时,一般取全值的 50%;计算固定信号机间的距离时,取全值的 80%。

常用制动时,列车换算制动率 ϑ_{hc} 与列车管减压量有关,按式(3-40)计算。

$$\vartheta_{hc} = \vartheta_h \cdot \beta_c \tag{3-40}$$

式中：β_c——常用制动系数，是反映常用制动时列车制动能力使用程度的参数，取决于列车管减压量的大小。

常用制动系数见表3-10。

常用制动系数　　　　　　　　　　　　　　　　表3-10

列车管减压量 r (kPa)	常用制动系数 β_c		
	旅客列车	货物列车	
	列车管定压600kPa	列车管定压500kPa	列车管定压600kPa
50	0.19	0.19	0.17
60	0.29	0.32	0.28
70	0.39	0.42	0.37
80	0.47	0.52	0.46
90	0.55	0.60	0.53
100	0.61	0.68	0.60
110	0.69	0.75	0.67
120	0.76	0.82	0.73
130	0.82	0.89	0.78
140	0.88	0.95	0.83
150	0.93	—	0.88
160	0.98	—	0.93
170	1.00	—	0.96

根据式(3-39)，列车单位制动力 b 可按式(3-41)计算。

$$b = \frac{B \times 10^3}{\left(\sum_{j=1}^{m} P_j + G\right) \cdot g} = 1000\varphi_h \cdot \frac{\sum_{i=1}^{n}[K_h]_i}{\left(\sum_{j=1}^{m} P_j + G\right) \cdot g} = 1000\varphi_h \cdot \vartheta_h \quad (\text{N/kN})$$

$$\tag{3-41}$$

【例3-2】 SS_4 型电力机车（一台）牵引40辆车，牵引质量为3000t，包括：①21t轴重货车，重车25辆（包括1辆关门车），空车5辆；②23t轴重货车，重车6辆，其中有1辆关门车；③25t轴重货车，重车4辆。管定压为500kPa。列车在速度为60km/h时实行紧急制动，求速度降到20km/h时的列车制动力和单位制动力。并计算同样条件下常用制动减压100kPa的单位制动力。

解：紧急制动下的换算闸瓦压力：

SS_4 型电力机车：$\sum_{i=1}^{n}[K_h]_i = 550\text{kN}$

货车：$\sum_{i=1}^{n}[K_h]_i = (25-1) \times 145 + 5 \times 60 + (6-1) \times 160 + 4 \times 170 = 5260(\text{kN})$

SS_4 型电力机车：

机车高摩合成闸瓦换算摩擦系数：

$\varphi_h = 0.307 \dfrac{2v+150}{3v+150} = 0.307 \times (2 \times 20 + 150)/(3 \times 20 + 150) = 0.278$

货车高摩合成闸瓦换算摩擦系数：

$\varphi_h = 0.378 \dfrac{2v+150}{3v+150} = 0.378 \times (2 \times 20 + 150)/(3 \times 20 + 150) = 0.342$

列车总制动力：

$B = \varphi_h \cdot \sum\limits_{i=1}^{n}[K_h]_i = 550 \times 0.278 + 5260 \times 0.342 = 1951.82(kN)$

列车单位制动力：

$b = \dfrac{B \times 10^3}{\left(\sum\limits_{j=1}^{m} P_j + G\right) \cdot g} = 1000 \times 1951.82 / [(184 + 3000) \times 9.81] = 62.49(N/kN)$

常用制动减压 100kPa 的单位制动力：

查表得 $\beta_{hc} = 0.68$，$b_c = 62.49 \times 0.68 = 42.49(N/kN)$

三、列车制动力的二次换算法

我国铁路现在已形成多种材质闸瓦和盘式制动闸片并存的局面。粉末冶金闸瓦、铸铁、低摩及高摩合成闸瓦和闸片均已有试验提供的各自的换算摩擦系数和相应的每辆车的换算闸瓦压力。对于具有不同材质闸瓦混编而成的列车，用传统的换算法又会出现麻烦，由于摩擦系数不能提到求和符号的外边，每种闸瓦(片)的换算制动力和换算制动率要分别计算，而且不能得出全列车的换算制动率。

列车制动力的二次换算法的实质再次应用制动力等效原理，即假定闸瓦(片)换算摩擦系数与闸瓦(片)的材质无关，用另一个不随闸瓦(片)材质和压强变化的制动力等效摩擦系数来代替原来的换算摩擦系数 φ_h，同时又将原来的换算闸瓦压力 K_h 修正为制动力等效闸瓦压力 K_b。修正的原则为：

$$K_b \cdot \varphi_b = K_h \cdot \varphi_h$$

即 $\qquad K_b = K_h \cdot \dfrac{\varphi_h}{\varphi_b} = K_h \cdot x \qquad (3-42)$

式中：x——各种闸瓦(片)的二次换算系数，$x = \varphi_h / \varphi_b$。

在这种情况下，列车制动力的计算公式为：

$$B = \varphi_b \cdot \sum\limits_{i=1}^{n}[K_b]_i = \varphi_b(K_{b1} + K_{b2} + \cdots) \quad (kN) \qquad (3-43)$$

式中：n——闸瓦数量。

单位制动力的计算公式为：

$$b = 1000\varphi_b \cdot \dfrac{\sum\limits_{i=1}^{n}[K_b]_i}{\left(\sum\limits_{j=1}^{l} P_j + G\right) \cdot g} = 1000\varphi_b \cdot \vartheta_b \quad (N/kN) \qquad (3-44)$$

式中：l——机车数量；

ϑ_b——列车制动力的二次换算制动率,或称等效制动率。

$$\vartheta_b = \frac{\sum_{i=1}^{n}[K_b]_i}{\left(\sum_{j=1}^{l} P_j + G\right) \cdot g} \tag{3-45}$$

实际应用时,可选择列车中占主导地位的多数闸瓦(片)作为"基型",使列车制动力的二次换算的计算结果误差减至最小。一般货物列车与旅客列车(含混合列车)可选铸铁闸瓦为基型。装备盘式制动的快速旅客列车应选高摩合成闸片为基型。在确定"基型"摩擦材料后,其他材质的闸瓦(片)的换算闸瓦压力折算成同一种基型摩擦材料的换算闸瓦压力,计算列车制动力时共用基型摩擦材料的换算摩擦系数。

【例3-3】 SS_4 型电力机车(一台)牵引40辆车,牵引质量为3000t,包括:①21t轴重货车,重车25辆(包括1辆关门车),空车5辆;②23t轴重货车,重车6辆,其中有1辆关门车;③25t轴重货车,重车4辆。管定压为500kPa。列车在速度为60km/h时实行紧急制动,求速度降到20km/h时的列车制动力和单位制动力。

解:以货车高摩合成闸瓦为基型。

SS_4 型电力机车为机车高摩合成闸瓦,其等效为货车高摩合成闸瓦换算压力为440kN。

货车换算闸瓦压力:$(25-1) \times 145 + 5 \times 60 + (6-1) \times 160 + 4 \times 170 = 5260(kN)$

总换算闸瓦压力:$\sum_{i=1}^{n}[K_b]_i = 440 + 5260 = 5700(kN)$

当 $v = 20$km/h 时,货车高摩合成闸瓦换算摩擦系数:

$\varphi_h = 0.378 \times \frac{2v+150}{3v+150} = 0.378 \times (2 \times 20 + 150)/(3 \times 20 + 150) = 0.342$

列车总制动力:

$B = \varphi_b \cdot \sum_{i=1}^{n}[K_b]_i = 5700 \times 0.342 = 1949.4(kN)$

列车等效二次换算制动率:

$\vartheta_b = \dfrac{\sum_{i=1}^{n}[K_b]_i}{\left(\sum_{j=1}^{m} P_j + G\right) \cdot g} = 5700/[(184+3000) \times 9.81] = 0.1824$

列车单位制动力:

$b = 1000\varphi_b \cdot \vartheta_b = 1000 \times 0.342 \times 0.1824 = 62.38(N/kN)$

或

$b = \dfrac{B \cdot 10^3}{\left(\sum_{j=1}^{m} P_j + G\right) \cdot g} = 1000 \times 1949.4/[(184+3000) \times 9.81] = 62.41(N/kN)$

第6节 动力制动力

电力机车或电传动内燃机车采用的电阻制动以及液力传动内燃机车采用的液力制动都

属于动力制动,其性能与闸瓦制动的不同之处主要有:在高速时制动力随速度的降低而提升,而在低速时制动力随速度的降低而降低。在长大下坡道上,采用动力制动可使列车安全地以较大速度行驶,提高线路通过能力;通过站场或在缓行区段,使用动力制动减速,可节省轮、瓦的磨耗。但是,动力制动并不能代替闸瓦制动,而只能作为一种辅助制动。由于低速时动力制动的制动力随速度下降,列车在低速和停车时还必须依靠闸瓦制动来控制。

下面重点介绍动力制动的原理和特性以及动力制动的特性曲线和控制。

一、机车动力制动力及其限制

机车动力制动包括电阻制动、再生制动和液力制动。

电力机车和电传动内燃机车利用牵引电动机的可逆原理,制动时,使牵引电动机变为发电机,动轴在列车惯性力的推动下,通过齿轮带动牵引电动机的转子旋转发电,把列车的动能转换成电能形成制动力。将电能消耗在机车上特设的制动电阻上,使之转化为热能后散逸掉的,称为电阻制动;在电力机车上将电能反馈给电网加以利用的,称为再生制动。

液力制动是液力传动内燃机车的一种动力制动方式。制动时,动轴在列车惯性力的推动下,通过传动装置,带动液力制动器内的转子在工作油中旋转,使工作油加速,在定子中的工作油又被减速,从而产生扭力,形成液力制动力。工作油把列车的动能转换成热能,并进入热交换器进行循环冷却,经散热器散发到空气中去。

动力制动力只发生在机车和动车组的动力车轴上,它的大小受到各种条件限制,以电阻制动为例,其限制条件如图 3-4 所示。

(1)黏着限制。电阻制动力不能超过轮轨间黏着力的极限值。图 3-4 中的 1 线就是制动力的黏着限制线。当电阻制动超过此线时带有动力的车轮将发生滑行。

(2)最大制动电流限制,如图 3-4 中的 2 线。电阻制动时所允许的最大制动电流,取决于绕组的允许温升或制动电阻的允许发热条件。超过制动电流的允许值将使绕组过热或制动电阻温度过高。

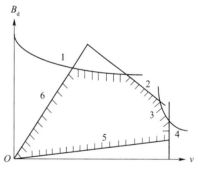

图 3-4 电阻制动限制条件示意图

(3)牵引电动机转换条件限制,如图 3-4 中的 3 线。机车在高速运行时,直流牵引电动机整流子转换条件恶化,如果此时电枢电流过大,就会产生严重的火花。为保证电动机的安全整流,高速电阻制动时,其制动电流要严格限制。

(4)机车最大速度限制,如图 3-4 中的 4 线。

(5)最小励磁电流限制,如图 3-4 中的 5 线。

(6)最大励磁电流限制,如图 3-4 中的 6 线。励磁绕组允许通过的最大电流是根据其允许温升而定,超过最大电流,励磁绕组会过热。

在常速机车上,动力制动主要用于调速,可以和空气制动的常用制动联合使用,但不参与紧急制动。列车调速制动时,应将动力制动力计算在内。验算列车运行的最高允许速度或计算列车进站停车制动以及计算固定信号机间的距离时,不应将动力制动力计算在内。多机牵引时,列车头部每台机车的动力制动力均取全值。

二、动力制动控制

内燃机车的电阻制动一般采用两级制动,根据运行速度高低自动转换。在电阻制动特性曲线图上有一到两个峰值(图3-5),峰值左侧的一段直线受最大励磁电流限制,峰值右侧的一段曲线受最大制动电流限制,在高速区更陡的一段曲线受换向条件限制。

DF_4型内燃机车在电阻制动时,利用牵引发电机作为牵引电动机的他励电源。通过调节牵引电动机的电压,改变牵引电动机的他励电流和磁通,从而达到改变电磁转矩,调节机车电阻制动力的目的。具体办法是:

(1)机车设有电阻制动控制手柄,共有12个位置,每个手柄位置各对应一定的柴油机转速,变换柴油机的转速,即改变了牵引发电机的电压。

(2)考虑牵引电动机励磁绕组的阻值很小,不需要牵引电动机在各种转速下原有的高电压,故在牵引电动机的励磁系统中串入了电阻,使其输出电压减小。

(3)为了使制动电流不超过规定值,同时又能保持所需的制动电流,采用了自动调节制动电流的恒流励磁系统。

机车施行电阻制动时,司机手柄位置给定后,牵引电动机的励磁电流即被确定并保持不变。制动电流和制动力随机车速度的提高而增加,若忽略电枢反应,则此时制动力与速度呈线性关系。当制动电流增至规定值时,恒流励磁调节系统起作用,使制动电流维持恒定不变。此时制动力与速度呈双曲线关系,随着速度值的增加,牵引电动机的励磁电流减小,制动力降低,但制动电流不变,直到受换向火花限制为止;反之,随着速度值的减小,牵引电动机的励磁电流增加,制动力也增加,同样制动电流不变,直到励磁电流受到限制并过渡到直线段为止。

当司机手柄改变时,制动特性随之变为另一组合。但随着司机手柄位置的提高,恒定的制动电流值也升高。DF_4型内燃机车的最大励磁电流为730A,最大制动电流为600A,机车的电阻制动特性曲线如图3-6所示。

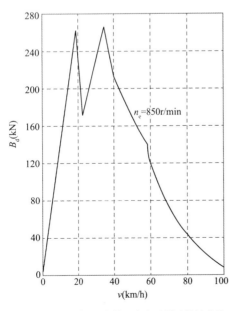

图3-5 DF_{4B}(货)型内燃机车电阻制动特性曲线

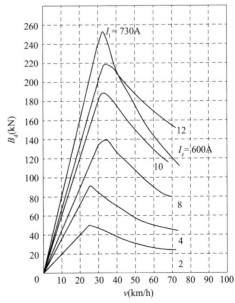

图3-6 DF_4型内燃机车电阻制动特性曲线

图 3-6 中 2~12 位的曲线是由经试验得出的。另一条标有最大励磁电流 730A、最大制动电流 600A 的曲线是第 12 位的预期性能曲线,与试验得出的第 12 位曲线相比较,显然有出入,这说明该机车的恒流励磁系统调节性能尚不够完善。DF_4 型内燃机车电阻制动各制动手柄位的制动力实测值列于表 3-11 中。

DF_4 型内燃机车电阻制动各制动手柄位制动力(单位:kN)　　表 3-11

手柄位	v(km/h)									最大制动力	
	0	10	20	30	40	50	60	70	75	v	B_d
12	0	62.916	125.440	185.416	207.720	184.240	164.640	150.332	145.040	36.3	213.640
10	0	56.899	112.896	162.484	172.088	148.764	131.230	113.680	105.840	35.5	183.848
8	0	51.940	92.120	124.656	130.536	108.780	92.316	80.752	76.440	35.6	138.180
6	0	31.948	64.680	91.140	71.128	63.700	48.020	42.924	41.160	28.9	92.120
2	0	18.228	37.044	46.648	31.044	38.220	23.520	21.560	20.580	27.4	48.020

SS_1 型电力机车在电阻制动时,牵引电动机是要用励磁机来励磁的。由于励磁机自身励磁回路采用的是无级可调电阻,所以,牵引电动机的励磁电流相应可得到无级调节,并且没有最小励磁电流限制。此外,机车上还设有最大制动电流恒流装置,当制动电流达到最大值时,恒流装置起作用,自动减小励磁,保证制动电流恒定在最大值上。

图 3-7 中 7 线为最大励磁电流限制线,顶端曲线为最大制动电流限制线,95km/h 的垂线为机车最大速度限制线。由于牵引电动机的励磁调节是无级的,所以在上述三种限制线内的所有点均为电阻制动的工况点。也就是说,在图中还可绘出很多条诸如 1 线、2 线、3 线等这样的等励磁电流直线。机车电阻制动力随着速度上升而沿着直线加大,直到制动电流达到最大值受到限制后,制动力就沿着最大制动电流恒流曲线向速度加大的方向变化(制动力逐渐减小)。

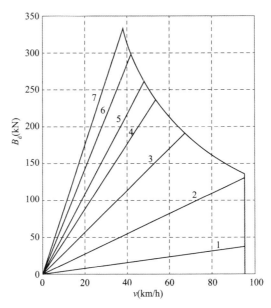

图 3-7　SS_1 型电力机车电阻制动特性曲线图

SS_1 型电力机车沿最大励磁电流和最大制动电流曲线而变化的电阻制动力数值见表 3-12,其中 $v=37.7\text{km/h}$、$B_d=334.5\text{kN}$ 为峰值。

SS_1 型电力机车各速度下最大电阻制动力 表 3-12

列车制动速度 $v(\text{km/h})$	5	10	20	30	37.7	40	50	60	70	80	90	95
电阻制动力 $B_d(\text{kN})$	45.1	88.7	177.5	266.2	334.5	312.6	250.2	209.0	181.5	159.9	143.2	135.4

习题

1. 简述列车车轮与闸瓦发生"抱死"现象的原因,如何防止这种情况发生?
2. 闸瓦摩擦系数的大小与哪些因素有关?
3. 阐述换算制动率的定义。常用制动时,其是否与紧急制动时相同?
4. 不同材质闸瓦混编列车的制动力计算与单一材质闸瓦列车有什么不同之处?二次换算的原则和方法是什么?
5. 与闸瓦制动性能相比,动力制动性能有何不同之处?其适用性如何?
6. SS_9 型电力机车,牵引 18 辆踏面制动客车,牵引质量为 1000t,列车管定压为 600kPa,计算:
(1) 每百吨列车重量的换算闸瓦压力;
(2) 在 90km/h 时实施紧急制动,当速度降至 40km/h 时的制动力及单位制动力;
(3) 在上述条件下,常用制动管减压量为 80kPa 时的列车单位制动力。

第4章 合力曲线、运动方程及时分解算

列车运行计算与设计的任务是确定列车在运行过程中的各项参数,保证行车组织的高效率与高质量。本章主要内容包括:作用在列车上的合力,合力计算表的编制及合力曲线的绘制,列车合力曲线的应用以及列车运动方程的建立及其应用,用分析法解算列车运行时间,速度曲线、时间曲线的绘制,列车运行速度时间图解法的基本原理,绘制速度曲线、时间曲线的方法和步骤以及线路纵断面化简的方法。

第1节 作用于列车的合力

由前三章已知,牵引力、阻力和制动力都是列车速度的函数。所以,当列车在无隧道的平直道上运行时,作用于列车上的合力可表达为:

牵引运行时 $\quad C = F - W_0 = f_1(v) \quad$ (kN) $\hfill (4\text{-}1)$

惰行时 $\quad C = -W_0 = f_2(v) \quad$ (kN) $\hfill (4\text{-}2)$

制动运行时 $\quad C = -(W_0 + B) = f_3(v) \quad$ (kN) $\hfill (4\text{-}3)$

单位合力以小写字母 c 来表示,即

$$c = \frac{C \cdot 10^3}{\left(\sum_{i=1}^{n} P_i + G\right)g} \quad \text{(N/kN)} \hfill (4\text{-}4)$$

式中:P——机车计算质量,t;

$\quad n$——机车数量;

$\quad G$——牵引质量,t。

由于作用于列车的合力的大小和方向决定着列车运动状态,因此,为解算列车运行速度 v、运行时分 t、运行距离 S 以及它们之间的相互关系,就必须知道在不同速度时作用于列车的合力的变化规律。为此,把合力与速度的关系绘制成曲线,称之为合力曲线,一般常用的是单位合力曲线 $c = f(v)$。牵引计算中许多问题的求解,都是以单位合力曲线作为基础的。

第2节 合力曲线图的绘制及应用

把列车在不同运行工况的单位合力与运行速度的变化关系绘成曲线 $c = f(v)$,就叫作列车单位合力曲线图,简称合力曲线图。

由于列车不同工况有不同的合力组成形式,所以合力曲线图亦由牵引运行、惰行、空气制动运行和动力制动运行4种曲线组成。在牵引计算中,合力曲线图是解算许多重要问题的基本资料。

在用手工进行牵引计算(无论用分析法还是图解法)时,合力图是不可少的。在用电算进行牵引计算时,不需要合力图,因为在电算软件中列车单位合力是实时计算的。但是,掌握合力图的绘制,对理解列车牵引计算的基本理论是必需的。

一、单位合力曲线图的绘制

绘制列车单位合力曲线图,应先编制单位合力曲线计算表,即列表计算出列车在不同速度下相对于牵引运行、惰行、常用制动运行等3种工况时所受到的单位合力。单位合力关系式如下。

牵引运行时的单位合力:

$$c = \frac{\left(\sum_{i=1}^{n} F_i - W_0\right) \times 10^3}{\left(\sum_{i=1}^{n} P_i + G\right) \cdot g} = \frac{\sum_{i=1}^{n} F_i \times 10^3 - \left[\sum_{i=1}^{n} (P_i \cdot [w_0']_i) + G \cdot w_0''\right] \cdot g}{\left(\sum_{i=1}^{n} P_i + G\right) \cdot g} \quad (\text{N/kN}) \tag{4-5}$$

惰行时的单位合力:

$$c = \frac{-W_0 \times 10^3}{\left(\sum_{i=1}^{n} P_i + G\right) \cdot g} = \frac{\sum_{i=1}^{n} (P_i \cdot [w_0']_i) + G \cdot w_0''}{\left(\sum_{i=1}^{n} P_i + G\right) \cdot g} \quad (\text{N/kN}) \tag{4-6}$$

常用制动运行时的单位合力:

$$c = \frac{-(\beta_c B + W_0) \times 10^3}{\left(\sum_{i=1}^{n} P_i + G\right) \cdot g} = -(\beta_c \cdot b + w_0) \quad (\text{N/kN}) \tag{4-7}$$

式中:F——机车轮周牵引力,kN;

n——机车数量;

W_0——列车基本阻力,kN;

B——列车制动力,kN;

b——列车单位制动力,N/kN;

w_0'——机车单位基本阻力,N/kN;

w_0''——车辆单位基本阻力,N/kN;

w_0——列车单位基本阻力,N/kN;

P——机车计算质量,t;

G——牵引质量,t;

β_c——常用制动系数,取0.5;

g——重力加速度,取9.81 m/s^2。

1. 单位合力曲线计算表

绘制合力曲线图,需要借助合力表计算出各工况下不同速度的单位合力。

表4-1是SS$_4$型机车牵引5000t货物列车的单位合力计算表。制作该表应注意以下问题:

(1)关于速度。列出从 0km/h 起每隔 10km/h 到机车最大速度或其他限制速度。货物列车最大速度一般取 80km/h。应列入机车牵引力和电阻制动力转折点的速度。如 SS$_4$ 型机车,若取外包线的牵引力作为计算牵引力,黏着牵引力曲线与满级位牵引力曲线的交点速度为 50km/h,满级位牵引力曲线与持续电流牵引力曲线的交点速度为 51.5km/h,持续电流牵引力曲线与 Ⅱ、Ⅲ 级磁场削弱牵引力曲线的交点速度分别为 63.6km/h 和 73.2km/h。

内燃机车的最大牵引力,低速时取黏着牵引力或受起动电流限制的牵引力,高速时取满手柄位(或柴油机标定转速)的牵引力,应列入牵引力的转折点速度。

惰行和空气制动运行各栏,对上述所有转折点速度可以不计算。

(2)第 1 栏,机车最大牵引力,按"外包线"取值;第 2 栏,将最大牵引力乘以牵引力使用系数 0.9,作为计算牵引运行单位合力用的牵引力。

(3)第 3、4 栏,分别为机车、车辆单位基本阻力。按规定的试验公式计算或查有关数据表得出。$v=0$ 的机车、车辆单位基本阻力均按 $v=10$km/h 取值。

(4)第 5 栏,列车总基本阻力,按公式计算。

(5)第 6 栏,牵引运行时的列车单位合力(平直道上),按公式计算。

(6)第 7 栏,惰行时的列车单位基本阻力,即平直道上惰行时的列车单位合力(绝对值),按公式计算。

(7)第 8 栏,闸瓦换算摩擦系数。本例采用铸铁闸瓦,按制动初速度,$v_0=80$km/h。

(8)第 9 栏,紧急制动运行时的列车单位制动力,按公式计算。本例取 $\vartheta_h=0.28$。

(9)第 10 栏,常用制动运行时的列车单位合力(平直道上),其中 0.5 是常用制动系数。

货物列车单位合力计算表 表 4-1

(SS_4 型机车,$P=184$t,$G=5000$t,$\vartheta_h=0.28$)

工况	序号	项目	速度(km/h)											
			0	10	20	30	40	50	51.5	60	63.6	70	73.2	80
牵引运行	1	机车最大牵引力 F(kN)	554.0	554.0	517.0	497.0	484.8	476.5	431.6		353.8		307.8	242.5
	2	$F_y=0.9F$(kN)	498.6	498.6	465.3	447.3	436.3	428.9	388.4		318.4		277.0	218.3
	3	w_0'(N/kN)	2.47	2.47	2.76	3.11	3.52	4.00	4.08	4.54	4.75	5.51	5.36	5.82
	4	w_0''(N/kN)	0.98	0.98	1.07	1.18	1.31	1.47	1.50	1.66	1.73	1.87	1.94	2.10
	5	$W_0=(P\cdot w_0'+Gw_0'')$ $\times 10^{-3}$(kN)	52.5	52.5	57.3	63.8	70.7	79.4	80.9	89.5	93.5	100.9	104.9	113.7
	6	$f_y-w_0=\dfrac{(F_y-W_0)\times 10^3}{(P+G)g}$ (N/kN)	8.77	8.77	8.02	7.55	7.19	6.87	6.05		4.42		3.38	2.06
惰行	7	$w_0=\dfrac{W_0\times 10^3}{(P+G)g}$(N/kN)	1.03	1.03	1.13	1.25	1.39	1.56		1.76		1.98		2.24
常用制动运行	8	换算摩擦系数 φ_h	0.420	0.1915	0.174	0.167	0.164	0.162		0.1606		0.1596		0.1588
	9	$b=1000\varphi_h\vartheta_h$(N/kN)	117.6	53.62	48.61	46.88	45.94	45.36		44.97		44.69		44.48
	10	$w_0+0.5b$(N/kN)	59.83	27.84	25.47	24.69	24.36	24.24		24.25		24.33		24.47

2. 单位合力曲线图的绘制

根据表 4-1 第 6、7、10 三行的数据,即可绘出 3 条单位合力曲线:牵引运行时的单位合力曲线 $f_y - w_0 = f(v)$、惰行时的单位合力曲线 $-w_0' = f(v)$、常用制动时的单位合力曲线 $-(w_0 + 0.5b) = f(v)$,称为单位合力曲线图,如图 4-1 所示。

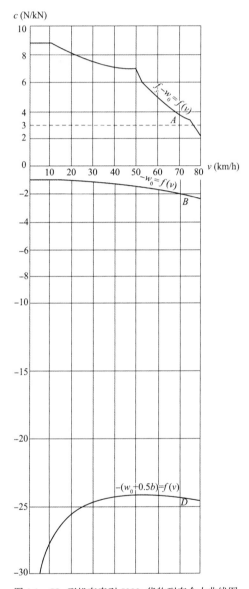

图 4-1 SS_4 型机车牵引 5000t 货物列车合力曲线图

二、单位合力曲线图的应用

1. 考虑加算坡道的影响

在计算列车单位合力曲线表时,只考虑基本阻力,并未计入加算坡道附加阻力,所以绘出的单位合力曲线仅是在无隧道的平直道上的情况。但由于附加阻力的计算值与列车运行速度无关,所以单位合力曲线也可应用于加算坡道坡度不等于 0 时的情况。方法是,将速度坐标轴向上(加算坡道的坡度千分数i_j为正时)或向下(i_j为负时)平移i_j值(因为$w_j=i_j$)。

2. 判断列车运动状态

由单位合力曲线图可分析出列车在某种工况和速度时的运动状态,如加速、减速或匀速。

(1)列车加速与减速动态的判断。由加算坡道的坡度千分数先确定出速度坐标轴的位置,再由所需判断点的速度值,确定其在速度坐标轴上的位置,由该点作速度坐标轴的垂线,与列车各运行工况的单位合力曲线相交。如交点在速度坐标轴以上,即$c>0$,列车将加速;若交点在速度坐标轴以下,即$c<0$,列车将减速。

(2)列车的均衡速度。当速度坐标轴与三种工况的单位合力曲线中的任一曲线能够相交时,由于交点处$c=0$,该点的速度即为列车在该工况和该加算坡道的均衡速度$v_均$。

在牵引或惰行工况时,列车速度总是趋向于该工况的均衡速度。而在制动工况,列车速度总是背离均衡速度。

3. 常用制动限速

由以上分析,在下坡道,速度如果超过均衡速度,即使实施常用制动,也不能使列车减速,而且速度还会越来越高。因此,常用制动均衡速度实质上是因常用制动而受限制的最高允许速度。它也是一种制动限速。对于一定的坡度,这种限速的大小取决于常用制动的制动能力,故又称"常用制动限速"。过去,人们习惯于把计算制动距离标准下紧急停车所允许的最高速度称为"制动限速"。实际上,那只是制动限速的一种,即"紧急制动限速"。对于一定的坡度,它的大小决定于紧急制动的制动能力和必须保证的紧急制动距离。常用制动限速和紧急制动限速相比较,较低的那个才是真正的制动限速。

常用制动均衡速度实质上是因制动而受限制的最高允许列车运行速度,它也是一种制动限速,对于一定的坡度,这种限速的大小取决于常用制动的制动能力。旅客列车则不受常用制动限速的限制。

使用空气常用制动时,列车单位制动力可按式(4-8)计算。

$$b_c = \beta_c b = \beta_c \cdot 1000\vartheta_h\varphi_h \quad (N/kN) \qquad (4-8)$$

式中:β_c——常用制动系数,取0.5;

b——单位换算制动力,N/kN,$b=1000\vartheta_h\varphi_h$。

常用制动限速是按照常用制动的单位合力等于0求出来的。常用制动时,作用在列车上的单位合力为:

$$c = b_c + w_0 + i_j = 0 \quad (N/kN) \qquad (4-9)$$

或

$$c = \beta_c \cdot 1000\vartheta_h\varphi_h + w_0 + i_j = 0 \quad (N/kN) \qquad (4-10)$$

式中:w_0——列车单位基本阻力,N/kN,在解算制动限速之类问题时,可以使用车辆单位基本阻力w_0''代替;

i_j——加算坡度的千分数。

根据列车单位合力曲线图的原理,可计算出在常用制动工况下,列车在平直道上($i_j=0$)时的单位合力,并绘制出常用制动工况时,单位减速力与速度的关系曲线$b_c+w_0=f(v)$,然后从$b_c+w_0=f(v)$曲线图上,找出各个下坡度上的合力为0的速度,该速度即为列车在该下坡度的常用制动限速。

第3节 列车运动方程式

把整个列车视为一个刚性系统,根据动能定律可以导出列车运动的微分方程式。

用 E 表示整个列车的动能,由于列车在作平移运动的同时还有某些部分(如轮对等)在作回转运动,所以列车的动能应由两部分构成,即

$$E = \frac{1}{2}mv^2 + \sum_{k=1}^{l} \frac{1}{2}I_k \cdot \omega_k^2 \tag{4-11}$$

式中：m——列车质量,kg；

　　　l——回转运动物体数量；

　　　v——列车运行速度,m/s；

　　　I——回转部分的转动惯量,kg·m²；

　　　ω——回转部分的角速度,rad/s。

设回转部分的回转半径为 R_h(m),则回转部分的转速为：

$$n = \frac{v}{2\pi R_h} \quad (\text{r/s}) \tag{4-12}$$

$$\omega = 2\pi n = \frac{v}{R_h} \tag{4-13}$$

式中：n——回转部分的转速,r/s。

将式(4-13)代入式(4-11)得：

$$E = \frac{1}{2}mv^2 + \sum_{k=1}^{l} \frac{1}{2}I_k \left[\frac{v}{(R_h)_k}\right]^2 \tag{4-14}$$

即

$$E = \frac{1}{2}mv^2 \left[1 + \sum_{k=1}^{l} \frac{I_k}{m \cdot (R_h)_k^2}\right] \tag{4-15}$$

令 $\gamma = \sum_{k=1}^{l} \frac{I_k}{m \cdot (R_h)_k^2}$,称 γ 为回转质量系数,将其代入式(4-15),得：

$$E = \frac{1}{2}mv^2(1 + \gamma) \tag{4-16}$$

合力对列车做的功为：

$$W = 1000Cvt \tag{4-17}$$

式中：C——列车所受合力,kN；

　　　t——合力做功时间,s。

根据动能定理,合外力对物体所做的功等于物体动能的增量,所以有：

$$dE = dW \tag{4-18}$$

对式(4-16)两边求导得：

$$dE = mv(1 + \gamma)dv \tag{4-19}$$

对式(4-17)两边求导得：

$$dW = 1000Cvdt \tag{4-20}$$

将式(4-19)和式(4-20)代入式(4-18)得：

$$mv(1+\gamma)\mathrm{d}v = 1000C v\mathrm{d}t \tag{4-21}$$

即

$$\frac{\mathrm{d}v}{\mathrm{d}t} = \frac{1000C}{m(1+\gamma)} \tag{4-22}$$

由式(4-22)得：

$$\frac{\mathrm{d}v}{\mathrm{d}t} = \frac{C}{\frac{m}{1000}(1+\gamma)} = \frac{C}{\left(\sum_{i=1}^{n}P_i + G\right)\cdot(1+\gamma)} \tag{4-23}$$

将式(4-4)代入式(4-23)得：

$$\frac{\mathrm{d}v}{\mathrm{d}t} = \frac{g \cdot c}{1000 \times (1+\gamma)} \quad (\mathrm{m/s^2}) \tag{4-24}$$

式中：c——列车单位合力，N/kN。

将式(4-24) $\frac{\mathrm{d}v}{\mathrm{d}t}$ 单位转换为 km/h^2：

$$\frac{\mathrm{d}v}{\mathrm{d}t} = \frac{g \cdot c}{1000 \times (1+\gamma)} \cdot \frac{3600^2}{1000} = \frac{127}{1+\gamma}c \quad (\mathrm{km/h^2}) \tag{4-25}$$

令 $\xi = \frac{127}{1+\gamma}$，$\xi$ 称为加速度系数，代入式(4-25)即得出列车运动方程的一般形式：

$$\frac{\mathrm{d}v}{\mathrm{d}t} = \xi \cdot c \quad (\mathrm{km/h^2}) \tag{4-26}$$

加速度系数 ξ 值取决于回转质量系数 γ 值，因机车车辆类型不同而异。为计算方便，规定统一取平均值 $\xi = 120$ 为计算标准（相当于 $\gamma = 0.06$）。故列车运动方程(4-26)亦可写为：

$$\frac{\mathrm{d}v}{\mathrm{d}t} = 120c \quad (\mathrm{km/h^2}) \tag{4-27}$$

或

$$\frac{\mathrm{d}v}{\mathrm{d}t} = 2c \quad [\mathrm{km/(h \cdot min)}] \tag{4-28}$$

或

$$\frac{\mathrm{d}v}{\mathrm{d}t} = c/30 \quad [\mathrm{km/(h \cdot s)}] \tag{4-29}$$

由式(4-26)可得：

$$\mathrm{d}t = \frac{1}{\xi \cdot c}\mathrm{d}v \tag{4-30}$$

式中：t——时间，h；

v——列车速度，km/h；

c——列车单位合力，N/kN。

对式(4-30)两边积分，便得到求解列车运行时分的方程：

$$\int_{t_1}^{t_2}\mathrm{d}t = \int_{v_1}^{v_2}\frac{1}{\xi \cdot c}\mathrm{d}v \tag{4-31}$$

考虑

$$\mathrm{d}S = v \cdot \mathrm{d}t = \frac{v}{\xi \cdot c}\mathrm{d}v \tag{4-32}$$

对式(4-32)积分，即得到求解列车运行距离的方程：

$$\int_{s_1}^{s_2} dS = \int_{v_1}^{v_2} \frac{v}{\xi \cdot c} dv \qquad (4\text{-}33)$$

但是直接利用式(4-31)和式(4-33)来求解列车运行时分和运行距离是很困难的,因为被积式中的单位合力是速度的复杂函数。所以在实际计算时,通常采用简化的办法,就是把列车速度划分为若干个小的速度间隔,以有限小的速度间隔来代替无限小的速度变化,并假定在每个速度间隔内的单位合力为常数,合力等于该速度间隔内的平均速度所对应的单位合力 c_p(图 4-2)。这样,对每个速度间隔来说,列车都是在作匀变速运动,式(4-31)就可改写为:

$$\int_{t_1}^{t_2} dt = \int_{v_1}^{v_2} \frac{1}{\xi \cdot c_p} dv \qquad (4\text{-}34)$$

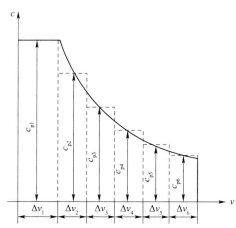

图 4-2 单位合力的简化

列车在每个速度间隔内的运行时间:

$$\Delta t = t_2 - t_1 = \frac{v_2 - v_1}{\xi \cdot c_p} \quad (\text{h}) \qquad (4\text{-}35)$$

即

$$\Delta t = \frac{v_2 - v_1}{120 \times c_p} \quad (\text{h}) \qquad (4\text{-}36)$$

或

$$\Delta t = \frac{v_2 - v_1}{2 \times c_p} \quad (\text{min}) \qquad (4\text{-}37)$$

式中:c_p——每个速度间隔内的平均速度下的单位合力,N/kN;

v_1、v_2——每个速度间隔的初速度与末速度,km/h。

同理,式(4-33)亦可改写为:

$$\int_{s_1}^{s_2} dS = \frac{1}{\xi \cdot c_p} \int_{v_1}^{v_2} v dv \qquad (4\text{-}38)$$

因而列车在每个速度间隔内的运行距离 ΔS 为:

$$\Delta S = S_2 - S_1 = \frac{v_2^2 - v_1^2}{2 \times \xi \cdot c_p} \quad (\text{km}) \qquad (4\text{-}39)$$

即

$$\Delta S = \frac{v_2^2 - v_1^2}{2 \times 120 \times c_p} \quad (\text{km}) \qquad (4\text{-}40)$$

或
$$\Delta S = \frac{4.17 \times (v_2^2 - v_1^2)}{c_p} \quad (\text{m}) \tag{4-41}$$

将式(4-37)代入式(4-40)得:
$$\Delta S = \frac{(v_2 + v_1) \cdot \Delta t}{2 \times 60} = \frac{v_p \cdot \Delta t}{60} \quad (\text{km}) \tag{4-42}$$

由式(4-41)可导出 S 与 v、t 的关系:
$$\Delta S = \frac{4.17 \times (v_2 + v_1)(v_2 - v_1)}{c_p} \quad (\text{m}) \tag{4-43}$$

令 $v_p = \frac{v_2 + v_1}{2}$,$\Delta v = v_2 - v_1$,代入式(4-43)得:
$$\Delta S = \frac{8.34 v_p \cdot \Delta v}{c_p} \quad (\text{m}) \tag{4-44}$$

式中:v_p——每个速度间隔的平均速度,km/h;

Δv——每个速度间隔的速度增量,km/h;

c_p——每个速度间隔内平均速度下的单位合力,N/kN。

由式(4-37)得:
$$\Delta v = 2 \times c_p \cdot \Delta t \tag{4-45}$$

将式(4-45)代入式(4-44)得:
$$\Delta S = 8.34 \cdot v_p \cdot 2 \cdot \Delta t = 16.68 \times v_p \cdot \Delta t \quad (\text{m}) \tag{4-46}$$

式(4-37)和式(4-44)就是根据列车运动方程导出的解算列车运行时分、运行速度和运行距离的关系式。

第4节　列车速度时分曲线的计算

用分析法计算列车运行速度和时间,必须绘制指定列车编组的单位合力曲线图,并提供线路平纵断面图。

【例4-1】 已知 SS_4 型电力机车牵引货物列车 5000t 的单位合力曲线(图4-1),求在 -1‰ 的坡道上起车加速到60km/h 所走的时间和距离。

解:如图4-1所示,将 0~60km/h 的速度分为 0~10km/h、10~20km/h、20~30km/h、30~40km/h、40~50km/h、50~51.5km/h、51.5~60km/h 等速度间隔。同时,由于坡度是 -1‰,合力图的坐标原点移到"-1"处,查出各速度间隔的平均合力,利用列车运动方程计算运行速度和时间。计算过程见表4-2。

计算结果:从起车到加速至60km/h,运行距离为1920m,运行时间为3.58min。

以上是利用分析法计算列车运行时分的一般过程。需要说明的是,本例并没有反映计算的全过程。首先,每个坡段的终点速度要经过多次试凑才能得出;第二,算例还有很多问题没有涉及,例如工况选择,长大下坡道周期制动、进站停车等,解算这些问题同样是复杂和烦琐的。因此,利用这种方法计算列车运行时分,工作量非常大,所以在实际工作中很少采用"分析法",而是采用另一种方法——图解法。当然,在计算机广泛使用的今天,基于分析法原理的计算机求解方法,已成为计算列车运行时分的常用方法。

列车运行时间和距离计算表　　　　表 4-2

速度间隔 $v_1 \sim v_2$ (km/h)	0~10	10~20	20~30	30~40	40~50	50~51.5	51.5~60
$\Delta v = v_2 - v_1$ (km/h)	10	10	10	10	10	1.5	8.5
平均速度 v_p (km/h)	5	15	25	35	45	50.75	55.75
平均合力 c_p (N/kN)	9.77	9.40	8.80	8.37	8.03	7.50	6.50
$\Delta S = \dfrac{8.33 v_p \cdot \Delta v}{c_p}$ (m)	43	133	237	348	467	85	607
累计距离 $\sum\limits_{i=1}^{n}(\Delta S)_i$ (m)	43	176	413	761	1228	1313	1920
$\Delta t = \dfrac{\Delta v}{2 c_p}$ (min)	0.51	0.53	0.57	0.60	0.62	0.10	0.65
累计时间 $\sum\limits_{i=1}^{n}(\Delta t)_i$ (min)	0.51	1.04	1.61	2.21	2.83	2.93	3.58

第 5 节　列车速度时分曲线的绘制

图解法一直是解算列车运行速度和运行时分的常用方法,即使是在计算机广泛使用的条件下,在某些特定的环境下,有时还需要使用图解法。图解法绘制列车速度时分曲线的方法较多,比较常用的是垂直线法。

用垂直线法绘制速度曲线,是依据列车单位合力曲线 $c=f(v)$,并假定在一定的速度间隔内单位合力为常数,用画垂直线的方法,绘出列车速度与运行距离的关系曲线 $v=f(S)$,从 $v=f(S)$ 曲线可以看出列车在区间运行的速度变化情况。

然后,根据 $v=f(S)$ 曲线,再用垂直线法,绘出运行时分与运行距离的关系曲线 $t=f(S)$。由 $t=f(S)$ 曲线可得出列车在区间运行所花费的时间。

一、速度-距离曲线 $v=f(S)$ 的绘制

1. 方法

(1)先将单位合力曲线图逆时针转 90°,使速度坐标轴朝上,成为纵坐标轴,单位合力曲线坐标轴朝左,成为横坐标轴。如图 4-3 所示。

(2)在图的右方绘上 $v=f(S)$ 曲线图的两个坐标轴:以纵坐标轴作为速度坐标轴,横坐标轴作为距离坐标轴,并在横坐标轴下面绘出区间的线路纵断面。

(3)将两图的横坐标轴对齐。

(4)在速度坐标轴上从 $v=0$ 起,取速度间隔 $v_0 \sim v_1$、$v_1 \sim v_2$……

(5)从坐标原点 O 向合力曲线上对应于每个速度间隔平均速度的点引射线,然后从 $v=f(S)$ 曲线图的坐标原点 O' 开始,逐段画 $O'1'$、$1'2'$、$2'3'$……线段,使这些线段分别与相应的射线相垂直。这些线段连在一起形成的折线就是所要绘出的 $v=f(S)$ 曲线。

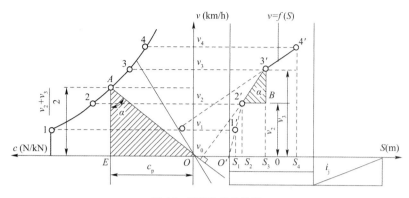

图 4-3　速度曲线的绘制

现在以绘制 v_2 和 v_3 之间的线段为例,说明绘制 $v=f(S)$ 曲线的具体方法。在速度坐标轴上取速度间隔 v_2 至 v_3,这里的 v_2 应是前一个间隔的末速度。由原点 O 向合力曲线上对应的平均速度 $\frac{v_2+v_3}{2}$ 的点 A 引射线 OA,然后,过点 $2'$ 作 OA 的垂直线,与这一速度间隔的末速度 v_3 的水平线交于点 $3'$,于是 $2'3'$ 线即为速度曲线 $v=f(S)$ 的一个线段。$2'3'$ 线段在横坐标轴上的投影 S_2S_3 即为列车速度由 v_2 到 v_3 所行驶的距离。

继续取速度间隔,按同样方法绘制下去,直到线路纵断面上坡段的终点——变坡点。当画下一坡段的速度曲线时,需将单位合力曲线的速度坐标轴按照该坡段的加算坡度千分数 i_j 移到新的位置上,得出新的原点,才能依照上述方法绘制下去,最终即可得出整个区间的 $v=f(S)$ 曲线。

2. 证明

现在对上面所作的 $v=f(S)$ 曲线是否符合理论计算结果,给予几何证明。

仍以速度曲线的第三段 $2'3'$ 线为例。因 $2'3' \perp OA$、$2'B \perp AE$,故图 4-3 中 $\angle OAE = \angle 3'2'B = \alpha$,两个有阴影线的直角三角形相似,即 $\triangle OAE \approx \triangle 3'2'B$,于是

$$\tan\alpha = \frac{OE}{AE} = \frac{3'B}{2'B} \tag{4-47}$$

设作图时所用的比例尺如下:

m mm 代表 1km/h 的运行速度 v,k mm 代表 1N/kN 的单位合力 c,y mm 代表 1km 的运行距离 S。

因此,式(4-47)可改写为:

$$\frac{c_p \cdot k}{\frac{v_2+v_3}{2} \cdot m} = \frac{(v_3-v_2) \cdot m}{(S_3-S_2) \cdot y} \tag{4-48}$$

$$S_3 - S_2 = \frac{(v_3+v_2) \cdot (v_3-v_2)}{2 \cdot c_p} \cdot \frac{m^2}{k \cdot y} = \frac{v_3^2 - v_2^2}{2 \cdot c_p} \cdot \frac{m^2}{k \cdot y} \tag{4-49}$$

令 $\frac{m^2}{k \cdot y} = \frac{1}{120}$,即

$$y = \frac{120m^2}{k} \tag{4-50}$$

将式(4-50)代入式(4-49)得：

$$S_3 - S_2 = \frac{v_3^2 - v_2^2}{2 \cdot 120 \cdot c_p} \quad (\text{km}) \tag{4-51}$$

式(4-51)也就是前面得到的式(4-40)，将距离单位由 km 转换为 m，即

$$\Delta S = \frac{4.17(v_3^2 - v_2^2)}{c_p} \quad (\text{m}) \tag{4-52}$$

这完全符合由列车运动方程导出的列车运行速度与运行距离的关系式，即只需在绘制单位合力曲线和 $v = f(S)$ 曲线时选用的比例尺满足等式(4-50)，则用垂直线法得到的 $v = f(S)$ 曲线就完全符合列车运动方程，即式(4-41)，上述绘制方法和原理成立。

3. 绘制速度曲线时应注意的问题和应遵守的规定

(1) 绘制速度曲线时，所用的比例尺应按规定选取，见表 4-3。通常只用第一组比例尺。

图解法比例尺　　　　表 4-3

序号	项目	单位	比例尺	比例尺关系公式	一般计算比例尺取值 1	一般计算比例尺取值 2	制动计算比例尺取值 3
1	合力	N/kN	k [mm/(N·kN^{-1})]	$k = \dfrac{120 m^2}{y}$	6	1.5	1
2	速度	km/h	m [mm/(km·h^{-1})]	$m = \sqrt{\dfrac{k \cdot y}{120}}$	1	0.5	1
3	距离	km	y (mm/km)	$y = \dfrac{120 m^2}{k}$	20	20	120
4	固定长度	mm	—	$\Delta = \dfrac{x \cdot k}{2m}$	30	30	—
5	时间	min	x (mm/min)	$x = \dfrac{2m \cdot \Delta}{k}$	10	20	—

(2) 为便于分辨工况，关于速度曲线的绘制有如下规定：牵引运行时用"——"表示，惰行时用"— — —"表示，空气制动时用"—·—·—·—"表示，动力制动时用"⊖⊖⊖⊖⊖"表示，空气制动与动力制动并用时用"⊖•⊖•⊖•⊖"表示，此外，如使用部分功率牵引或需限速运行时则用"/////"表示。

(3) 速度间隔不超过 10km/h。

(4) 列车驶过变坡点的速度需用试凑法决定，如图 4-4 所示。

图中 AB 为变坡点的竖直线，假设坡段的最后一个速度间隔为 $v_1 \sim v_2$，v_2 即为需试凑的速度。试凑成功的标记应为：由 $v_1 \sim v_2$ 所决定的 $v = f(S)$ 线段与 v_2 正好交于 AB 线上。例如，第一次选定 $v_2 = v_2'$，但所作的 $v = f(S)$ 线段与 v_2' 交于 D 点，超过了变坡点，说明 v_2 取得太大；于是缩小速度间隔，取 $v_2 = v_2''$，交点 E 落在 AB 线的左侧，说明 v_2 又取得太小；于是再取 $v_2 = v_2'''(v_2' > v_2''' > v_2'')$，假定这次取得合适，那么 $v = f(S)$ 线段与 v_2''' 正好交于 AB 线上的 F 点，

试凑成功,变坡点速度应为 v_2'''。由此可见,用图解法对变坡点速度进行试凑与用分析法对变坡点速度进行试凑,在性质上是相同的,所遇到的困难也是相同的。

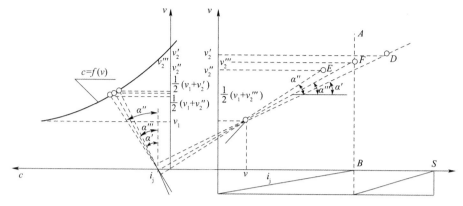

图 4-4　变坡点速度的试凑方法

(5)使用单位合力曲线时应注意:不同工况(牵引、惰行、制动)应使用相应的合力曲线;列车驶入下一坡段时,要按下一坡段的加算坡度千分数 i_j 对 $c=f(v)$ 曲线图的速度坐标轴作相应的左右移动。

(6)由牵引运行转为制动运行,或由制动运行转为牵引运行,中间应有一段合理的惰行过程,其长短取决于工况转换所需的时间,但为方便见,通常只掌握惰行的距离,牵引转制动或制动转牵引一般取为不小于 500m。两次制动之间的惰行时间需要更长些。

(7)列车应力争高速运行,但不得超过下列任一限制速度:

①机车、车辆的最大速度;

②线路允许的最高限速;

③常用制动限速或紧急制动限速;

④道岔、曲线及慢行地段规定的限速。

(8)考虑 $v=f(S)$ 曲线表示的是列车质心(假定在列车的中心)的速度与运行距离的关系,所以,货物列车到发时,应以列车中心对准到发场(线)的中心绘制,旅客列车对准站线有效长的中心绘制;列车经过道岔及慢行地段时,应保证列车首尾经过该处的速度均不得超过限速,下面以列车进站停车 $v=f(S)$ 曲线的绘制进行说明。

列车进站时停车要经过道岔入侧线,因此,存在着列车首尾均不应超过侧向道岔限速(如 12 号道岔为 45km/h、9 号道岔为 30km/h)的问题。如果列车进站前速度很高,在操作上可采用二段制动法,即,列车在进站前先施行一次常用制动,把速度减下来,然后缓解进站,以保证列车通过道岔时整个列车长度范围的速度均不超过侧向道岔的限速,最后在侧线再次制动停车。因此,$v=f(S)$ 曲线的绘制方法(图 4-5)应是:在进站道岔前取半个列车长($L_c/2$),作竖直线与道岔限速 v_{DX} 交于 b

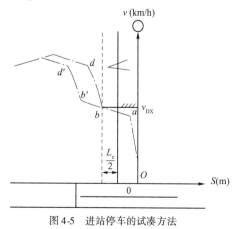

图 4-5　进站停车的试凑方法

点,自 b 点向右绘制惰行速度曲线,使其右侧与自停车站中心 O 倒着画的第二次制动的速度曲线相交(交点 a 需进行试凑),自 b 点向左倒着画第一次制动的速度曲线,使它与区间速度曲线相交于 d 点(该点应试凑)。若相交的区间速度曲线是牵引运行工况的速度曲线,那么在牵引运行和制动运行之间还应有一段适当长度的惰行速度曲线。如 ba 段太短,不能满足空气制动机性能的要求,则第一次制动还应当提早一些,例如,提前于 d' 点制动,在 b' 点缓解。

若进站停车前的坡段是下坡道,惰行速度曲线将上升,此时 b 点的速度选择还需满足列车尾部亦不得超过进站道岔的限速,即 v_b 要低于 v_{DX};电力机车由于起动加速快,还应保证列车首尾通过出站道岔时的速度均不超过道岔限速,对此可视情况用降低机车运行级位或惰行一段的办法来实现。以此类推,对于其他限速地点均应作类似的处理。

二、时间-距离曲线 $t = f(S)$ 的绘制

1. 方法

时间曲线 $t = f(S)$ 是根据已经绘好的速度曲线 $v = f(S)$ 来绘制的。它仍然用 $v = f(S)$ 曲线的横坐标表示运行距离 S,但纵坐标用另一个比例尺表示运行时间 t。绘制方法如图 4-6 所示。

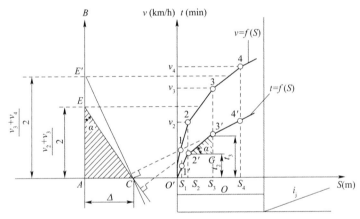

图 4-6　绘制时分曲线的垂直线法

首先,在 $t = f(S)$ 曲线图的左端横坐标轴上取一线段 AC,它的长度假定为 $\Delta(mm)$,Δ 的取值应符合表 4-3 的规定。在 A 点作横轴的垂线 AB,由 $v = f(S)$ 曲线上原选定的速度间隔的平均速度点引出水平线与 AB 线相交,并从 C 点向这些交点引射线。然后由 O' 点起逐段向对应的射线引垂线,连接 O'、$1'$、$2'$、$3'$……各点所成的折线,就是所要绘制的 $t = f(S)$ 曲线。

现在以绘制 $2'3'$ 线段为例,说明绘制 $t = f(S)$ 曲线的具体方法。从 C 点向 AB 线上,高度为 $\dfrac{v_2 + v_3}{2}$ 的 E 点引射线 CE,经前一段 $t = f(S)$ 曲线的终点 $2'$,作与 CE 相垂直的直线,与由 $v = f(S)$ 曲线上的点 3 向横轴所作的垂线 $3S_3$ 相交于点 $3'$,$2'3'$ 线即为所求的 $t = f(S)$ 曲线中的一段。其他各段的绘制方法类似。

2. 证明

由图解法绘制出的 $t = f(S)$ 曲线是否成立,可用作图的几何关系证明。以图 4-6 中 $2'3'$

线为例,因 $CE \perp 2'3'$,$AE \perp 2'G$,所以图 4-6 中用阴影线所示的两个直角三角形相似,$\angle CEA = \angle 3'2'G = \alpha$,于是

$$\tan\alpha = \frac{AC}{AE} = \frac{3'G}{2'G} \tag{4-53}$$

设作图时,速度和距离的比例尺与绘制 $v = f(S)$ 曲线的相同,另以 x mm 表示 1 min,则得:

$$\frac{\Delta}{\frac{v_3 + v_2}{2} \cdot m} = \frac{(t_3 - t_2) \cdot x}{(S_3 - S_2) \cdot y} \tag{4-54}$$

$$S_3 - S_2 = \frac{(t_3 - t_2)(v_3 + v_2)}{2} \cdot \frac{x \cdot m}{\Delta \cdot y} \tag{4-55}$$

令 $\dfrac{x \cdot m}{\Delta \cdot y} = \dfrac{1}{60}$,即

$$x = \frac{\Delta \cdot y}{60 \cdot m} \tag{4-56}$$

则

$$S_3 - S_2 = \frac{(t_3 - t_2)(v_3 + v_2)}{2 \times 60} \quad (\text{km}) \tag{4-57}$$

令 $\Delta S = S_3 - S_2$,$\Delta t = t_3 - t_2$,$v_p = \dfrac{v_3 + v_2}{2}$,式(4-57)可写成

$$\Delta S = \frac{\Delta t \cdot v_p}{60} \quad (\text{km}) \tag{4-58}$$

或

$$\Delta S = 1000 \cdot \Delta t \cdot v_p / 60 = \left(\frac{1000}{2 \times 120} \times 2\right) \cdot v_p \cdot 2 \cdot \Delta t \quad (\text{m}) \tag{4-59}$$

即

$$\Delta S = 16.68 v_p \Delta t \quad (\text{m}) \tag{4-60}$$

式(4-58)与式(4-42)完全符合,因此,只需在绘制 $t = f(S)$ 曲线时选用的比例尺满足等式(4-54),则用垂直线法得到的 $t = f(S)$ 曲线就完全符合列车运动方程所导出的时间与距离之间的关系,上述绘制方法和原理成立。

3. 绘制时分曲线时应注意的问题

(1) 按表 4-3 图解法比例尺中的第 2、3、4、5 行规定的比例尺作图。

(2) 与绘制 $v = f(S)$ 曲线取同样的距离间隔。

(3) 由于 $t = f(S)$ 曲线总是上升的,为绘图整齐和便于计算,应将 $t = f(S)$ 曲线每 10min 作为一段,每隔 10min 即把终点投影到距离坐标轴上再继续绘制。中途遇有车站时,车站应是时分曲线的分界点,不管停车或通过前时分是否达到 10min,停车或通过后时分曲线均应从距离坐标轴上,即从 0 开始绘制,以便统计各区间运行时分。

三、速度时分曲线绘成后的图面实例

$v = f(S)$、$t = f(S)$ 曲线绘成后的图画形式,如图 4-7 所示。

曲线图绘制完后,尚需注明绘制所依据的主要技术条件:机车类型及台数、牵引质量、编组、列车换算制动率以及绘制人姓名、绘制日期等。

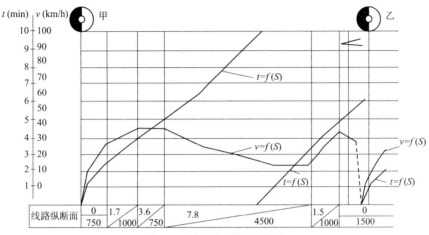

图 4-7 速度时分曲线绘制示例

第 6 节 线路纵断面化简

解算列车运行速度和运行时分时,无论用分析法还是图解法,在变坡点都免不了要进行速度试凑。显然,区间内坡段数越多,试凑的工作量越大。因此,在实际计算中,为了减少计算工作量,并使计算结果更加接近实际情况,常常在不影响计算结果必要的精度的前提下,尽可能地将区间以内坡度相差不大的相邻坡段合并起来计算,以减少坡段数,即事先对线路纵断面进行化简。

1. 化简的方法

用一个等效坡道代替几个相连的坡度相近的实际坡道;化简坡段的长度等于各实际坡段长度之和,而化简坡段的坡度等于化简坡段的终点与始点的高度差($H_2 - H_1$)除以化简坡段的长度 L_h,即:

$$i_h = \frac{H_2 - H_1}{L_h} \times 1000 \tag{4-61}$$

式中:H_1、H_2——化简坡段始终点高程,m;

L_h——化简坡段长度,m。

化简坡段始终点的高程与各坡段关系如图 4-8 所示。

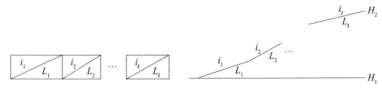

图 4-8 高程与坡段关系

根据图 4-8 所示的坡段与高程之间的关系,式(4-61)也可以表示为:

$$i_h = \frac{\sum_{k=1}^{l}(i_k \cdot L_k)}{\sum_{k=1}^{l} L_k} \tag{4-62}$$

为保证精度,化简坡段内每一实际坡段必须符合下列检验公式:

$$L_k \leq \frac{2000}{(\Delta i)_k} \quad (k = 1, \cdots, l) \tag{4-63}$$

式中: L_k——第 k 个坡段的长度($k = 1, \cdots, l$),m;

　　　i_k——第 k 个坡段的坡度;

　　　l——坡段数量;

　　　2000——经验常数;

$(\Delta i)_k = |i_h - i_k|$——化简坡度千分数与实际坡度千分数的代数差绝对值($k = 1, \cdots, l$)。

此外,在化简时还需注意:车站到发线、动能坡道、限制坡道或其他需校验牵引质量的坡道,不得与其他坡段一起化简。

2. 化简坡段加算坡度的计算

线路纵断面化简后,还要考虑曲线、隧道等的影响,并计算出化简后的加算坡度千分数 i_{hj}。

(1)化简坡段内的曲线换算坡度千分数。曲线附加阻力折算的坡度千分数为:

$$i_r = \frac{600}{L_h} \sum_{k=1}^{l} \frac{(L_r)_k}{R_k} \tag{4-64}$$

(2)化简坡段内的隧道换算坡度千分数。化简坡段内的隧道附加单位空气阻力 w_s,按上述同样道理换算为隧道附加空气阻力的折算坡度千分数 i_s。

$$i_s = \sum_{k=1}^{l} [(w_s)_k \cdot (L_s)_k] / L_h \tag{4-65}$$

式中: L_s——隧道长度,m。

(3)化简坡段的加算坡度千分数。综合上述,线路纵断面化简后的加算坡度千分数为:

$$i_{hj} = i_h + i_r + i_s \tag{4-66}$$

计算加算坡度千分数 i_{hj} 时,应按列车上、下行分别计算。式(4-66)中的 i_h 与列车运行方向有关:若上行为正,则下行为负;反之亦然。

【例 4-2】 对图 4-9 所示的 A 站到 B 站的实际线路纵断面进行化简。

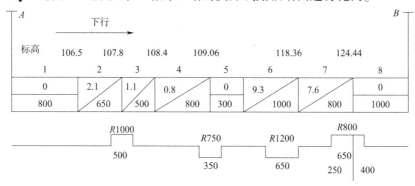

图 4-9 线路纵断面示意图

解:(1)因为 1、8 号坡段处于站内,所以不予化简。

(2)2、3、4、5 号坡段都不长,且坡度相差不大,可将这 4 个坡段化简成一个坡段。

其坡长为:$L_h = 650 + 500 + 800 + 300 = 2250(\text{m})$

化简坡度千分数为:$i_h = \frac{H_2 - H_1}{L_h} \times 1000 = \frac{109.06 - 106.5}{2250} \times 1000 = 1.14$

校验:坡道 2: $\frac{2000}{|2.1-1.14|} = 2083 > 650$

坡道 3: $\frac{2000}{|1.1-1.14|} = 50000 > 500$

坡道 4: $\frac{2000}{|0.8-1.14|} = 5882 > 800$

坡道 5: $\frac{2000}{|0-1.14|} = 1754 > 300$

所以可以将 2、3、4、5 号坡段化简。

(3)将 6、7 号坡段化简成一个坡段。

其坡长为: $L_h = 1000 + 800 = 1800(m)$

化简坡度千分数为: $i_h = \frac{H_2 - H_1}{L_h} \times 1000 = \frac{124.44 - 109.06}{1800} \times 1000 = 8.54$

校验:坡道 6: $\frac{2000}{|9.3-8.54|} = 2632 > 1000$

坡道 7: $\frac{2000}{|7.6-8.54|} = 2128 > 800$

所以可以将 6、7 号坡段化简。

化简结果如图 4-10 所示。

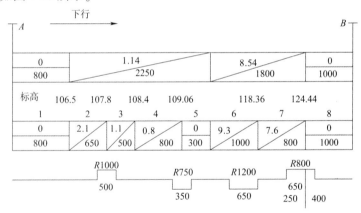

图 4-10 线路纵断面化简结果示意图

(4)求换算坡度。

对于 2、3、4、5 号坡段:

$i_r = \frac{600}{L_h} \sum_{j=1}^{2} \frac{[L_r]_j}{R_j} = \frac{600}{2250} \times \left(\frac{500}{1000} + \frac{350}{750}\right) = 0.26$

对于 6、7 号坡段:

$i_r = \frac{600}{L_h} \sum_{j=1}^{2} \frac{[L_r]_j}{R_j} = \frac{600}{1800} \times \left(\frac{650}{1200} + \frac{250}{800}\right) = 0.28$

(5)求化简坡段的加算坡度。

对于 2、3、4、5 号坡段:

下行: $i_{hj} = 1.14 + 0.26 = 1.40$

上行：$i_{hj} = -1.14 + 0.26 = -0.88$

对于 6、7 号坡段：

下行：$i_{hj} = 8.54 + 0.28 = 8.82$

上行：$i_{hj} = -8.54 + 0.28 = -8.26$

习题

1. 机车在三种不同的工况下，作用于列车的合力包括哪些力？
2. 列车运行状态取决于什么？
3. 合力计算表中各行的意义是什么？计算公式又是如何确定的？
4. 画单位合力曲线图时为什么可以不考虑附加阻力？
5. 什么叫均衡速度？其值如何确定？
6. 纵断面化简的实质是什么？其适用性如何？
7. 已知某线路纵断面结构如下，请对纵断面进行合理化简，并给出化简结果。

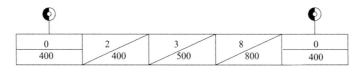

8. DF$_4$(货)内燃机车牵引 3200t 滚动轴承重车(全列车按铸铁闸瓦计算)，$\vartheta_h = 0.28$，$\beta_c = 0.5$，列车长 600m，进出站道岔距站中心 400m。道岔限速 40km/h，线路限速 90km/h，坡道条件如下：

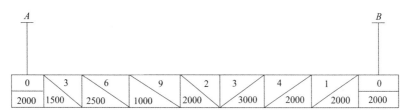

求：(1) 编制列车单位合力曲线表；

(2) 按列车在 A 站起车，在 B 站停车绘制速度、时分曲线。

第5章 列车制动问题解算

行车安全是运输生产的基本要求,利用制动控制列车减速、将列车在规定的距离内停下来是行车安全的保障。列车制动距离是指自制动开始(移动闸把或列车管开始"放风")到停车(或解缓)列车所走过的距离,是综合反映制动装置性能和实际制动效果的重要指标。与列车制动相关的内容主要有:制动距离及其计算、列车换算制动率的解算、列车紧急制动限速解算、列车常用制动限速解算等。

第1节 概　　述

为了保证行车安全,世界各国都根据其在列车运行速度、牵引质量、制动技术水平和信号、闭塞方式等方面的实际情况,规定了本国紧急制动时所允许的最大制动距离。我国《铁路技术管理规程(普速铁路部分)》(以下简称《技规》)规定,普通列车在任何线路坡道上的紧急制动距离为800m,即普通列车在遇到任何紧急情况时实施紧急制动,都要保证800m内能停下来,包括在长大下坡道也要满足这个要求。《技规》规定的紧急制动距离又称计算制动距离。计算制动距离应该与列车运行速度、机车车辆制动技术等的发展水平相适应。

《技规》规定的在任何线路上最高运行速度对应的紧急制动距离限值见表5-1。

列车的紧急制动距离限值表　　　　表5-1

列车类型	最高速度(km/h)	紧急制动距离限值(m)
旅客列车(动车组列车除外)	120	800
	140	1100
	160	1400
特快货物班列	160	1400
快速货物班列	120	1100
货物列车(货车轴重<25t,快速货物班列除外)	90	800
	120	1400
货物列车(货车轴重≥25t)	100	1400

列车制动问题的解算就是在制动距离、列车换算制动率、坡度千分数、制动初速度、末速度5个要素中已知其中4个,求解另外1个。有些要素直接求解有困难,需要借助多次求解制动距离来试凑,所以列车制动问题解算的核心是制动距离的计算。本章所研究讨论的"列车制动问题解算"主要是:在各种不同的线路条件下,列车制动能力(列车换算制动率)、列车运行速度和列车制动距离3个因素之间的相互关系,而且都是按照施行紧急制动的情况考虑的(列车制动力或列车换算制动率均按100%计算)。因此,列车制动问题解算通常有

以下 3 种类型：

（1）已知列车制动能力（列车换算制动率）和列车运行速度，解算列车制动距离。

（2）已知列车制动能力（列车换算制动率）和必须保证的制动距离，解算平道或下坡道允许的紧急制动限速。

（3）已知列车的紧急制动限速和必须保证的制动距离，解算平道或下坡道至少必需的列车制动能力（列车换算制动率）。

紧急制动距离限值的主要用途有四个：一是据此规定不同等级列车的紧急制动限速。二是作为制定有关安全运行规章的依据。三是用于信号机等固定设备的布置。四是据此规定线路封锁施工时移动防护信号的设置位置。

第 2 节　制动距离及其计算

为了能够比较准确地计算列车的制动距离，有必要事先研究列车制动过程中制动缸压力或闸瓦压力的变化情况。在司机施行制动时，列车中各车辆的闸瓦并非立即、同时压在车轮上，因为列车制动机是靠空气波的传递而发生作用的，即使机车本身或第一辆车，其闸瓦压力也不是瞬间达到最大值，制动缸压强有一个上升的过程。所以，全列车的闸瓦压力和制动力也有一个增长的过程，而不是立即产生、立即达到最大值。因此，为了方便、有效地研究列车制动问题，需要引入制动空走时间和制动空走距离的概念。

在列车制动初期，各辆车的制动缸压力（或闸瓦压力）从前至后发生并逐渐达到最大，如图 5-1 所示。制动开始经过一段时间 t_a，第一辆车的制动缸空气压力才开始上升，沿着 ad 线逐渐达到最大，并保持在 de 线上。最后一辆车的制动缸空气压力经过时间 $t_a + t_b$ 才开始上升，沿 be 线增加，经 t_c 时间后达到最大值 e 点，其余车辆的制动缸空气压力上升曲线介于 ad 与 be 之间，全列车的制动缸压力可平均视为按 ae 曲线上升。相应地，全列车总闸瓦压力上升情况按图 5-2 中 $OABF$ 曲线所示。按照这样的闸瓦压力上升曲线，列车闸瓦压力的计算应分为 3 个阶段：

（1）OA 时间段内，每块闸瓦上的压力都为 0。

（2）AB 时间段内，每块闸瓦上的压力陆续达到最大值。

（3）从 B 点到停车（缓解）的一段时间内，每块闸瓦上的压力都保持最大值。

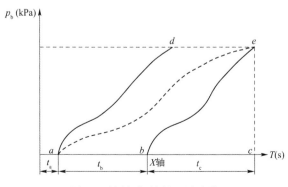

图 5-1　制动初期制动缸压力变化

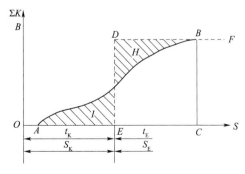

图 5-2　制动初期列车总闸瓦压力变化

列车制动力在 B 点后仅随摩擦系数变化,但在 B 点前不仅摩擦系数随速度而变化,而且闸瓦压力也随时间而变。因此,(1)、(3)两段时间内第一、三两段的闸瓦压力好处理,而在(2)时间段内,每个瞬间闸瓦压力都在变化,计算起来就很复杂。

为了方便闸瓦压力的计算,在尽量保证列车制动距离不变的条件下,假设全列车闸瓦压力不是沿 $OABF$ 曲线变化,而是沿 $OEDBF$ 变化,即在 D 点突然从 0 变为最大值。这样,闸瓦压力变化简化为两个阶段,即:

(1)OE 时间段内,每块闸瓦上的压力都为 0。
(2)E 点以后,每块闸瓦上的压力同时达到最大值。

因此,从制动开始到全列车闸瓦同时突然以最大压力压紧车轮的假定瞬间,称为空走时间,即假设的 OD 时间段。

空走时间内列车所运行的距离叫作空走距离。D 点以后的时间称为有效制动时间 t_e。有效制动时间内列车所走的距离叫作有效制动距离。

显然,制动距离计算的准确程度与假想点 D 的位置有关,如果选择的合适,就可以使假想的空走距离与有效制动距离之和等于实际的制动距离。即

$$S_z = S_k + S_e \tag{5-1}$$

式中:S_z——制动距离,m;
S_k——空走距离,m;
S_e——有效制动距离,m。

一、空走距离的计算

根据上述分析,假定列车在空走时间内惰行。那么,在平道、上坡道或坡度较小的下坡道,列车速度应当是逐渐降低的;在较陡的下坡道,当坡道下滑力大于基本阻力时,在空走时间内列车速度实际上是先升后降,始终高于制动初速度。为了计算方便,假定在空走时间内,列车始终按制动初速度等速运行。

$$S_k = \frac{v_0 t_k}{3600} \times 1000 = \frac{v_0 t_k}{3.6} = 0.278 v_0 t_k \quad (\text{m}) \tag{5-2}$$

式中:v_0——制动初速,km/h;
t_k——空走时间,s。

决定空走距离 S_k 的两个要素是制动初速度 v_0 和空走时间 t_k。而空走时间 t_k 与列车编组辆数和制动方式(紧急制动或常用制动,常用制动时列车管的减压量 r)有关。

在制定《列车牵引计算 第 1 部分:机车牵引式列车》(TB/T 1407.1—2018)时,分别对装有不同制动机的车辆进行单独编组试验,整理出各种制动机的空走时间公式,再根据我国现有各种车辆所占的百分比取平均值,从而得出客货列车制动空走时间的计算公式。

(1)旅客列车。

紧急制动时 $\quad t_k = 3.5 - 0.08 i_j \quad$ (s) $\tag{5-3}$

常用制动时 $\quad t_k = (4.1 + 0.002 r \cdot n)(1 - 0.03 i_j) \quad$ (s) $\tag{5-4}$

(2)电空制动的旅客列车。

紧急制动时 $\quad t_k = 2.5 - 0.07 i_j \quad$ (s) $\tag{5-5}$

常用制动时 $\quad t_k = (2.0 + 0.016r)(1 - 0.03i_j)$ （s） (5-6)

(3) 货物列车。

紧急制动时 $\quad t_k = (1.6 + 0.065n)(1 - 0.028i_j)$ （s） (5-7)

常用制动时 $\quad t_k = (3.6 + 0.00176r \cdot n)(1 - 0.032i_j)$ （s） (5-8)

式中：n——牵引辆数；

r——列车管减压量，kPa；

i_j——制动地段加算坡度千分数的代数值，当 $i_j > 0$ 时，按 $i_j = 0$ 计算。

(4) 单机。

单机不分类型，紧急制动空走时间均按 2.5s 计算。

根据铁道科学研究院《P_{65A}型行包快运棚车制动试验报告》，P_{65A}型棚车组成的行包快运列车，在平道上的紧急制动空走时间为：

$$t_k = 4.2 - 0.035n \quad (s) \tag{5-9}$$

据此，对于编组 22~24 辆的行包专列的紧急制动空走时间可采用式(5-10)计算。

$$t_k = 5 - 0.08i_j \quad (s) \tag{5-10}$$

其常用制动的空走时间暂缺，可参照式(5-8)计算空走时间。

二、有效制动距离的计算

计算有效制动距离的方法有分析法（速度间隔法）、图解法、图算法、电算法、等效法等。一般常用的有分析法和等效法。

1. 分析法

分析法就是按速度间隔分段计算列车运行距离，最后把所有速度间隔的列车运行距离累加得到总的有效制动距离，其计算过程比较复杂。根据前面的分析，施行紧急制动时，在有效制动距离内作用于列车的都是最大制动力。此时，作用于列车的单位合力为：

$$c = -(b + w_0 + i_j) = -(1000\varphi_h \vartheta_h \beta_c + w_0 + i_j) \quad (\text{N/kN}) \tag{5-11}$$

式中：φ_h——换算摩擦系数；

ϑ_h——列车换算制动率；

β_c——常用制动系数；

w_0——列车单位基本阻力，N/kN；

i_j——制动地段的加算坡度千分数。

由于列车的单位制动力 b、单位基本阻力 w_0 都是随速度而变化的，列车的单位合力 c 也随速度而变化，因此，将列车有效制动过程分成若干个速度间隔，按列车运行距离计算公式分别求出各速度间隔内列车运行的距离 ΔS，其总和即为有效制动距离 S_e。

$$S_e = \sum_{k=1}^{l}(\Delta S)_k = \sum_{k=1}^{l}\frac{4.17(v_{k+1}^2 - v_k^2)}{(c_p)_k} = \sum_{k=1}^{l}\frac{4.17(v_k^2 - v_{k+1}^2)}{1000\vartheta_h \cdot (\varphi_h)_k + (w_0)_k + (i_j)_k} \quad (\text{m})$$

(5-12)

式中：v_k、v_{k+1}——第 k 个速度间隔的初速度和末速度，km/h；

c_p——速度间隔内平均速度下的单位合力，N/kN。

用分析法计算有效制动距离时，通常每个速度间隔不超过 10km/h，φ_h、w_0 均取速度间隔的平均速度对应值。在针对具体编组的列车作制动计算时，ϑ_h 和 w_0 按具体列车编组计算。

2. 等效法

有效制动距离的分析法，计算过程比较复杂。速度间隔取得越小，计算量就越大。为了简化计算，假定闸瓦换算摩擦系数和制动时的单位基本阻力在制动过程中都不随速度而变化，把整个制动过程取为一个速度间隔，用等效的常量 φ_s 和 w_s 来代替 φ_h 和 w_0。此时，式(5-12)变为：

$$S_e = \frac{4.17 v_0^2}{1000\vartheta_h \cdot \varphi_s + w_s + i_j} \quad (\text{m}) \tag{5-13}$$

式中：φ_s——距离等效摩擦系数；

w_s——距离等效单位基本阻力，N/kN；

v_0——制动初速度，km/h。

这种计算方法称为"等效一次计算法"（简称"等效法"）。它比分析法简单，关键是如何求出等效值 φ_s 和 w_s。

根据式(5-12)和式(5-13)，并忽略坡度和阻力的影响，可得：

$$\sum_{k=1}^{l} \frac{4.17(v_k^2 - v_{k+1}^2)}{1000\vartheta_h \cdot (\varphi_h)_k} = \frac{4.17(v_0^2 - v_z^2)}{1000\vartheta_h \cdot \varphi_s} \tag{5-14}$$

式中：v_z——制动末速度，km/h，紧急制动时 $v_z = 0$。

整理可得：

$$\varphi_s = \frac{v_0^2 - v_z^2}{\sum_{k=1}^{l} \frac{v_k^2 - v_{k+1}^2}{(\varphi_h)_k}} \tag{5-15}$$

同理，并忽略坡度和制动力的影响，可得：

$$w_s = \frac{v_0^2 - v_z^2}{\sum_{k=1}^{l} \frac{v_k^2 - v_{k+1}^2}{(w_0)_k}} \quad (\text{N/kN}) \tag{5-16}$$

不同初速度和不同末速度下的铸铁闸瓦的 φ_s 值、旅客列车和货物列车（重车）的 w_s 值，分别列于表5-2~表5-4。空重混编货物列车的 w_s 值，可按表5-4查出的数值乘以系数 α。

$$\alpha = \frac{G_重 + 2G_空}{G_重 + G_空} \tag{5-17}$$

式中：$G_重$——空重混编列车中重车的总质量，t；

$G_空$——空重混编列车中空车的总质量，t。

3. 加大速度间隔法

分析法是将整个制动过程按照速度分段，把每个速度段内的运行距离累加求得制动距离，计算工作量大，精度较高；等效法则把整个过程看成一个间隔，用等效的摩擦系数和单位基本阻力进行计算，也可以得到比较精确的结果。实践证明：利用分析法，将整个过程看作一个间隔也可以得到较为准确的结果，这种方法称为加大速度间隔法，有效制动距离可以用式(5-18)求得。

$$S_e = \frac{4.17 v_0^2}{1000\vartheta_h \varphi_h + w_0 + i_j} \quad (\text{m}) \tag{5-18}$$

式中：v_0——制动初速度，km/h；

φ_h——$\dfrac{v_0}{2}$时的换算摩擦系数；

ϑ_h——列车换算制动率；

w_0——$\dfrac{v_0}{2}$时的列车单位基本阻力，N/kN；

i_j——制动地段的加算坡度千分数。

铸铁闸瓦的距离等效摩擦系数 φ_s 表 5-2

v_z (km/h)	v_0(km/h)											
	120	110	100	90	80	70	60	50	40	30	20	10
0	0.112	0.125	0.137	0.150	0.163	0.177	0.190	0.205	0.220	0.238	0.261	0.304
10	0.112	0.124	0.137	0.150	0.163	0.176	0.189	0.203	0.218	0.234	0.252	—
20	0.111	0.124	0.137	0.149	0.162	0.175	0.188	0.201	0.215	0.230	—	—
30	0.111	0.124	0.136	0.149	0.161	0.174	0.187	0.200	0.214	—	—	—
40	0.111	0.123	0.136	0.148	0.161	0.173	0.186	0.199	—	—	—	—
50	0.111	0.123	0.135	0.148	0.160	0.173	0.185	—	—	—	—	—
60	0.110	0.123	0.135	0.147	0.160	0.172	—	—	—	—	—	—
70	0.110	0.122	0.135	0.147	0.159	—	—	—	—	—	—	—
80	0.110	0.122	0.134	0.147	—	—	—	—	—	—	—	—
90	0.110	0.122	0.134	—	—	—	—	—	—	—	—	—
100	0.109	0.122	—	—	—	—	—	—	—	—	—	—
110	0.109	—	—	—	—	—	—	—	—	—	—	—

旅客列车的距离等效单位基本阻力 w_s 表 5-3

v_z (km/h)	v_0(km/h)											
	120	110	100	90	80	70	60	50	40	30	20	10
0	3.13	2.96	2.79	2.63	2.48	2.33	2.20	2.08	1.97	1.87	1.78	1.70
10	3.15	2.98	2.81	2.65	2.49	2.35	2.22	2.10	1.99	1.89	1.81	—
20	3.20	3.03	2.86	2.69	2.54	2.40	2.27	2.15	2.04	1.94	—	—
30	3.28	3.10	2.93	2.77	2.62	2.47	2.34	2.22	2.11	—	—	—
40	3.39	3.20	3.03	2.87	2.71	2.57	2.43	2.31	—	—	—	—
50	3.51	3.32	3.15	2.98	2.82	2.68	2.54	—	—	—	—	—
60	3.65	3.46	3.28	3.11	2.95	2.80	—	—	—	—	—	—
70	3.81	3.62	3.43	3.26	3.09	—	—	—	—	—	—	—
80	3.98	3.78	3.60	3.42	—	—	—	—	—	—	—	—
90	4.17	3.96	3.77	—	—	—	—	—	—	—	—	—
100	4.36	4.16	—	—	—	—	—	—	—	—	—	—
110	4.57	—	—	—	—	—	—	—	—	—	—	—

货物列车(重车)的距离等效单位基本阻力 w_s 表 5-4

v_z (km/h)	v_0 (km/h)									
	100	90	80	70	60	50	40	30	20	10
0	1.73	1.61	1.50	1.40	1.30	1.21	1.13	1.06	1.00	0.95
10	1.75	1.63	1.52	1.41	1.32	1.23	1.15	1.08	1.02	—
20	1.78	1.67	1.55	1.45	1.35	1.27	1.19	1.12	—	—
30	1.85	1.73	1.61	1.51	1.41	1.32	1.24	—	—	—
40	1.92	1.80	1.69	1.58	1.48	1.39	—	—	—	—
50	2.02	1.89	1.77	1.66	1.56	—	—	—	—	—
60	2.12	1.99	1.87	1.76	—	—	—	—	—	—
70	2.24	2.11	1.98	—	—	—	—	—	—	—
80	2.37	2.23	—	—	—	—	—	—	—	—
90	2.50	—	—	—	—	—	—	—	—	—

三、制动距离计算实例分析

【例 5-1】 某货物列车由 55 辆重货车编组而成(铸铁闸瓦)。列车换算制动率为 0.30。在加算坡度为 -10‰ 的坡道上以 60km/h 的速度下坡时施行紧急制动。试按分析法、等效法和加大速度间隔法,分别计算其紧急制动距离。

解:(1)计算空走时间。根据式(5-7)求得空走时间:

$t_k = (1.6 + 0.065 \times 55) \times [1 - 0.028 \times (-10)] \approx 6.6(s)$

(2)计算空走距离。根据式(5-2)计算空走距离:

$S_k = \dfrac{60 \times 6.6}{3.6} \approx 110(m)$

(3)按分析法求有效制动距离。将制动初速度从 60km/h 到 0 划分为 6 个速度间隔,然后列表逐项计算,结果见表 5-5。

有效制动距离计算表 表 5-5

计算项目	速度间隔(km/h)					
	60~50	50~40	40~30	30~20	20~10	10~0
v_p	55	45	35	25	15	5
$w_0 = 0.92 + 0.0048v_p + 0.000125v_p^2$	1.56	1.39	1.24	1.12	0.99	0.98
$\varphi_h = 0.372 \dfrac{17v+100}{60v+100} + 0.0012(120-v_0)$	0.185	0.187	0.190	0.195	0.204	0.244
$b = 1000\vartheta_h \varphi_h$	55.5	56.1	57.0	58.5	61.2	73.2
$c_p = b + w_0 + i_j$	47.06	47.49	48.24	49.62	52.19	64.18
$\Delta S = \dfrac{4.17(v_1^2 - v_2^2)}{c_p} = \dfrac{8.34 \Delta v \cdot v_p}{c_p}$	97.5	79.0	60.5	42.0	24.0	6.5
$s_e = \sum_{i=1}^{n}(\Delta s)_i$	309.5					

注:在 10~0 间隔内单位基本阻力都按 10km/h 计算,因此计算 w_0 时 v_p 取 10。

由表5-6可得有效制动距离为309.5m。

(4)按等效法求有效制动距离。

由表5-3查得$\varphi_s=0.190$,由表5-5查得$w_s=1.3\text{N/kN}$,则有:

$$S_e = \frac{4.17 \times 60 \times 60}{1000 \times 0.3 \times 0.190 + 1.3 + (-10)} \approx 310.8 \text{ (m)}$$

分析法和等效法相比较,S_e的计算结果相差1.3m。

(5)按加大速度间隔法求有效制动距离。

$v_p = 60/2 = 30 \text{(km/h)}$

$w_0 = 0.92 + 0.0048v_p + 0.000125v_p^2 = 0.92 + 0.0047 \times 30 + 0.000125 \times 30 \times 30 = 1.17$

$\varphi_h = 0.372 \dfrac{17v+100}{60v+100} + 0.0012(120 - v_0)$

$\quad = 0.372 \times (17 \times 30 + 100)/(60 \times 30 + 100) + 0.0012 \times (120 - 60) = 0.191$

$$S_e = \frac{4.17 \times 60^2}{1000 \times 0.30 \times 0.191 + 1.17 + (-10)} \approx 309.7 \text{(m)}$$

(6)求制动距离。

按分析法: $S_z = 110 + 309.5 = 419.5 \text{(m)}$

按等效法: $S_z = 110 + 310.8 = 411.8 \text{(m)}$

按加大速度间隔法: $S_z = 110 + 309.7 = 419.7 \text{(m)}$

可以用制动距离的电算程序做出不同参数的制动距离表。表5-6、表5-7分别为计算出的部分客货列车紧急制动、常用制动距离。

货物列车紧急制动距离(单位:m) 表5-6

(高摩合成闸瓦,编组65辆,每百吨列车质量换算闸瓦压力为180kN)

制动初速度(km/h)	加算坡度千分数(‰)										
	0	-2	-4	-6	-8	-10	-12	-14	-16	-18	-20
90	862	902	945	992	1042	1097					
85	773	808	847	888	933	981	1035	1094			
80	688	720	754	790	830	873	920	971	1029	1093	
75	608	639	666	698	733	771	812	857	907	962	1025
70	534	559	585	613	643	675	711	750	793	841	894
65	465	486	509	533	559	587	617	651	687	728	774
60	401	419	438	459	481	505	531	559	590	625	663
55	342	357	374	391	410	430	452	475	501	530	561
50	288	301	314	329	345	361	379	399	420	443	469
45	238	249	261	273	285	299	314	330	347	366	386
40	194	203	212	222	232	243	255	267	281	296	312
35	154	161	169	176	185	193	202	212	223	234	247
30	119	125	131	136	143	149	156	164	172	180	189

旅客列车常用制动距离(单位:m,末速度 $v_m=0$) 表5-7

(高摩合成闸瓦,编组65辆,每百吨列车质量换算闸瓦压力为180kN,常用制动减压量100kPa)

制动初速度 (km/h)	加算坡度千分数(‰)										
	0	−2	−4	−6	−8	−10	−12	−14	−16	−18	−20
90	1412	1504	1605	1718	1864	1993					
85	1274	1356	1447	1548	1662	1792	1943				
80	1143	1216	1297	1387	1488	1603	1735	1892			
75	1019	1084	1156	1235	1324	1424	1540	1676	1840		
70	903	960	1023	1092	1170	1257	1357	1475	1615	1787	
65	793	844	899	959	1026	1101	1187	1287	1406	1552	1735
60	692	735	783	834	892	956	1092	1113	1213	1335	1487
55	597	634	675	719	767	822	883	953	1036	1136	1260
50	509	541	575	612	653	698	749	807	875	955	1055
45	429	455	484	515	548	585	626	673	728	792	872
40	355	377	400	426	453	483	516	553	596	646	706
35	288	306	325	345	367	390	416	445	478	516	561
30	228	242	257	273	290	308	327	349	374	402	435

为了更清楚,对占比重最大的铸铁闸瓦的客货列车、新型高摩闸瓦的行包快运列车以及盘式制动的客车,不同速度间隔计算所得的有效制动距离加以对比,结果见表5-8、表5-9。其中,加算坡度 $i_j=0$,常用制动减压量130kPa,货车按滚动轴承重车,旅客列车为25型客车。

货物列车采用不同速度间隔计算的有效制动距离(单位:m) 表5-8

(铸铁闸瓦,$\vartheta_h=0.28$)

制动方式	制动初速度 (km/h)	制动末速度 (km/h)	速度间隔(km/h)					最大误差	相对误差 (%)
			10	20	40	50	80		
紧急停车	80	0	564	564	563		*565	+1	+0.2
常用停车	80	0	683	682	682		*685	+2	+0.3
常用调速	80	30	593			*594		+1	+0.2

注:*表示该有效制动距离数据是采用加大速度间隔法计算得出的。

旅客列车采用不同速度间隔计算的有效制动距离(单位:m) 表5-9

(铸铁闸瓦,$\vartheta_h=0.58$)

制动方式	制动初速度 (km/h)	制动末速度 (km/h)	速度间隔(km/h)						最大误差	相对误差 (%)
			10	20	40	60	80	120		
紧急停车	120	0	874	873	873	874		*880	+6	+0.7
常用停车	120	0	1053	1053	1053	1054		*1063	+10	+0.9
常用调速	120	40	944	944	945		*949		+5	+0.5

注:*表示该有效制动距离数据是采用加大速度间隔法计算得出的。

从表5-8、表5-9可以看出,用加大速度间隔法时,最大相对误差是0.9%。

第3节 列车换算制动率的解算

在列车制动问题解算中,有时是已知某长大下坡道的最高允许速度,需要知道列车至少必须具有多大的制动能力(列车换算制动率),才能保证在这个最高允许速度下的紧急制动距离不大于《技规》规定的紧急制动距离。即在指定制动距离、制动初速度、制动末速度和坡度的情况下,可以反求所需要的列车换算制动率。

根据已知的制动初速度 v_0 和计算制动距离 S_{zj},可以先按照式(5-19)求出应保证的有效制动距离 S_e:

$$S_e = S_{zj} - S_k = S_{zj} - \frac{v_0 \cdot t_k}{3.6} \quad (\text{m}) \tag{5-19}$$

然后,由已知的 v_0 查出 φ_s 和 w_s 值,再按式(5-20)求出至少必需的列车换算制动率 ϑ_h:

$$\vartheta_h = \frac{\frac{4.17 v_0^2}{S_e} - (w_s + i_j)}{1000 \varphi_s} \tag{5-20}$$

或

$$\vartheta_h = \left(\frac{4.17 v_0^2}{s_e} - w_s - i_j\right) \frac{1}{1000 \varphi_s} \tag{5-21}$$

如果不用等效法而用分析法,则不能直接解算 ϑ_h,仍需要进行试凑。其方法是,先假定一个 ϑ_h 值,变"求列车换算制动率"为"求制动距离"。

若求出的 S_{zj} 大于《技规》规定的相应的紧急制动距离,则表明 ϑ_h 太小,应重新取一个较大的 ϑ_h 值,再求制动距离;若求出的 S_{zj} 小于《技规》规定的相应的紧急制动距离,则表明 ϑ_h 又太大了,应将 ϑ_h 值再取小一些,再求制动距离;若求出的 S_{zj} 正好等于《技规》规定的相应的紧急制动距离,则该 ϑ_h 值正是列车至少必须具备的换算制动率。实际上很少有这么巧,通常,只要算得的 S_{zj} 比《技规》规定的相应的紧急制动距离稍小。

【例5-2】 某货物列车由55辆重货车编组而成,如果该货物列车希望在 -20‰的下坡道的紧急制动限速为65km/h,问:该货物列车至少需要多大的换算制动率?

解: $t_k = (1.6 + 0.065n)(1 - 0.028 i_j) = (1.6 + 0.065 \times 55) \times [1 - 0.028 \times (-20)] = 8.07(\text{s})$

$$S_k = \frac{65 \times 8.07}{3.6} \approx 146(\text{m})$$

$$S_e = 800 - 146 = 654(\text{m})$$

用插值法,由表5-3和表5-5分别求出 $\varphi_s = 0.184$,$w_s = 1.35$N/kN。因此,根据式(5-20),有:

$$\vartheta_h = \frac{\frac{4.17 \times 65^2}{654} - 1.35 + 20}{1000 \times 0.184} \approx 0.25$$

第4节 列车紧急制动限速的解算

一、紧急制动限速的解算

根据前面所学知识,我们知道,列车制动限速有两种:常用制动限速和紧急制动限速。

所谓紧急制动限速,是指在规定的紧急制动距离限值内,列车能够紧急制动停车的最高速度。两者之中的较低值才是真正的制动限速。紧急制动限速的高低,与每百吨列车质量的换算闸瓦压力、下坡度千分数、列车类别以及编组辆数有关。紧急制动限速和线路限速、机车车辆限速同样重要。列车运行速度超过紧急制动限速时,施行紧急制动不能保证在规定的距离内停车。

一般情况下,平道和上坡道应当是不存在制动限速问题的。但在下坡道,因坡道附加阻力变成负值,成了坡道下滑力,制动距离比平道和上坡道要长。下坡道越陡,制动距离越长。为了保证《技规》规定的相应的紧急制动距离,列车在下坡道的运行速度必须限制得比最大速度低。对于一定的坡度和一定的制动距离来说,这个限速取决于列车的制动能力——列车制动率。

由于闸瓦摩擦系数和单位基本阻力都是速度的函数,因此,解算紧急制动限速需要采用试凑的办法,即先假设一个制动限速,变"求制动初速度"为"求制动距离"。

若求出的制动距离正好等于《技规》规定的相应的紧急制动距离,说明该速度即为紧急制动限速;如果求得的制动距离大于《技规》规定的相应的紧急制动距离,说明初速度取高了,可取较低的初速度重新试凑;如果求得的制动距离小于《技规》规定的相应的紧急制动距离,说明初速度取低了,可取较高的初速度重新试凑。如此反复试凑计算,直到计算所得的制动距离等于或略小于《技规》规定的相应的紧急制动距离为止。

实际计算过程中,可以利用速度允许误差缩短计算时间,例如按 70km/h 计算时,超过《技规》规定的相应的紧急制动距离;按 65km/h 计算时,又小于《技规》规定的相应的紧急制动距离,说明紧急制动限速在 65～70km/h 之间。如果速度误差允许在 5km/h 之内,则紧急制动限速可取为 65km/h。

【例 5-3】 求例 5-1 中的货物列车在 -10‰ 下坡道的紧急制动限速(按等效法)。

解:由例 5-1 中的解算可知,该列车在 60km/h 时的紧急制动距离按等效法为 411.8m。由此可知紧急制动限速比 60km/h 肯定高得多。先取制动初速度 v_0 为 80km/h 试算。

由表 5-3 查得 $\varphi_s = 0.163$,由表 5-5 查得 $w_s = 1.5$N/kN,由例 5-1 可知,$t_k = 6.6$s。所以

$$S_z = S_k + S_e$$

$$= \frac{80 \times 6.6}{3.6} + \frac{4.17 \times 80 \times 80}{1000 \times 0.3 \times 0.163 + 1.5 - 10}$$

$$= 146.7 + 660.6 \approx 807 (\text{m})$$

如果紧急制动距离按照 800m 取值,S_z 已经超过了 800m。所以,制动初速度还应再取低些。

假定制动初速度 v_0 为 75km/h,再次试算,查表 5-3、表 5-5,按插值法求得 $\varphi_s = 0.170$,$w_s = 1.45$N/kN。

$$S_e = \frac{4.17 \times 75^2}{1000 \times 0.3 \times 0.170 + 1.45 - 10} \approx 553 (\text{m})$$

$$S_k = \frac{75 \times 6.6}{3.6} \approx 138 (\text{m})$$

$$S_z = 138 + 553 = 691 (\text{m})$$

显然，v_0 又取低了。再取制动初速度 v_0 为 79km/h 试算，按插值法求得 $\varphi_s=0.164$，$w_s=1.49$N/kN。

$$S_e = \frac{4.17 \times 79^2}{1000 \times 0.3 \times 0.164 + 1.49 - 10} \approx 640(\text{m})$$

$$S_k = \frac{79 \times 6.6}{3.6} \approx 145(\text{m})$$

$$S_z = 145 + 628 = 785(\text{m})$$

S_z 值只比 800m 小 15m，所以，紧急制动限速计算值可取为 79km/h。

二、列车紧急制动限速表及其应用

1. 列车紧急制动限速表

紧急制动限速的解算，实际上需要用计算紧急制动距离来试凑，如果用手工计算，不但工作量大，而且相当复杂烦琐。为了应用方便，事先用计算机将平道、各种下坡道的坡度千分数、各种换算制动率的制动限速求出来，并列成表格的形式，即编成"列车紧急制动限速表"。

根据不同种类的列车类型（编组）及停车与制动类型，可以从《技规》中查阅相关的规定值。表 5-10 是《技规》货物列车紧急制动限速表，表 5-11 是《技规》旅客列车紧急制动限速表。

120km/h 货物列车制动限速表（单位：km/h）　　表 5-10

（计算制动距离 1400m，高摩合成闸瓦）

下坡道千分数(‰)	每百吨列车重量（机车除外）的换算闸瓦压力(kN)						
	140	150	160	170	180	190	200
0	120						
1	119						
2	118						
3	117						
4	115	119					
5	114	118					
6	113	117					
7	112	116	119				
8	110	114	118				
9	109	113	117				
10	108	112	116	119			
11	106	110	114	117			
12	105	109	113	116			
13	104	108	112	115			
14	102	106	110	114	117		
15	101	105	109	113	116		

续上表

下坡道千分数(‰)	每百吨列车重量(机车除外)的换算闸瓦压力(kN)						
	140	150	160	170	180	190	200
16	100	104	108	112	115		
17	98	102	106	110	114		
18	97	101	105	109	113	116	
19	96	100	104	108	112	115	
20	95	99	103	107	111	114	117

注:1. 普通货物列车最高速度为120km/h时,每百吨列车重量按高摩合成闸瓦换算闸瓦压力不得低于150kN。

2. 由于制动热负荷限制,最高速度不超过120km/h。

3. 本表中的闸瓦压力为按照高摩合成闸瓦的换算闸瓦压力。

160km/h旅客列车制动限速表(单位:km/h) 表5-11

(计算制动距离1400m,盘式制动)

下坡道千分数(‰)	每百吨列车重量的换算闸瓦压力(kN)								
	230	240	250	260	270	280	290	300	310
0	155	158	160						
1	154	157	159						
2	153	156	159						
3	152	155	158	160					
4	151	154	157	159					
5	150	153	156	159					
6	149	152	155	158	160				
7	148	151	154	157	159				
8	147	150	153	156	159				
9	146	149	152	155	158	160			
10	146	149	152	155	157	159			
11	145	148	151	154	156	159			
12	144	147	150	153	155	158	160		
13	143	146	149	152	155	157	159		
14	142	145	148	151	154	156	158		
15	141	144	147	150	153	155	157	160	
16	140	143	146	149	152	154	157	159	
17	139	142	145	148	151	154	156	159	
18	138	141	144	147	150	153	155	158	160
19	137	140	143	146	149	152	154	157	159
20	137	140	143	146	149	151	153	156	158

注:1. 新型客车(盘式制动)每百吨列车重量按高摩合成闸片换算闸瓦压力应在275kN以上。

2. 对于超过20‰的下坡道,列车制动限速由铁路局根据实际试验规定。

3. 本表每百吨列车重量的换算闸瓦压力计算包括机车。

4. 本表也适用于特快货物班列。

2. 紧急制动限速表的使用

(1) 列车紧急制动限速表中,上方为每百吨列车质量的换算闸瓦压力。

(2) 根据列车紧急制动限速表,在线路加算坡度和列车换算制动率都已知的条件下,可以方便地从表中查出该下坡道真正的制动限速。例如,已知货物列车采用高摩合成闸瓦,计算制动距离为1400m,加算坡度 $i_j = -10‰$,每百吨列车质量的换算闸瓦压力为150kN,从表5-10即可查到紧急制动限速为112km/h。

(3) 根据列车紧急制动限速表,在线路加算坡度和列车最高运行速度都已知的条件下,也可以方便地从表中查出在该下坡道至少必须有多大的制动率。例如,已知货物列车采用高摩合成闸瓦,计算制动距离为1400m,加算坡度 $i_j = -15‰$,$v_0 = 105$km/h,从表5-10即可查到该列车至少必需的每百吨列车质量的换算闸瓦压力为150kN。

(4) 有些资料中也列有客、货列车的制动限速表,它与《技规》中的制动限速表的作用是一致的,但有两个不同之处:

① 制动能力的表达形式不同。有些资料中是用每百千牛列车重量的换算闸瓦压力来表示,而《技规》是用每百吨列车质量的换算闸瓦压力来表示。这样,后者是前者的10倍(近似)。

② 编制的依据不同。《技规》中列车制动限速表完全是根据紧急制动限速编制的,没有考虑常用制动限速。因此,没有列入 -20‰ 以上的下坡度,对于超过 -20‰ 的下坡度,要求铁路局根据实际试验规定。其实只要考虑了常用制动限速,超过 -20‰ 的下坡道也可以从理论上计算出来。我国铁路最大的坡道在京张铁路关沟段,其 $i_j = -33‰$,因此,有些资料解算可达 -34‰。

习题

1. 简述紧急制动限速表的用途。

2. 为什么列车制动过程要分成假定的"空走过程"和"有效制动过程"两部分?在什么条件下该假设是成立的?

3. "等效法"的实质是什么?"等效值" w_s 和 φ_s 是根据什么条件得到的?

4. 有效制动距离如何计算?

5. 列车制动问题的要素有哪些?

6. 有效制动距离计算如何简化?其计算精度如何?

7. SS_1 型电力机车牵引标记载重50t的车辆(自重15t,长13m,滚动轴承,GK制动机,列车管定压500kPa)45辆,其中5辆空车,全部采用铸铁闸瓦,每辆重、空车换算闸瓦压力分别为250kN、160kN。在 -10‰、-20‰、-30‰ 坡道,速度80km/h时施行紧急制动,求有效制动距离和总的紧急制动距离。

第6章 牵引质量的确定

牵引质量是车列的自重与载重之和,也称为车列总重或牵引总重。牵引质量和运行速度是铁路运输工作中两个最重要的指标。它们标志着铁路生产能力和科学技术的发展水平,决定着铁路的通过能力和运输成本。正确地确定牵引质量和运行速度对国民经济的发展具有重要意义。最合理的牵引质量和运行速度,必须根据机车类型和线路平纵断面并结合各种技术设备因素进行详细的技术经济比较来确定。本章主要介绍限制牵引质量的因素、牵引质量的计算及验算方法、牵引定数的确定原则及方法。

第1节 概　　述

在机车车辆和线路条件不变的情况下,牵引质量和运行速度相互影响。牵引质量增加,列车运行速度自然降低。列车运行速度要想提高,则牵引质量必须减少。最合理的牵引质量和运行速度的确定,与许多技术因素和经济因素有关,这里所讨论的内容,仅是根据机车车辆的性能和线路条件,从技术上计算或验算牵引质量的方法。

从技术上讲,除机车功率外,限制牵引质量的因素还有:
(1)"限制坡道"的加算坡度(限制坡度);
(2)平直道上达到最高运行速度时的保有加速度(或称剩余加速度);
(3)起动地段的加算坡度;
(4)小半径曲线的"黏降";
(5)车站到发线的有效长度;
(6)"动能闯坡"的坡顶速度;
(7)长大下坡道列车缓解充气时间和制动空走时间;
(8)内燃机车通过长大隧道的最低限速。

上述前5项可较简单地直接求出一个牵引质量的数值,后3项比较复杂,通常只用作验算。实际上,如果牵引质量为已知数,则按以上因素进行的计算均为验算。如果牵引质量为未知数,则可先按前5项中任一项计算出一个牵引质量,再进行其他7个因素的验算。其中有些因素明显地不起限制作用或根本不存在,则可不必计算或验算。

在牵引质量验算中如有任一项不合格,则应降低牵引质量或采取其他相应的技术措施。

第2节 牵引质量的计算

一、按限制坡度计算

"限制坡道"是指某个区间或区段内对牵引质量起限制作用的坡道。例如,区间或区段

第6章 牵引质量的确定

内坡度大而长的上坡道,列车进入这个坡道后,由于坡道阻力很大,速度将连续下降,直至机车计算速度 v_j,列车仍未驶出这个坡道。此时,如果速度仍继续下降,则表明牵引质量太大,因为列车以低于 v_j 的速度运行是不合理的,甚至可能导致"坡停事故"。如果列车能保持 v_j 匀速运行出坡,则表明牵引质量正合适,此时作用于列车上的合力为0,即

$$\sum_{k=1}^{l} [F_j]_k \cdot \lambda_y = \left[\sum_{k=1}^{l} (P_k \cdot [w_0']_k) + \sum_{k=1}^{l} P_k \cdot i_x + G \cdot (w_0'' + i_x) \right] \cdot g \cdot 10^{-3} \quad (6\text{-}1)$$

式中:l——机车数量;

F_j——机车计算牵引力,kN;

λ_y——牵引力使用系数,取0.9;

P——机车计算质量,t;

w_0'、w_0''——计算速度下的机车、车辆单位基本阻力,N/kN;

i_x——限制坡道的加算坡度千分数;

G——牵引质量,t;

g——重力加速度,取 9.81m/s^2。

由此可得按限制坡道和机车计算速度计算牵引质量的公式为:

$$G = \frac{\sum_{k=1}^{l} [F_j]_k \cdot \lambda_y - \sum_{k=1}^{l} [P_k \cdot ([w_0']_k + i_x)] \cdot g \cdot 10^{-3}}{(w_0'' + i_x) \cdot g \cdot 10^{-3}} \quad (\text{t}) \quad (6\text{-}2)$$

在限制坡道上要保证列车不低于机车计算速度运行。区间或区段内坡度最大的上坡道并不一定是限制坡道,如果这个上坡道并不很长,列车在驶入此坡道前已经具有较高速度,进入此坡道后速度尚未降至计算速度,则此坡道不一定是限制坡道。当坡道陡而长,或虽不太长,但坡前线路纵断面困难,或靠近车站,或有限速地点时,列车不能依靠动能闯过坡道全长,最后以等速运行通过,这种坡道就是限制坡道。坡前具有提高列车速度的有利条件,列车可以利用动能闯坡,速度渐减但最后不低于机车计算速度通过坡道全长称为动能坡道。

多机牵引和补机推送进行牵引质量计算时,机车计算质量应为各机车计算质量总和,机车计算牵引力应按各种机车计算标准的规定分别进行计算和叠加。

计算所得的牵引质量应按规定化整为10的整数倍,不足10者舍去。

【例6-1】 计算 DF_{4B}(货)型内燃机车在 $10‰$ 限制坡道上的货物列车(车辆全部是重货车)的牵引质量。

解:DF_{4B}(货)型内燃机 $P = 138\text{t}$,$v_j = 21.8\text{km/h}$,$F_j = 313\text{kN}$。

机车的单位基本阻力:$w_0' = 2.28 + 0.0293v + 0.000178v^2$
$$= 2.28 + 0.0293 \times 21.8 + 0.000178 \times 21.8^2$$
$$= 3.0(\text{N/kN})$$

重货车的单位基本阻力:$w_0'' = 0.92 + 0.0048v + 0.000125v^2$
$$= 0.92 + 0.0048 \times 21.8 + 0.000125 \times 21.8^2$$
$$= 1.08(\text{N/kN})$$

$$G = \frac{\sum_{k=1}^{l} [F_j]_k \cdot \lambda_y - \sum_{k=1}^{l} [P_k \cdot ([w_0']_k + i_x)] \cdot g \cdot 10^{-3}}{(w_0'' + i_x) \cdot g \cdot 10^{-3}}$$

$$= \frac{313 \times 0.9 - 138 \times (3.0 + 10) \times 9.81 \times 10^{-3}}{(1.08 + 10) \times 9.81 \times 10^{-3}}$$

$$= 2429.7 \approx 2420 \text{ (t)}$$

二、按平直道最高运行速度下的保有加速度计算

为了能在平直道较快地达到最高运行速度,必须使机车在接近和达到最高运行速度时仍有相当的余力,即仍有一定的加速度(尽管不需要它超过最高运行速度)。此时,牵引质量按式(6-3)计算。

$$G = \frac{\sum_{k=1}^{l}[F_g]_k - \sum_{k=1}^{l}(P_k \cdot [w_0']_k) \cdot g \cdot 10^{-3} - \sum_{k=1}^{l}P_k(1+\gamma) \cdot a}{w_0'' \cdot g \cdot 10^{-3} + (1+\gamma) \cdot a} \quad \text{(t)} \quad (6\text{-}3)$$

式中:l——机车数量;

F_g——列车最高运行速度时的机车牵引力,kN;

γ——机车车辆回转质量系数,$\gamma = 0.06$;

a——列车保有加速度,m/s^2,旅客列车 $a \geq 0.030 m/s^2$,货物列车 $a \geq 0.010 m/s^2$。

三、按起动地段的坡度计算

列车在起动时,机车车辆处于由静态到动态的转变过程,与运行中有着很大差别,故起动时的基本阻力不同于运行中的基本阻力。机车、车辆停留时,轴颈与轴承之间的润滑油被挤出,油膜减薄;同时,轴箱温度降低,油的黏度增大,故起动时轴颈与轴承的摩擦阻力增大。另外,车轮在停留中更深地压入钢轨,起动时车轮需从钢轨凹处抬起,从而增大了阻力。因此,列车起动时的基本阻力要比列车运行中大得多。此外,列车起动时,要求有较大的加速力以克服列车的惯性,使列车由静止状态转变为运动状态并尽快加速。这个列车静态惯性力也包括在列车起动时的基本阻力之中,这也是起动阻力增大的又一个原因。

综合试验结果,单位起动基本阻力的取值规定如下:

(1)机车单位起动基本阻力 w_q'

电力机车和内燃机车 w_q' 值均取 5N/kN。

(2)货车单位起动基本阻力 w_q''

《列车牵引计算 第1部分:机车牵引式列车》(TB/T 1407.1—2018)规定,货物列车的单位起动基本阻力按式(6-4)计算。

$$w_q'' = 3.5 \quad \text{(N/kN)} \quad (6\text{-}4)$$

应当指出的是,上述单位起动基本阻力的取值是在牵引计算中按起动地段的坡度计算牵引质量或校验列车能否在停车地点起动时应用的。在解算列车运行时分时,在列车运行速度低于 10km/h 的时候,仍按 10km/h 的列车单位基本阻力计算。

起动时的列车总阻力为:

$$W_q = \left[\sum_{k=1}^{l}(P_k \cdot [w_q']_k) + G \cdot w_q'' + \left(\sum_{k=1}^{l}P_k + G\right) \cdot i_q\right] \cdot g \cdot 10^{-3} \quad \text{(kN)} \quad (6\text{-}5)$$

为了使列车在车站停车后能够再起动,应计算在区段内最困难车站能够起动的牵引质

量。列车最大的起动牵引质量,可以根据机车的起动牵引力 F_q 等于列车起动总阻力 W_q 的条件求得。即能起动的牵引质量为:

$$G_q = \frac{\sum_{k=1}^{l}[F_q]_k \cdot \lambda_y - \left[\sum_{k=1}^{l}(P_k \cdot [w'_q]_k) + \sum_{k=1}^{l}P_k \cdot i_q\right] \cdot g \cdot 10^{-3}}{(w''_q + i_q) \cdot g \cdot 10^{-3}} \quad (\text{t}) \quad (6\text{-}6)$$

式中:l——机车数量;

F_q——机车的计算起动牵引力,kN;

λ_y——牵引力使用系数,取 0.9;

w'_q、w''_q——机车、车辆单位起动基本阻力,N/kN;

i_q——起动地段的加算坡度千分数。

若 $G_q > G$(已知值),则列车不受起动条件限制。否则,牵引质量应取 G_q 或采取列车在该站不停车的办法。

【例 6-2】 计算 DF_{4B}(货)型内燃机车牵引的货物列车(车辆全部是重货车)在 10‰的加算坡道上的起动牵引质量。

解:DF_{4B}(货)型内燃机 $P = 138$t,$F_q = 442.2$kN。

$$G_q = \frac{\sum_{k=1}^{l}[F_q]_k \cdot \lambda_y - \left[\sum_{k=1}^{l}(P_k \cdot [w'_q]_k) + \sum_{k=1}^{l}P_k \cdot i_q\right] \cdot g \cdot 10^{-3}}{(w''_q + i_q) \cdot g \cdot 10^{-3}}$$

$$= \frac{442.2 \times 0.9 - 138 \times (5+10) \times 9.81 \times 10^{-3}}{(3.5+10) \times 9.81 \times 10^{-3}}$$

$$= 2851.8(\text{t}) \approx 2850\text{t}$$

四、按小半径曲线"黏降"计算

在小半径曲线上,机车黏着系数要降低。随着机车黏着系数的降低,机车黏着牵引力将减小。当黏降后的黏着牵引力小于机车的计算牵引力,而且,小半径曲线所在的坡道又是坡度较大的上坡道时,牵引质量可能受到黏降的限制。受黏降限制的牵引质量按式(6-7)计算。

$$G_{\mu r} = \frac{\sum_{k=1}^{l}[F_{\mu r}]_k - \left[\sum_{k=1}^{l}(P_k \cdot [w'_0]_k) + \sum_{k=1}^{l}P_k \cdot i_j\right] \cdot g \cdot 10^{-3}}{(w''_0 + i_j) \cdot g \cdot 10^{-3}} \quad (\text{t}) \quad (6\text{-}7)$$

式中:l——机车数量;

$F_{\mu r}$——黏降后的机车牵引力,kN;

w'_0、w''_0——计算速度下的机车、车辆单位基本阻力,N/kN;

i_j——小半径曲线地段的加算坡度千分数。

若 $G_{\mu r} > G$(已知值),则牵引质量不受黏降限制。否则,牵引质量应取 $G_{\mu r}$。

五、按车站到发线有效长计算

车站到发线有效长对列车长度有限制作用。列车如果太长,则在到发线上停留时,其端部可能超出警冲标,与邻线列车发生侧面冲突。所以,列车长度不得超过区段内最短到发线有效长减去 30m 附加制动距离后的长度。

按区段内最短到发线有效长计算的最大牵引质量为：

$$G_e = G_c \frac{L_e - \sum_{k=1}^{l}[L_j]_k - 30}{L_c} \quad (\text{t}) \tag{6-8}$$

式中：l——机车数量；

G_c——每辆货车的平均总重，t；

L_e——车站到发线有效长，m；

L_j——机车长度，m；

L_c——每辆货车的平均长度，m。

若 $G_e > G$（已知值），则列车长度不受到发线有效长限制。否则，牵引质量应取 G_e，或规定在该站禁止该列车停车会让。

第3节 牵引质量的验算

一、按"动能闯坡"验算

前已述及，某个区间或区段内坡度最大的上坡道不一定是限制坡道。但是，按另一个较大的坡度计算所得的牵引质量，列车通过此坡度最大的上坡道时能否以不低于 v_j 的速度闯过坡顶，还需要进行"闯坡验算"。

图 6-1 中第 4 个坡段为需要进行动能闯坡验算的坡道，通常简称为"动能坡道"。假设按另一个较大坡度算得的牵引质量为 G_3，闯坡结果是坡顶速度 $v_3 < v_j$。这说明牵引质量取得太大。再取牵引质量 $G_1(<G_3)$，进行闯坡验算，结果是坡顶速度 v_1 远远高于 v_j。这说明牵引质量又取得太小了。最后取牵引质量 $G_2(G_3 > G_2 > G_1)$，进行第三次闯坡验算，得坡顶速度 v_2，仍高于 v_j。这时，由三次验算的牵引质量及相应的坡顶速度，可作出图 6-1 右侧的 $v = f(G)$ 曲线。在该曲线上可找出坡顶速度为机车计算速度时的牵引质量 G。

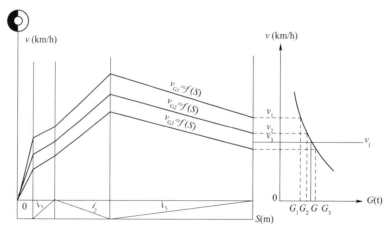

图 6-1 闯坡计算示意图

由此可见,动能闯坡的首要条件是坡前要有较高的速度,即具有较多的动能。这就需要在"动能闯坡"以前的线路纵断面有提高速度的条件。例如,离车站起动地点较远,没有限速地段,线路比较平直或有连续下坡道等。

二、按长大下坡道缓解充气时间及制动空走时间验算

列车在长大下坡道运行时,坡道附加阻力变成了坡道下滑力,而且远远大于列车其他阻力,列车的运行速度将迅速升高。为了使列车速度不超过规定限速,对于没有动力制动的机车,通常采用空气制动的周期制动调速。周期制动调速即制动、缓解、再制动、再缓解,直至驶出长大下坡道。如果坡道很陡或者牵引质量很大,即使有动力制动,也需要空气制动的周期制动相配合。

施行周期制动时,每次制动前,全列车各车辆副风缸的空气压强都必须恢复到规定值。这个过程所需要的时间,称为(缓解)充气时间 t_c。同时,列车施行制动时还有一个(制动)空走时间 t_k。为了保证行车安全,列车缓解后速度上升到该坡道限制速度时所经过的增速时间 t_z 应大于上述这两个时间之和,即

$$t_z > t_c + t_k \tag{6-9}$$

充气时间 t_c 与制动机类型、列车管减压量 r 和牵引量数 n 有关。图 6-2 是《列车牵引计算 第 1 部分:机车牵引式列车》(TB/T 1407.1—2018)中货物列车制动机列车管定压分别为 500kPa 和 600kPa 时的副风缸再充气时间曲线。图中曲线上的数字为减压量 r,一般取 $r = 80$kPa。增速时间 t_z 按分段累计法计算,见式(6-10)。

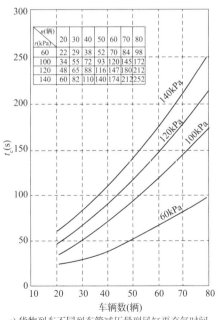 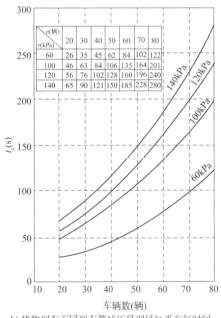

a) 货物列车不同列车管减压量副风缸再充气时间
(列车管空气压力500kPa)

b) 货物列车不同列车管减压量副风缸再充气时间
(列车管空气压力600kPa)

图 6-2 货物列车充气时间曲线

$$t_z = \sum_{k=1}^{l} \frac{30(v_k - v_{k+1})}{-[(w_0)_k + i_j]} \quad (s) \tag{6-10}$$

式中：l——速度间隔数；

v_k、v_{k+1}——速度间隔内的初速度、末速度，km/h，第一个间隔的初速度为限速，最后一个间隔的末速度可取为10km/h；

w_0——速度间隔内对应平均速度的列车运行时的单位基本阻力，N/kN；

i_j——加算坡度千分数。

如果计算结果不能满足要求，用试凑法确定牵引质量。步骤如下：

(1) 选择三个牵引质量，分别求出相应的牵引辆数 n_1、n_2、n_3。

(2) 求出三个牵引质量相应的增速时间 t_{z1}、t_{z2}、t_{z3}。

(3) 求出三个牵引辆数的充气时间与空走时间之和 $t_{c1} + t_{k1}$、$t_{c2} + t_{k2}$、$t_{c3} + t_{k3}$。

(4) 绘制 $t_z = f(n)$ 和 $t_c + t_k = f(n)$ 曲线，如图6-3所示。由这两条曲线的交点所对应的横坐标，可找出该长大下坡道上受制动条件限制的最大牵引辆数 n_{max} 和最大牵引质量 G_{max}。

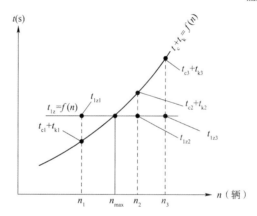

图6-3　试凑法确定牵引质量

三、按内燃机车隧道最低限速验算

内燃机车通过隧道时所排出的高温燃气对乘务员正常作业和身体健康有很大影响。因此，《列车牵引计算 第1部分：机车牵引式列车》（TB/T 1407.1—2018）对内燃机车通过长隧道规定了最低限速：内燃机车通过长度1000m以上隧道的最低速度不得低于 $v_c + 5$（km/h）。

第4节　牵引定数的确定

为了减少直通货物列车在区段站或编组站的改编作业，提高铁路运输能力，加速车辆周转，需要对一条或几条线路同方向的牵引质量作一个统一的规定，称作确定牵引定数。牵引定数就是列车牵引区段的标准牵引质量。

牵引质量和运行速度的确定是一个综合性的技术经济问题，影响的因素很多。这里仅讨论如何分析线路纵断面和绘制吨-公里图，如何采取技术措施，统一区段内的牵引质量，为确定更大范围的牵引定数提供基本资料。

一、确定区间限制坡道,计算区间牵引质量

分析区段内各区间线路纵断面的实质是在充分发挥机车功率和列车动能的情况下,确定限制坡道,计算牵引质量,现举例说明。设 AG 区段共有 6 个区间,见图 6-4 的线路纵断面。

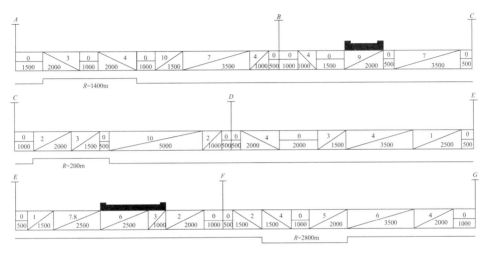

图 6-4 线路纵断面

AB 区间:最大上坡道的坡度为 10‰,但其长度只有 1500m,而且其坡前有下坡和平道,线路条件并不困难,列车可以动能闯坡。区间内次陡上坡道的坡度为 7‰,长度为 3500m,该坡道紧接 10‰ 的动能坡道后,速度已经降低,故可认为坡度为 7‰ 的坡道就是限制坡道。

BC 区间:最大上坡道的坡度为 9‰,长度为 2000m,但其坡前条件较好,可以认为是动能坡道。次陡的 7‰ 上坡道较长,而且列车闯过坡度为 9‰ 坡道后速度已降低,虽然它前方有一平道,但长度只有 500m,列车速度来不及提高,所以坡度为 7‰ 的坡道即为限制坡道。

CD 区间:该区间的限制坡道的坡度为 10‰,因为列车出 C 站后就有 7‰ 和 3‰ 两个上坡道。其后虽有一平道,但长度只有 500m,列车速度达不到可以动能闯坡通过坡度为 10‰ 坡道的程度。

用同样的分析方法,可确定 DE、EF、FG 区间的限制坡道分别为 4‰、7.8‰、6‰。

二、绘制吨-公里图

根据各区间的限制坡道,以及给定的牵引动力可计算各区间相应的牵引质量,设计算结果为:AB 区间 3500t、BC 区间 3500t、CD 区间 2600t、DE 区间 5000t、EF 区间 3300t、FG 区间 4000t。吨-公里图(G-S 图)是以区间长度 S 为横坐标、牵引质量 G 为纵坐标绘制的,每一区间的吨-公里图为一矩形。其面积表示机车在该区间完成的运输工作量(吨公里)。由图 6-5 可见,在 AG 区段中,各区间的牵引质量是不同的。但是,实际上列车不可能在每个区间变更牵引质量。因此,必须在整个区段确定一个统一的牵引质量,即牵引定数。

牵引定数应在分析吨-公里图的基础上确定。例如,AG 整个区段的牵引质量以 CD 区间

为最低,若取该区间的牵引质量 2600t 作为牵引定数,虽可不采取任何措施而顺利地通过全区段,但所有其他区间的运输能力都不能充分发挥,如果取 DE 区间、FG 区间的牵引质量 5000t、4000t 作为牵引定数,则因为多数区间都无法通过,亦不合适。因此,统筹兼顾,选定牵引质量 3500t 为牵引定数最为理想。但对区间 CD 和 EF 必须采取措施。

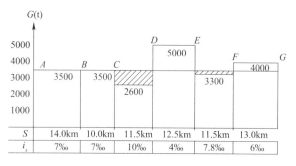

图 6-5 吨-公里图

三、制定牵引定数的原则

对于牵引质量低于牵引定数的区间,应根据受限制条件的不同,有针对性地采取下列某一措施或某些措施:

(1)在某些车站不停车。如上例中 EF 区间的牵引质量只有 3300t,其受限制的原因是列车在 E 站起动后,速度尚未充分提高,即进入坡度为 7.8‰ 的限制坡道。所以,如果在 E 站不停车,则列车可以用动能闯坡方式通过坡度为 7.8‰ 的坡道。此时,该区间限制坡道的坡度变为 6‰,其相应的牵引质量为 4000t。

(2)在某些地点停车。例如,长大下坡道的牵引质量受到闸瓦或车轮因长时间制动而过热的限制时,即可采取停车降温措施。

(3)短时间提高机车牵引力。

(4)困难区间使用大功率机车牵引。

(5)双机牵引或补机推送。对于线路比较困难的区间,可以采用此种办法解决。如京包线的南口—康庄区间,由于线路最大坡度高达 33‰,所以必须采用双机牵引或补机推进。

在确定几个相连的区段或者同一方向几条线路的牵引定数时,还需要考虑下列问题:

(1)相邻区段或邻接线路的牵引定数应尽量统一,否则应考虑区段站或枢纽编组站改编列车的能力。如果区段站或枢纽编组站不能胜任每次列车的改编作业,那么就应选定较小的牵引定数。

(2)确定牵引定数应同时考虑上、下行列车对数的平衡及空、重车流向合理安排等问题,还要考虑整个区段或线路的运输任务和通过能力。

(3)确定牵引定数,除进行一系列计算和校验外,还需进行列车运行试验,并吸取先进工作人员的经验和技术,以求牵引定数和技术速度的不断提高。

区段牵引定数应根据计算的牵引质量,结合具体情况及运输要求,在列车运行图中确定。因严寒或季节性大风影响运输秩序时,允许将牵引定数降低 10%~20%。但是区间运行时间及机车用电、燃油、煤等消耗量按原定指标不变。

习题

1. 简述限制牵引质量的因素。
2. 在线路的某一区段,限制坡道是如何确定的?
3. 如何利用保有加速度确定牵引质量?
4. 牵引质量的校验受哪些条件的限制?若不符合,应采取什么措施?
5. 统一牵引质量的方法包括哪些?
6. 在坡度为 10‰ 的限制坡道上,利用 2 台 SS_4 型电力机车重联牵引重货物列车,牵引力使用系数为 0.9,求最大允许的牵引质量。

第7章 列车运行能耗计算及节能技术

能量消耗是列车运行计算的重要内容,也是评价机车操纵方案的一个方面。不同的机车/动车牵引策略导致的列车运行能量消耗是不同的,虽然某一列车的能量消耗可能差异不大,但对于众多列车长期运行的过程来说,能量的节约是值得重点关注的。机车能耗的计算与其牵引类型相关,本章就不同类型的机车阐述了能量消耗的主要计算方法,并介绍列车运行节能技术。

第1节 内燃机车燃油消耗量计算

内燃机车能量消耗的计算是以机车耗油量为基础的。内燃机车燃油消耗量通常按照牵引工况和非牵引工况分别进行计算,非牵引工况包括:惰行、空气制动、停站等柴油机空转的工况,以及电阻制动的工况。区段内的燃油消耗计算公式如下:

$$\begin{aligned} E &= E_y + E_0 + E_d + E_t \\ &= \sum_{i=1}^{n}([e_y]_i \cdot [\Delta t_y]_i) + \sum_{j=1}^{m}([e_0]_j \cdot [\Delta t_0]_j) + \\ &\quad \sum_{k=1}^{l}([e_d]_k \cdot [\Delta t_d]_k) + E_t \quad (\text{kg}) \end{aligned} \quad (7\text{-}1)$$

式中:E_y——牵引工况燃油消耗量,kg;

E_0——惰行、空气制动及停站工况燃油消耗量,按柴油机最低空转燃油消耗量计算,kg;

E_d——电阻制动工况燃油消耗量,kg;

E_t——出入段及途中调车作业燃油消耗量,由用户查定,kg;

e_y——对应一定工况(手柄位或柴油机转速)的单位时间燃油消耗量,kg/min,其值由各型内燃机车牵引计算数据表查出,如表7-1、表7-2分别为DF_4(货)型、DF_{4B}(货)型内燃机车牵引运行燃油消耗量表;

e_0——柴油机最低空转的单位时间燃油消耗量,kg/min,其值由各型内燃机车牵引计算数据表查出;

e_d——电阻制动的单位时间燃油消耗量,kg/min,其值由各型内燃机车牵引计算数据表查出;

Δt_y——牵引工况的运行时分,min;

Δt_0——惰行、空气制动、停站等柴油机空转工况的运行时分,min;

Δt_d——电阻制动工况的运行时分,min。

为便于对担当不同交路、牵引不同质量的货运内燃机车进行评比考核及制定统一的燃料消费定额,还需要计算出每万吨公里的燃油消耗量,内燃机车每万吨公里计的燃油消耗量e,按式(7-2)计算。

DF$_4$(货)型内燃机车牵引运行燃油消耗量e_y(单位:kg/min) 表7-1

手柄位/柴油机转速	8	12	15	16
牵引运行燃油消耗量e_y	3.00	5.27	7.29	8.33

DF$_{4B}$(货)型内燃机车牵引运行燃油消耗量e_y(单位:kg/min) 表7-2

手柄位/柴油机转速	696	848	962	1000
牵引运行燃油消耗量e_y	2.48	5.25	7.61	8.48

$$e = \frac{E \cdot 10^4}{G \cdot L} \tag{7-2}$$

式中:G——牵引质量,t。

计算内燃机车燃油消耗量时一般采用列表的形式逐项填表计算,表格样式见表7-3。

内燃机车燃油消耗量计算表 表7-3

坡段序号	运行工况	运行速度(km/h)			牵引工况			惰行和空气制动工况			电阻制动工况			区段燃油消耗量E(kg)
		v_1	v_2	v_p	Δt_y(min)	e_y(kg/min)	E_y(kg)	Δt_0(min)	e_0(kg/min)	E_0(kg)	Δt_d(min)	e_d(kg/min)	E_d(kg)	

计算内燃机车燃油消耗量时应注意以下几点:

(1)牵引运行的单位时间燃油消耗量e_y,应根据手柄位或柴油机转速查表(表7-1、表7-2)取算。

(2)惰行、空气制动及停站的单位时间燃油消耗量e_0按柴油机最低空转的单位时间燃油消耗量取算,见表7-4。

内燃机车柴油机最低空转单位时间燃油消耗量e_0(单位:kg/min) 表7-4

机车类型	DF$_4$(货)型	DF$_{4B}$(货)型	DF$_{4C}$(货)型	DF$_8$型	DF$_{11}$型	ND$_5$型	HXN$_3$型
最低空转燃油消耗量e_0	0.35	0.35	0.37	0.37	0.37	0.19	0.25

注:DF$_{4B}$(货)型与DF$_{4C}$(货)型是柴油机转速430r/min,DF$_8$型与DF$_{11}$型是柴油机转速400r/min。

(3)电阻制动的单位时间燃油消耗量e_d取值见表7-5。

内燃机车电阻制动单位时间燃油消耗量e_d(单位:kg/min) 表7-5

机车类型	DF$_{4B}$(货)型	DF$_{4C}$(货)型	DF$_8$型	DF$_{8B}$型	DF$_{11}$型	DF$_{10F}$型
柴油机转速(r/min)	848	848	840	845	840	840
电阻制动燃油消耗量e_d	0.97	0.97	1.15	1.24	1.24	1.57

(4)机车在高温地区、高原地区采用修正后的牵引力F时,单位时间燃油消耗量e_y也要

按照相应的系数进行修正。随周围空气温度的修正系数 λ_{he} 见表 7-6,随海拔的修正系数 λ_{pe} 见表 7-7。

内燃机车燃油消耗量随周围空气温度的修正系数 λ_{he}　　表 7-6

车型	周围空气温度 t_h(℃)					
	30	32	34	36	38	40
DF_4(货、客)型	0.980	0.956	0.932	0.906	0.882	0.856
DF_{4B}(货、客)型	1.000	0.975	0.949	0.924	0.898	0.875
DF_{4C}(货)型	1.000	1.002	1.005	1.007	0.999	0.968
DF_8 型及 DF_{11} 型	1.000	1.002	1.004	1.006	1.008	1.010

内燃机车燃油消耗量随海拔的修正系数 λ_{pe}　　表 7-7

车型		海拔(m)									
		700	1000	1500	2000	2500	3000	3500	4000	4500	5100
DF_4(货、客)型		1.000	1.001	0.945	0.875	0.804	0.732	0.657	0.582	—	—
DF_{4B}(货、客)型	45GP802-A 增压器	1.000	0.968	0.915	—	—	—	—	—	—	—
	ZN310 增压器	—	—	0.918	0.858	0.798	0.740	0.675	0.615	—	—
DF_{7D} 型		1.000	0.994	0.956	0.917	0.879	0.840	—	—	—	—
DF_{11} 型	VTC254-13G 增压器	1.000	1.001	1.002	1.003	0.978	0.937	0.895	0.854	—	—
	ZN310-LSA4 增压器	1.000	1.001	1.002	0.994	0.955	0.915	0.876	0.836	—	—
DF_{8B}(高原)型		—	—	—	—	1.000	0.979	0.936	0.892	0.847	0.792
NJ_2 型		—	—	—	—	1.000 (2828m)	0.999	0.996	0.992	0.965	0.924

第 2 节　电力机车耗电量计算

对电力机车来说,能量消耗是以机车消耗的电流为基础的。电力机车区段耗电量 Q 按照直流电力机车区段耗电量 Q_1 和交流电力机车区段耗电量 Q_2 分别计算。

直流电力机车区段耗电量 Q_1 按照牵引运行耗电量 Q_y,惰行、空气制动及停站耗电量 Q_0,出入段及途中调车作业耗电量 Q_t 以及电阻制动耗电量 Q_d 四部分进行计算。

$$Q = Q_y + Q_0 + Q_t + Q_d \tag{7-3}$$

交流电力机车区段耗电量 Q_1 按牵引运行耗电量 Q_y,惰行、空气制动及停站耗电量 Q_0,出入段及途中调车作业耗电量 Q_t 以及再生制动发电量 Q_z 四部分进行计算。

$$Q = Q_y + Q_0 + Q_t - Q_z \tag{7-4}$$

1. 牵引运行耗电量

$$Q_y = \frac{U_w \cdot \sum_{i=1}^{n}([I_p]_i \cdot [\Delta t_y]_i)}{60} \quad (kW \cdot h) \tag{7-5}$$

式中:U_w——受电弓处网压,kV;

I_p——平均有功电流,A,其值由各型电力机车有功电流曲线图或牵引计算数据表查出,如图 7-1、图 7-2 分别为 SS_1 型、SS_3 型电力机车有功电流曲线图;

Δt_y——机车牵引运行时间,min。

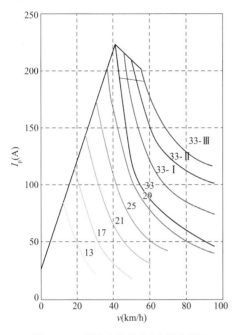 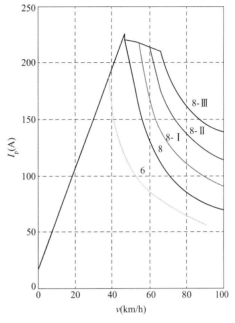

图 7-1　SS_1 型电力机车有功电流曲线图　　　　图 7-2　SS_3 型电力机车有功电流曲线图

按"有功电流"求电力机车牵引运行耗电量时,可以采用列表的形式逐项填表计算,表格样式见表 7-8。

按"有功电流"求电力机车牵引运行耗电量计算表　　表 7-8

速度间隔序号	操纵方式	初速度 v_1 (km/h)	末速度 v_2 (km/h)	平均速度 v_p (km/h)	运行时间 Δt (min)	平均有功电流 I_p (A)	$I_p \cdot \Delta t$ (A·min)

2. 惰行、空气制动及停站耗电量

电力机车的惰行、空气制动及停站耗电量 Q_0,按式(7-6)计算。

$$Q_0 = \frac{U_w \cdot I_{P0} \cdot \sum_{i=1}^{n} [\Delta t_0]_i}{60} \tag{7-6}$$

式中:I_{P0}——惰行、空气制动及停站时,机车自用电有功电流,取 2A;

Δt_0——惰行、空气制动及停站时间,min。

3. 出入段及途中调车作业耗电量

电力机车出入段及途中调车作业耗电量 Q_t,按下列规定计算:

(1)出入段每小时 100kW·h。

(2)途中调车作业每小时 250kW·h。

4. 电阻制动耗电量

直流电力机车的电阻制动耗电量 Q_d，按式(7-7)计算。

$$Q_d = \frac{U_w \cdot I_{Pd} \cdot \sum_{i=1}^{n}[\Delta t_d]_i}{60} \tag{7-7}$$

式中：I_{Pd}——电阻制动时，机车自用电有功电流，取 10A；

Δt_d——电阻制动时间，min。

5. 再生制动发电量

交流传动电力机车再生制动发电量 Q_z，按式(7-8)计算。

$$Q_z = \frac{U_w \cdot \sum_{i=1}^{n}([I_z]_i \cdot [\Delta t_z]_i)}{60} \tag{7-8}$$

式中：I_z——再生制动发电有功电流，其值略型电力机车再生制动发电有功电流曲线图式牵引计算数据表查出，A；

Δt_z——再生制动时间，min。

货运电力机车每万吨公里计的耗电量 q，按式(7-9)计算。（取一位小数）

$$q = \frac{Q \cdot 10^4}{G \cdot L} \tag{7-9}$$

式中：L——牵引区段长度，km。

电力机车在限速条件下牵引，应先确定部分功率运行所采用的手柄位，然后根据限速由有功电流曲线图查出相应的有功电流。部分功率手柄位的确定方法为：先计算该限速条件下牵引运行时的机车牵引力值，再由电力机车牵引特性曲线查出相应的手柄位。

【例7-1】 SS_1 型电力机车（一台）牵引货车重车，牵引质量 2400t，在加算坡度为 1.63‰ 的坡道上以 70km/h 匀速运行，求运行时的有功电流。

解：当 $i_j = 1.63$，$v = 70$km/h 时，机车牵引力为：

$$F = [P(w_0' + i_j) + G(w_0'' + i_j)]g \times 10^{-3}$$
$$= [138 \times (5.15 + 1.63) + 2400 \times (1.87 + 1.63)] \times 9.81 \times 10^{-3}$$
$$= 91.6(kN)$$

由 SS_1 型电力机车的机车牵引特性曲线图查得手柄位相当于 33-Ⅰ 级，由图 7-1 查得 $I_p = 96.2$A。

第3节 列车运行能耗的其他计算方法

基于能耗曲线测算列车运行能耗的方法虽然较为简便准确，但是当遇到机车能耗特性曲线未知或失效的情况时，需要使用其他计算方法对列车运行能耗进行测算。

一、基于牵引功耗的测算方法

从列车运行全程来看，起点和终点速度均为 0，运行距离为恒值 S，将列车看作质量带时，列车运动方程可以描述为：

$$M \times v \frac{\mathrm{d}v}{\mathrm{d}x} = \frac{p(x)}{v(x)} - R(v) - B + \int_0^s \theta(s) \times g(x-s)\mathrm{d}s \tag{7-10}$$

式中：M——列车牵引总重，$M > 0$；

$p(x)$——列车牵引功率，$p(x) \geqslant 0, x \in (0, S)$；

$v(x)$——列车运行速度，$v(x) \leqslant Res, x \in (0, S)$；

$R(v)$——列车运行基本阻力，$R(v) = av^2 + bv + c \geqslant 0$；

B——列车制动力，$B = b(r, v, v_0) \geqslant 0$；

$\theta(s)$——距离列车头部 s 处列车质量密度函数；

$g(x-s)$——距离列车头部 s 处线路附加阻力，含坡道及曲线等。

列车运行能耗取决于牵引力做功和机车总效率，在给定列车条件下，机车总效率差异可忽略不计。机车轮周牵引力做功主要用于克服列车运行阻力做功、增加列车动能（因制动而造成的动能损失）以及克服重力势能差，列车运行过程中的功能转换方程可描述如下：

$$E = F \times s/\eta = \left[\int_0^s r(v)\mathrm{d}s + \frac{1}{2}M \times (v_{i_t}^2 - v_{i_{t'}}^2) + M \times g \times \Delta h + \varepsilon(T) \right] \bigg/ \eta \tag{7-11}$$

式中：v_{i_t}——制动末速度；

$v_{i_{t'}}$——在制动区段，按惰行计算得到的制动结束地点末速度；

Δh——起点、终点高程差；

η——传动总效率；

$\varepsilon(T)$——机车运行自耗。

该方法给出了列车运行能耗计算的解析模型，但计算过程比较复杂，适合数据缺乏条件下对数据精度要求不高时进行估算。

二、基于经验公式的测算方法

1. 单变量模型

IFEU 和 SGKV 曾提出过一个关于列车能耗的简化计算方法，即用一个关于列车质量 M_{train} 的方程来计算列车每单位公里的能耗 EC_{train}：

$$\text{EC}_{\text{train}} = 315 \times M_{\text{train}}^{0.6} \tag{7-12}$$

式中：EC_{train}——列车每单位公里的能耗，$kW \cdot h/km$；

M_{train}——列车质量，t。

但这个模型过于简化，对其他能耗影响因素，如线路条件、列车属性和运行速度变化等缺乏考虑，实际作用受限较大。

2. 多变量模型

在考虑阻力以及重力势能做功的基础上，可以得出固定牵引定数下列车单位吨公里的能耗：

$$E = \frac{1}{L} \int_0^L (a + B_0 + B_1 \times v + B_2 \times v^2)\mathrm{d}l + g\frac{\Delta h}{L} \tag{7-13}$$

式中：E——能耗量，$kJ/t \cdot km$；

a——加速度,m/s^2;

Δh——列车起点与终点的高程差;

B_0、B_1、B_2——与列车有关的常量;

L——运输距离。

为了体现加速度,引入最大速度 $v_{\max}$ 以及停站次数 $N_{停}$,列车能耗可表示为平均速度、最大速度、运输距离、海拔变量等参数的多元方程,即:

$$E = (N_{停} + 1)/(2 \times L) \times v_{\max}^2 + B_0 + B_1 \times v_{avg} + B_2 \times v_{avg}^2 + g \times \Delta h/L \quad (7-14)$$

式中:$v_{\max}$——列车运行的最大速度,m/s;

v_{avg}——列车运行的平均速度,m/s;

Δh——列车起点与终点的高程差,m;

B_0、B_1、B_2——与列车有关的常量。

相对于模型(7-12),模型(7-14)考虑了影响列车运行能耗的多种因素,包括平均速度、最大速度、停站次数、高程差、运输距离等,但因为涉及因素较多,模型的标定较为困难,目前还没有比较合适的标定结果应用到实际中。

根据列车运动方程可知,速度是影响列车运行能耗的主要因素之一。EC 提出了基于平均速度(技术速度)和平均停靠站间距离的列车能耗估算公式,并且通过特定线路和机车对公式中的常量进行了校正(表 7-9),基本形式如下:

$$E = k \times v_{avg}^2/\ln(x) + C \quad (7-15)$$

式中:E——能耗量,kJ/t·km;

k、C——与列车有关的常量;

x——停靠站间的距离,km;

v_{avg}——平均速度,km/h。

不同列车参数标定结果　　　　表 7-9

列车名称	能耗方程	适用的站间距
ICE 列车	$0.0070 \times \dfrac{v_{avg}^2}{\ln(x)} + 74$	80km≤x≤200km
TGV 列车	$0.0097 \times \dfrac{v_{avg}^2}{\ln(x)} + 70$	150km≤x≤300km
英国 HST 旅客列车,Danish IC3	$0.012 \times \dfrac{v_{avg}^2}{\ln(x)} + 70$	40km≤x≤100km
货物列车(空车 600t)	$0.019 \times \dfrac{v_{avg}^2}{\ln(x)} + 63$	80km≤x≤200km
瑞典 RC 列车	$0.015 \times \dfrac{v_{avg}^2}{\ln(x)} + 81$	30km≤x≤800km

由表 7-9 可知,模型(7-14)适用于停靠站较少、停站间距较大、加减速不是很频繁的情况。

第4节 列车运行节能技术

一、我国铁路能源消耗现状

我国铁路能耗数据统计主要包括铁路旅客运输（不包括客运火车站，计入运输辅助活动）、铁路货物运输（不包括货运火车站，计入运输辅助活动）、铁路运输辅助活动（不包括火车站内独立的餐饮及零售，计入餐饮零售业）、其他铁路运输辅助活动（指铁路旅客、货物运输及客、货火车站以外的运输网、信号、调度及铁路设施的管理和养护，不包括铁路系统对社会提供的通信服务，计入通信业；铁轨、路基的抢修与重建，计入建筑业）。2003—2022 年我国国家铁路（不含控股合资铁路，下同）运输企业能源消耗量如图 7-3 所示。

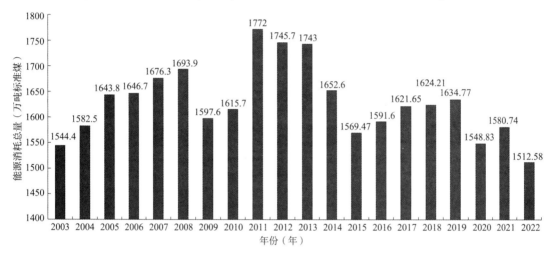

图 7-3 我国国家铁路运输企业历年能源消耗总量折算标准煤

资料来源：中华人民共和国国家铁路局各年度铁道统计公报。

从图 7-3 可以看出，2003—2022 年国家铁路运输企业能源消耗量呈现波动的趋势，国家铁路运输企业能源消耗量最高的一年是 2011 年，达到 1772 万吨标准煤，能源消耗量最低的一年为 2022 年，仅为 1512.58 万吨标准煤。此外，2011 年前后两个时间段内国家铁路运输企业能源消耗量呈现相反的基本趋势，在 2003—2011 年国家铁路运输企业能源消耗量呈现出基本上升趋势，而在 2011—2022 年能源消耗量呈现基本下降的趋势。所以，近 20 年我国国家铁路运输企业能源消耗量总体呈现出先上升、后下降的基本趋势。

二、铁路运输能耗影响因素分析

1. 列车运行能耗

列车运行能耗是指列车运行过程中用于克服列车运行阻力做功、增加列车动能和克服重力势能差的能耗。影响铁路运行能耗的主要因素分为基础设施和运营组织两方面。其中，基础设施方面的因素包括列车属性（分为机车牵引特性、机车车辆特性）、线路属性（分为线路坡度、曲线半径、停站间距等）；运营组织方面的因素包括速度特性、编组特性、停站方案、满载率、操纵特性等,如图 7-4 所示。

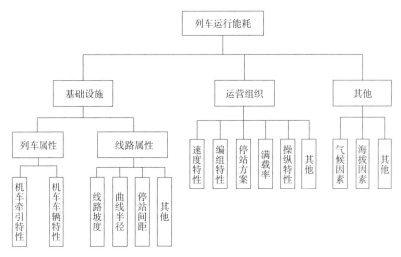

图 7-4 列车运行能耗影响因素

(1) 机车牵引特性

电力机车以牵引电动机为动力,经齿轮传动驱动机车运行,实现电能到机械能的转换。机车轮周牵引力 F 与运行速度 v 之间的关系,用 $F=f(v)$ 函数或坐标图上的曲线来表示,称为机车的牵引特性曲线。它反映了机车牵引性能最重要的特征之一,也是进行牵引计算的重要依据。

内燃机车牵引特性是指轮周牵引力与速度之间的关系。柴油机发出的功率,通过传动装置表现为不同速度下的牵引力。通常以不同手柄位或柴油机转速(r/min)区分为若干条牵引力的曲线,每条曲线对应不同的柴油机转速。柴油机转速越高,柴油机产生的功率越大,在一定速度下的牵引力越大。不同的牵引方式由于其牵引动力系统存在根本性差异,加上能源转换效率的不同,运行过程中所消耗的能量也不相同。总体上,电力机车比内燃机车较为节能。

(2) 机车车辆特性

机车车辆特性对铁路能耗的影响是无法控制的。在相同的牵引方式下,由于制造工艺水平差异导致不同型号机车牵引性能、能源利用效率、制动特性及车载设备等的差别,造成不同型号机车的能耗差别较为明显。

(3) 线路属性

线路属性主要包括线路坡度、曲线半径、停站间距等因素。在非平直线路上,由于列车需要不停地加减速,以便达到预定的运行速度,因此,其能耗相对于平直线路具有很大的增幅。

停站间距对列车运行能耗的影响主要体现在运行过程中两站之间列车惰行时间上。列车在停站间距比较短的时候,要保持较高的技术速度,必须通过提高手柄位的方式来实现,而停站间距比较长的时候,可以保持在较高速度惰行的工况时间来获得较高的技术速度,惰行工况下单位距离的能耗要小于牵引工况,因此,停站间距也是影响列车单耗的重要因素。列车停车次数的增加,降低了机车的运用效率,浪费了能源。机车制动停车和再次起动需要消耗一定的电力和柴油,导致列车因制动而损失的动能增加;同时列车停车次数增加,导致列车运行速度波动过大,不利于列车速度均衡性控制,造成列车运行能耗相应增加。另一方面,停站间距设置均匀与否,也是影响能耗的一个重要因素。根据既有研究,列车制动耗能占机车总能耗的 10%~20%。

(4) 速度特性

列车运行过程中的能耗主要用于克服运行阻力。列车运行阻力包括基本运行阻力和附加阻力。基本运行阻力包括机械摩擦阻力、空气阻力和制动阻力。列车在高速运行时,空气阻力所占比重较大,且与列车运行速度呈平方关系。以 CRH3 型动车组为例,随着速度的增加,单位基本阻力相应增加,速度从 100km/h 到 350km/h,平均每增加 50km/h,单位基本阻力增加了 46.4%。在实际情况下,列车维持既有速度或加速时牵引力克服阻力做功导致能耗增加,因此,技术速度对能耗有较为显著的影响。

(5) 编组特性

列车编组是指一列车所编配的列车总辆数、空重车数和牵引总重等。根据实际运营的需要,列车编组具有多样性,即组成列车的车辆种类及其数量以及空重车比例是不同的,从而导致列车的质量不同,牵引运行和制动时的能耗差也会产生变化。

通常情况下,列车编组主要由高峰时断面客流、货流以及运输组织(主要是指发车间隔)决定。列车的编组数量越大,列车质量越大,要求的列车起动、制动力矩也就越大,满足运营需要所需的牵引电机耗电量也越大,从而造成能耗随之增加。由列车动力学基本原理可知,列车运行能耗除了与最高速度的二次方成正比外,还与列车质量、加速度和运行距离成正比。对旅客运输而言,在相同线路条件、列车动力学和牵引控制特性的前提下,列车满载率对能耗的影响较为明显。研究表明,城市轨道交通中,在运量相同的情况下,相对于 3 节编组,4 节编组和 6 节编组列车能耗增加率分别约 20%和 70%。

(6) 停站方案

停站方案是在确定开行方案的列车径路、列车类别、列车编组辆数和开行频率后,根据客流需求和列车协调配合情况确定开行方案中各列车的停站序列。停站方案的设置要充分考虑客流以及列车运行图的要求,列车在线路上"站站停"显然能够满足旅客的中转需求,但由于停站次数较多,会影响到列车的旅行速度以及旅行时间。

停站方案对运行能耗的影响主要体现在停站间距以及停站次数两方面。停站间距对列车运行能耗的影响主要体现在列车两站之间惰行时间长短的影响上:列车在停站间距比较短的时候,惰行时间较短;列车停站间距比较长时,惰行时间较长。列车停车和起动需要消耗一定的能量,会导致列车因制动而损失的动能增加。

(7) 满载率

满载率对高速列车运行能耗的影响主要体现在对列车牵引总重的影响上,通常情况下列车牵引质量越大,要求列车起动、制动力矩越大,满足运营所需的牵引电机耗电量也越大,从而造成能耗随之增加。在相同线路条件、列车动力学和牵引控制特性的前提下,随着满载率的增加,完成的旅客周转量也在增加,而且增加的速度比运行能耗快,单位旅客周转量的能耗会随之降低。

(8) 操纵特性

列车操纵特性是指列车司机的驾驶策略特性。主要包括速度均衡性控制和距离预判两方面。据统计,在其他条件相同的情况下,因司机操纵技术水平引起的列车运行能耗差异可达30%。

(9)环境气候

由地区差异引起的海拔、气候、气压差异,将引起列车运动方程参数的变化,因此,其列车运行能耗也将受到影响。由于受地形、线路条件、列车种类和列车运行速度等因素影响,各铁路局平均每万吨公里的能耗相差很大。

2. 列车辅助能耗

列车辅助能耗主要指在列车运行过程中,为保证旅客的舒适性、安全性而设计的列车车载辅助设备所消耗的能量。列车车载辅助设备供电的主要负载包括列车空调、客室照明、设备通风冷却、电器电子装置、蓄电池充电灯。影响列车辅助能耗的主要因素是列车车载辅助设备的数量和容量。此外,工作时的负荷也对列车运行能耗有一定程度的影响。

三、列车节能运行优化操纵

列车节能操纵是指在机车、车辆、线路等基础设施设备条件以及既定的运行图、列车编组计划等运营管理状况下,通过优化机车的操纵方法实现列车节能运行。由于列车运行环境的复杂性,列车节能操纵的算法模型及其求解技术是一项十分困难的工作。

1. 列车节能操纵方法

列车的运行过程分为起动加速、途中运行、停车制动三个阶段,如图 7-5 所示。列车在起动时,需要从列车运行的平稳与节能的角度考虑。起动初期,机车主控手柄位应尽量低,缓慢拉伸列车,到尾部移动后,再逐渐提高主控手柄位;起动后期,以最大牵引力加速列车,对于有级牵引来说,在满足手柄位转换时间、持续时间的条件下尽快将手柄位上升为较大手柄位。途中运行阶段,列车在进入长大上坡道前应提高列车运行速度,通过"动能闯坡"策略减少列车在上坡段的运行时分;列车在进入长大下坡道前可以提前采用惰行工况,避免列车在下坡段频繁制动。停车制动阶段,列车制动前惰行以降低制动前的运行速度并以适宜的制动力停车制动。途中运行阶段的列车节能操纵是探讨的核心。对于平直道等简单运行线路,节能优化操纵方案比较简单。锯齿形的操纵方法或匀速牵引被证明是节能的操纵方式,但它并不适合起伏坡道的运行线路。对于在起伏坡道上的列车运行,在满足运行时分的前提下应尽可能提高惰行比例、减少列车行驶过程中的制动次数和制动时间。

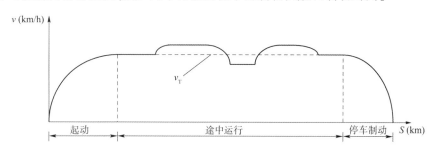

图 7-5 具有固定运行时分的列车运行速度-距离示意图

内燃机车的燃油消耗率随手柄位的提高总体呈下降趋势,即机车总效率呈上升趋势。通过计算同手柄位在同一速度时单位油耗条件下的机车牵引力大小,可以判断某类型机车的经济手柄位。经过测算,机车的最高手柄位或较高手柄位通常为经济手柄位。当机车牵引式列车运行时,若使用经济手柄位,由于功率较大,导致列车在相同线路条件下运行速度较高,基本阻力增大,因此,机车需要施加更多的牵引力,从而消耗更多的燃油。显然,在机车牵引运行中,机车总效率随着手柄位的变化而变化,这一特性与运行基本阻力的特性形成了一种矛盾,直接影响了机车的油耗情况。因此,在适宜地段使用高手柄位才有可能使列车操纵方案中具有较多的惰行工况,而正是由于存在惰行工况才有可能实现列车运行节能。

对于起伏坡道,列车在下坡道尽可能利用势能惰行,在上坡道利用机车的经济手柄位牵引。列车在上坡道运行,由于坡道阻力较大,虽然使用经济手柄位,但运行速度并不是很高,运行基本阻力也不是很大,机车牵引力也无须多做功。列车在下坡道惰行时,由于坡度大小与列车运行速度的差异,列车运行状态也会有所不同。列车在下坡道惰行时的单位合力为:

$$c = -w = -i_j - w_0 \tag{7-16}$$

式中:i_j——加算坡道的坡度千分数;

w_0——列车的单位基本阻力,N/kN。

w_0 与列车运行速度相关,当列车在下坡道惰行时,如果下坡越大,$-i_j$ 为正时,列车可能会在某一速度下单位合力为 0,即列车匀速运行。因此,可以计算出相应平衡状态下的运行速度,反之,根据列车当前的运行速度,也可以计算出平衡状态下的坡道值,简称平衡坡道。下面以 DF_{4B} 型机车为例,表 7-10 列出了该列车在不同运行速度、不同牵引质量时的平衡坡道。编组一为 DF_{4B} 型机车牵引 50 辆重车,编组二为 DF_{4B} 型机车牵引 50 辆空车。

列车在不同运行速度、不同牵引质量下的平衡坡道(单位:‰) 表 7-10

速度(km/h)	编组一	编组二
50	-1.8	-2.0
60	-2.1	-2.3
70	-2.4	-2.6

从表 7-10 可以看出:列车牵引空列比牵引重列的平衡坡道大一些,但差值不大。随着运行速度的提高,列车运行基本阻力会增大,平衡坡道也随之增大。

根据平衡坡道的概念,系统在每个步长内判断列车运行工况、手柄位及其节能操纵采用如下原则:

(1)当列车加算坡道 i 大于坡道控制参数 a 时,按照节时模式进行列车运行控制。

(2)当列车加算坡道 i 小于或等于坡道控制参数 a 且大于或等于平衡坡道 j 时,如果列车当前的运行速度 V 大于列车的目标速度 V_0,当前工况为惰行时,保持惰行工况;当前工况为牵引时,降低手柄位。如果列车当前的运行速度 V 小于列车的目标速度 V_0,按照节时模式进行列车运行控制。

(3)当列车加算坡道 i 小于平衡坡道 j 时,当前工况为惰行时,保持惰行工况;当前工况为牵引时,降低手柄位。

2. 案例研究

根据合肥东—裕溪口(上下行)区段运行的 7 趟货物列车的运行情况计算了相应的优化方案,平均节能水平为 11.4%。合肥东—裕溪口下行区段距离 111km,有 10 个中间站和 11

个区间。列车从合肥东出发,在中间站不停车,终点站为裕溪口。列车编组为货车重车48辆,牵引质量3713t,列车换算制动率0.28,列车长度693m。列车实际运行时间为146min,优化方案中列车运行时分145min40s。经过计算,优化方案节能率为9.8%。

优化方案中列车运行时分与列车实际运行时分基本相同,但在每个区间内的时分有所差异。合肥东—三十铺距离5.699km,是列车运行的第1个区间。图7-6、图7-7分别为列车在这个区间的速度-距离曲线与手柄位-距离曲线,(1)代表优化方案,(2)代表列车实际运行。列车实际运行10.8min,能耗47.75kg;优化方案列车运行8.8min,能耗47.73kg。可以看出,优化方案的节能效果相对较好。

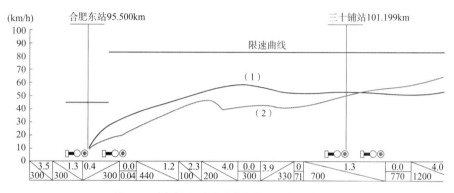

图7-6 列车实际运行与优化方案的速度-距离曲线

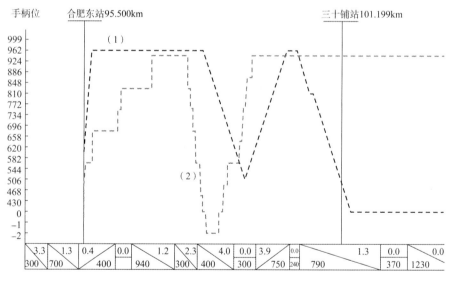

图7-7 列车实际运行与优化方案的手柄位-距离曲线

四、地铁列车惰行控制

城市轨道交通系统站间距较短,列车运行一般有以下两种模式:①牵引-巡航-制动模式,该模式下列车到达某一经济速度之后,保持该速度不变,直到列车进站停车前开始采用制动为止;②牵引-惰行-制动模式,当列车牵引运行到某一速度后,改为惰行,直到列车进站前制动停车。不过,当站间距较大、线路条件变化也很大时,可能需要多次牵引-惰行的组合。

图 7-8 描述了上述两种牵引运行模式。

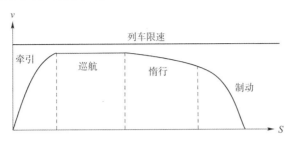

图 7-8 站间列车运行模式示意图

列车运行能耗主要表现在以下三个方面：
(1) 提高列车的动能。
(2) 克服列车运行时的基本阻力和附加阻力。
(3) 机车/动车组运行时的自耗。根据列车运行的能耗构成，节能的操纵应避免不必要的制动，减少列车动能的损失，充分利用势能来保持或增加列车的动能，以及在列车运行中减少基本阻力所做的功。

当运行时分一定时，列车以匀速牵引运行克服的基本阻力功最小；列车以最大加速度加速可减小加速过程中的基本阻力功；列车以最大制动能力制动有利于节能；列车制动前惰行以降低制动前的运行速度有利于减少列车动能的损失；下坡时尽可能利用列车的势能，尽量避免或减少下坡道调速制动，都是节能的列车运行操纵方式。但是列车实际运行过程中，很难实现匀速运行，当列车在平直坡道上运行时，节能的控制模式是围绕某一目标速度按惰行-牵引对运行；当列车在起伏坡道上运行时，惰行控制相对复杂一些。

列车节能运行的核心是惰行控制，惰行控制的核心在于选择适当的时机来启动和结束惰行过程，通过合理的惰行控制可以使列车能耗有效降低。惰行起始点的选择将会改变站间列车运行速度曲线，从而产生不同的运行时分和能耗。图 7-9 给出了全速牵引时的速度曲线和可能的惰行点位置。从图中可以看出，不同的惰行点都会明显地改变列车运行速度曲线，惰行曲线(2)还使列车再一次牵引加速。

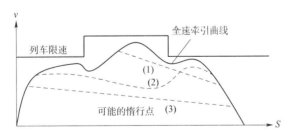

图 7-9 站间全速牵引速度曲线和可能的惰行速度曲线

惰行使牵引工况所占的比例减小，从而降低能耗，但是这也使得列车在站间的运行时分延长，能耗的降低是以运行时分的增加为代价的。一般情况下，惰行开始的时间越早，其相应的站间运行时分就会越长。在两个相邻车站之间，列车若以接近最大限速全速牵引运行，则其站间运行时分最短。地铁站间实际运行时分一般都大于最小运行时分，因此，在列车运行过程中可以选择合适的时机来实施惰行，从而降低列车的能耗。

站间可以有单个或多个惰行点,影响惰行点位置的因素包括站间距离、线路条件、区间限速和运行时间等。较短站间距一般选择单个惰行点;当站间距较大时,可以设置两个或两个以上的惰行点。

习题

1. 分析影响列车运行能耗的因素。
2. 电力机车耗电量分为哪几部分?怎样计算?
3. 内燃机车燃油消耗量分为哪几部分?怎样计算?
4. 阐述铁路列车节能操纵的基本策略。

第8章 多列车运行计算与分析

轨道交通线路上通常运行着多列车。这些列车间的相互关系既关系到运行安全,也直接影响线路甚至整个网络的能力与效率。传统的列车牵引计算主要是基于单列车的,其重点是计算不同类型列车的区间运行时分、速度、能耗等。单列车运行计算结果是进行运行计划编制、线路设计的基础。多列车运行过程需要考虑列车间的影响,这种影响往往通过信号来体现。由于信号闭塞方式的多样性,多列车运行过程较单列车更为复杂,其分析计算需要考虑不同信号闭塞方式与不同车站配线方案下,列车追踪间隔时间及其运行状态的变化。本章介绍了自动闭塞系统的基本原理与分类、不同闭塞方式方式下的列车追踪间隔时间计算、多列车运行计算原理等内容,并给出了多列车运行案例的分析。

第1节 自动闭塞系统的基本原理

自动闭塞是把一个站间长度(区间)划分成若干个闭塞分区,在闭塞分区分界处设置通过信号机,前后列车的运行间隔可以通过一定的闭塞分区数隔开,使得在一个区间的一条线路上,可以同时同方向运行数趟列车,实现列车在同一区间内追踪运行。它对提高区间通过能力、调整列车运行图的灵活性以及保证列车行车安全起到了显著作用。设置自动闭塞的最终目的是提高线路通过能力。在自动闭塞区段上,线路通过能力的大小主要取决于列车追踪间隔时间的长短。追踪间隔时间长,线路通过能力就小,反之,线路通过能力就大。

在现有的列车运行控制方式中,自动闭塞是一种比较先进的闭塞制度,在我国干线铁路上已被广泛采用。采用自动闭塞能更有效地提高线路的通过能力和保证行车安全,改善运营指标(包括旅行速度和技术速度、机车和车辆的周转、机车乘务组和列车乘务组的劳动生产率等)。

自动闭塞系统主要是靠铁路地面信号系统来运行的。地面通过信号机将相邻两站之间的区间划分为若干小区间(闭塞分区),以缩短两列同向运行列车之间的间隔时间,提高通过能力。总的来看,地面信号系统的基本目的有:

(1)维持同一股道上续行列车间的安全行车间隔。
(2)保证列车在枢纽地区交叉点上其他列车占用时的行车安全。
(3)按照服务密度和速度要求调整列车通过能力。

此外,信号系统设计时还应考虑设备出现故障时列车运行的安全。

信号是保障轨道交通系统运行安全与提高运营效率的重要设备。信号系统的选型直接关系到轨道交通系统的投资、通过能力、运营成本,以及系统的维修成本。轨道交通的自动闭塞系统,按照有无固定划分的闭塞分区可以分为固定闭塞信号系统、准移动闭塞信号系统和移动闭塞信号系统。

一、固定闭塞信号系统

固定闭塞系统是将轨道分成若干个闭塞分区,每个闭塞分区只能被一列车占用;而且闭塞分区的长度必须满足司机确认信号和列车停车制动距离的要求。在所有的固定闭塞系统中,列车位置是通过它所占用的闭塞分区来确定的,因此闭塞分区的长度和数量就决定了线路的通过能力。

采用固定闭塞方式的信号系统,列车得到的信息仅为将要进入的闭塞分区的速度等级命令,列车速度控制方式采用阶梯式分级制动控制曲线。

按照通过信号机显示制式,固定闭塞分为二显示、三显示和四显示,如图 8-1 所示。

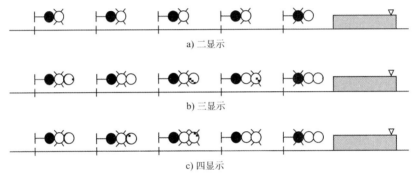

图 8-1 各种显示制式

二显示自动闭塞的通过色灯信号机具有两种信号显示,即绿灯和红灯。由于司机驾驶列车在绿灯下运行时,前方闭塞分区出口处信号机的显示状态有可能是绿灯,也有可能是红灯,所以二显示自动闭塞不是预告式信号,司机驾驶列车比较紧张,目前一般不被采用。

三显示自动闭塞的通过色灯信号机具有三种显示,即绿灯、黄灯和红灯。黄灯起到预告列车在前方红灯前停车的作用,所以三显示自动闭塞是预告式信号。它需要具备一个闭塞分区长度满足列车制动距离的条件。

四显示自动闭塞的通过色灯信号机具有四种显示,即绿灯、绿黄灯、黄灯和红灯。绿黄灯预告列车运行前方需要减速运行,确保列车在红灯前停车,所以四显示自动闭塞也是预告式信号。它需要具备相邻两个闭塞分区长度满足列车制动距离的条件。在目前分级速度控制下,每个闭塞分区长度应该满足列车速度级差的制动距离。

我国三显示闭塞制式,列车间隔的计算是按后行列车前方保持两个绿色信号的间隔要求的,其物理意义是可以保证列车在几乎所有条件下均能在绿灯下运行。当然,这种计算方法偶尔也会使列车在黄灯下运行,即前行列车当前运行区间较长,而后行列车当前运行区间较短时。当列车在长大上坡道上运行时,列车运行速度较低,其实际速度可能低于黄灯限速(即机车功率不足以使列车超过黄灯限速),此时,采用两闭塞分区计算法是可行的。

二、准移动闭塞信号系统

为保证行车安全,提高通过能力,世界各国的城市轨道交通及高速铁路普遍采用一种信号控制系统,这种控制系统既区别于设置固定信号分区的常规自动闭塞,也区别于基于无线通信的连续定位的移动闭塞,因此称为准移动闭塞,如图8-2所示。

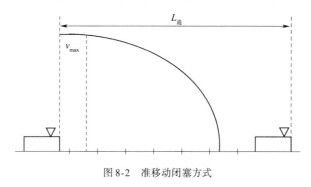

图8-2　准移动闭塞方式

采用准移动闭塞方式的信号系统,列车得到的信息为至运行前方停车点的距离数据,列车速度控制方式采用一次模式速度控制曲线。

准移动闭塞有如下特点:

(1)地面设置固定闭塞分区,但不设置信号机,列车按车载信息运行。

(2)列车制动距离由若干个闭塞分区来保证。

(3)能预告列车前方空闲状态,属于预告式信号。

准移动闭塞在控制列车的安全间隔上比固定闭塞进了一步。它通过采用轨道电路及应答器来判断分区占用并传输信息,可以告知后续列车前行的距离,后续列车可以根据这一距离合理地采取减速或制动,列车制动的起点可延伸至保证其安全制动的地点,从而改善列车速度控制,缩小列车安全间隔,提高线路利用效率。但准移动闭塞中后续列车的最大目标制动点仍必须在前行列车占用分区的外方,因此它并没有完全突破轨道电路的限制。

三、移动闭塞信号系统

移动闭塞是目前线路能力利用效率最高的列车闭塞方式。与固定闭塞方式相比,移动闭塞相当于将区间分成了无数个细小的、连续的闭塞分区,使得列车间的安全信息传递得更为频繁、及时。

从安全角度来看,要保证万一前行列车发生事故(如颠覆等)或闭塞设备发生故障时,后行列车能及时停车,且不至于与前行列车相撞。列车间的追踪运行如图8-3所示,即要求后行列车在任何时候均能停于前行列车后方安全距离范围以外,这就要求后行列车不进入由前行列车尾部安全点决定的常用制动曲线范围。

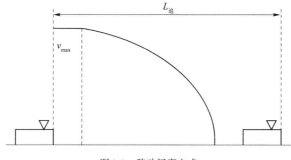

图8-3　移动闭塞方式

相对于准移动闭塞,移动闭塞技术在对列车的安全间隔控制上更进了一步。通过车载设备和轨旁设备不间断的双向通信,控制中心可以根据列车实时的速度和位置动态计算列车的最大制动距离。列车的长度加上这一最大制动距离并在列车后方加上一定的防护距离,便组成了一个与列车同步移动的虚拟分区。由于保证了列车前后的安全距离,两个相邻的移动闭塞分区就能以很小的间隔同时前进,这使列车能以较高的速度和较小的间隔运行,从而提高运营效率。

第2节 列车追踪间隔时间计算

列车追踪间隔时间是追踪运行的两列车间的最小允许间隔时间,是列车能够按照计划运行而不受前行列车影响的最小时间间隔。影响列车追踪间隔时间的因素较多,如线路条件、车站状况、闭塞系统、列车性能、运行组织等。最小列车追踪间隔时间可以根据分析或模拟的方法进行确定。

一、固定闭塞方式

固定闭塞系统中闭塞分区的速度等级和数量由设计行车间隔、线路数据、车辆性能、信号设备的性能等因素确定,其中闭塞分区的长度由列车制动距离和信号反应时间等因素确定。

为保证列车运行安全,追踪运行的列车之间必须保持一定的间隔,也就是要相隔一定数量的闭塞分区。对于三显示自动闭塞系统,列车在区间追踪运行时,后行列车与前行列车应至少间隔三个闭塞分区,这样可以保证后行列车始终在绿灯下运行。三显示信号制式的区间追踪间隔如图8-4所示。

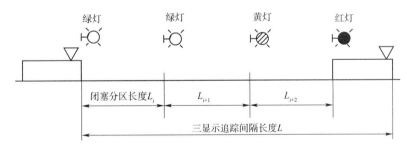

图8-4 三显示自动闭塞示意图

三显示下,通过信号机有三种显示,其中黄色灯光是预告灯光。一个闭塞分区的长度应满足从规定速度到0的制动距离,闭塞分区长度L_i(m)要大于或等于列车制动距离S。即

$$L_i \geqslant S \quad (i = 1, 2, \cdots, N_{\text{signal}}) \tag{8-1}$$

式中:N_{signal}——区间内通过信号机个数。

三显示列车区间追踪间隔时间按式(8-2)确定。

$$I_{\text{追}} = 3.6 \times \frac{3L_{\text{闭}} + L_{\text{列}}}{v_{\text{运}}} \tag{8-2}$$

式中:$I_{\text{追}}$——列车追踪间隔时间,s;

$L_{闭}$——闭塞分区长度,m;

$L_{列}$——列车长度,m;

$v_{运}$——列车追踪范围内后行列车的平均运行速度,km/h。

四显示自动闭塞的特征为:通过信号机具有四种显示,其中绿黄色灯光是预告灯光。在列车分级速度控制系统中,速度等级分2级,每个闭塞分区的长度满足列车速度级差的制动距离。即每个闭塞分区长度需要满足:列车从最高速度降低到黄灯允许速度以及从黄灯允许速度制动停车所需距离中的较大者。

与三显示类似,四显示列车区间追踪间隔时间按式(8-3)确定。

$$I_{追} = 3.6 \times \frac{4L_{闭} + L_{列}}{v_{运}} \tag{8-3}$$

二、准移动闭塞方式

在准移动闭塞系统中,列车速度控制方式采用一次模式速度控制曲线,列车的目标制动点为前行列车尾部所占用的轨道电路的起点再加上安全距离,列车追踪间隔由后行列车的常用制动距离内包含的轨道电路单元数决定,如图8-5所示。

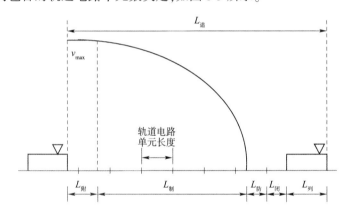

图8-5 准移动闭塞列车追踪间隔示意图

准移动闭塞方式下列车追踪间隔时间按式(8-4)确定。

$$I_{追} = t_{附} + t_{制} + t_{防} + t_{闭} + t_{列} \tag{8-4}$$

即

$$I_{追} = \frac{v_{\max}}{7.2a} + \frac{3.6 \times (L_{附} + L_{防} + L_{闭} + L_{列})}{v_{\max}} \tag{8-5}$$

式中:$I_{追}$——列车追踪间隔时间,s;

$t_{附}$——司机确认信号及制动反应时间,s;

$t_{制}$——列车以最大速度$v_{\max}$制动停车时间,s;

$t_{防}$——列车在安全防护距离内运行的时间,s;

$t_{闭}$——列车在$L_{闭}$距离内运行的时间,s;

$t_{列}$——一个列车长距离内运行的时间,s;

a ——列车的制动减速度,m/s^2;

$v_{\max}$——列车最大运行速度,km/h。

$L_附$——列车在车载信号延迟时间及司机确认车载信号变化时间内运行的距离,m;
$L_防$——后行列车的目标停车点至前行列车占用轨道电路起点的安全防护距离,m;
$L_闭$——前行列车刚出清的闭塞分区长度,m。

三、移动闭塞方式

在移动闭塞系统中,列车追踪间隔由后行列车的常用制动距离和前、后行列车的安全距离决定,如图8-6所示。

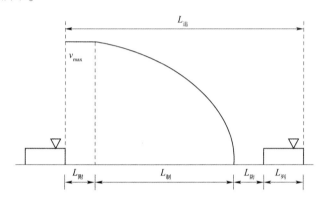

图8-6 移动闭塞列车追踪间隔示意图

移动闭塞方式下列车追踪间隔时间按式(8-6)确定。

$$I_追 = t_附 + t_制 + t_防 + t_列 \tag{8-6}$$

即

$$I_追 = \frac{v_{\max}}{7.2a} + \frac{3.6(L_附 + L_防 + L_列)}{v_{\max}} \tag{8-7}$$

式中:$L_防$——后行列车的目标停车点至前行列车尾部的安全防护距离,m。

第3节 多列车运行计算原理

在实际铁路线路上,列车按照时刻表及调度指挥运行。列车在运行过程中,既受前行列车的影响,也受调度员的控制和调整。

一、多列车运行过程的影响因素

轨道交通线路上实际运行着许多列车,这些列车的移动及其环境复杂多变。在多列车运行过程及其环境影响因素中,既有静态的因素,也有动态的因素。多列车运行过程计算涉及的影响因素主要包括以下方面:

(1)车站条件。单列车条件下一般只考虑停站方案,不涉及车站的线路配置。多列车运行计算需要考虑各列车途经车站的站线条件,涉及进出站径路及其相关道岔、股道平纵断面、相关设备工作时间参数等问题。

(2)信号闭塞方式。多列车间的相互作用很大程度上是通过信号体现的,不同类型信号闭塞方式对列车运行的约束原理有所差异,信号影响着列车的运行。对固定闭塞方式来说,列车运行特性又是确定信号机位置的重要依据。

(3)列车属性。多数情况下,轨道交通线路上运行的列车是有差异的,这些差异包括机车类型(影响牵引及制动能力)、车辆类型及数量(影响列车质量、长度及制动性能)等。

(4)供电参数。电力牵引条件下,供电系统直接影响多列车运行的动力分配。因此,多列车运行计算需要考虑牵引供电方式、供变电所的位置及其主要参数。

(5)计算原则。多列车运行网络上,列车的运输经济与市场属性是有差异的。不同类型的列车可以有不同的控制目标与计算前提,如注重运输成本的经济性节能操纵、注重效率的节时操纵,以及其他因素等。

二、多列车运行特点分析

多列车的运行环境更为复杂,受到的约束更多。其特点有:

(1)多列车运行是基于一种实际的背景,所有列车按给定的运行图及相应的作业计划运行。换言之,多列车运行计算是一种基于时刻表的计算,时刻表是根据本线设计的追踪间隔时间值来确定的。

(2)多列车运行中,不可避免地存在各种干扰,例如列车进站的干扰、列车越行的干扰、中间站列车作业的干扰等,这些干扰在运行计算过程中需要较多的判断。

(3)在城市间铁路系统中,由于存在多种速度等级的列车,各列车间的实际间隔也是不同的,这使得列车运行过程变得更加难测。例如,当某一列车运行时分较富余时,它可以采用节能策略,但它出现运行晚点时,又需要采用节时策略;更复杂地,这些策略的采用还受前、后行列车的影响。因为整个列车运行系统是一个不可分割的整体,不能为使某一列车运行节能而使其后行列车晚点而受到损失,或导致运行秩序的混乱。

(4)在城市铁路中,列车速度与种类的变化虽然较少,但铁路站间距短,列车起停频繁,需要计算列车运行图的节能效果,尤其存在再生制动时。

(5)在很多情况下,多列车运行计算的目标是评价运行图的性能,因此,计算过程要对运行过程中的各项性能指标进行跟踪计算并记录。

由于多列车运行过程复杂,因此,本章主要针对两列车追踪的情况进行分析,即在计算后行列车运动过程时,要考虑前行列车对它的约束。在固定闭塞条件下,这种要求或约束是通过地面信号来体现的;而在移动闭塞条件下则是通过由列车间隔与前行列车速度共同决定的对后行列车的限速来体现。

三、固定闭塞下多列车的运行计算

固定闭塞条件下多列车运行的范围是前、后行列车分别从始发站行驶至终到站的全部运行轨迹。与单列车运行相比,固定闭塞条件下,前行列车仅受到线路限速的约束,而后行列车除了受到线路限速的约束外,还受到信号的约束。

在计算初始设置过程中,当要求列车在中间站停车时,可以通过线路限速函数的计算来确定车站附近线路的限速。

1. 前行列车运行计算过程

前行列车的计算与单列车计算大致相同,主要考虑线路限速的影响。后行列车的计算则需要考虑信号的影响,而这种信号的状态是直接由前行列车位置决定的。

前行列车计算过程中要注意以下要点：

(1) 前行列车虽不受信号限速，但受线路、机车牵引力、中间站通过限速与停站时分约定等限制。

(2) 前行列车运行过程中要考虑进站后信号机状态的更新问题，它在进站以后对信号机状态的影响将通过进路办理时间控制，与列车间距无关。

(3) 这里不考虑后行列车越行前列车的情况。

(4) 前行列车的运行按最小运行时分（即利用最大牵引力）设计。

固定闭塞条件下前行列车运行计算过程如下：

(1) 列车起动阶段。计算起动牵引力、线路阻力、基本阻力及列车合力，利用列车运动方程计算列车在单位时间内的运行距离、速度。

(2) 列车区间运行阶段。判断列车末速度是否大于下一限速，若是，则修正列车操纵方案，重新计算列车运行距离及速度值。

(3) 判断列车最终位置是否超过当前限速段末端、进站点或信号机分界点，若是，则进入下一限速段或进站阶段。

(4) 设置下一计算点，根据列车及线路条件继续计算。

(5) 列车制动停车阶段。判断前方是否为停车站或前行列车是否已到达终点，若是，则采用制动工况制动停车并完成计算。

前行列车运行计算具体过程如图8-7所示。

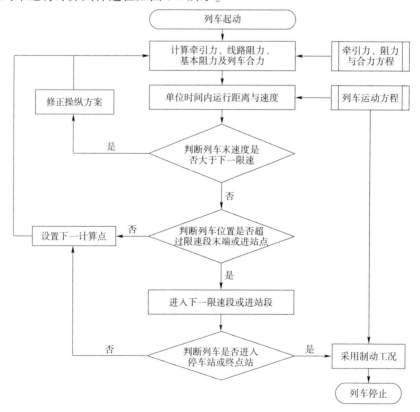

图8-7 前行列车运行计算过程

2. 后行列车运行计算过程

后行列车的限制条件较多,列车的运行需要更多的判断,其运行的特点可概括如下:

(1)后行列车的约束条件除了线路限速、牵引力制约外,还受前方信号的控制,而这种信号控制速度是动态变化的;它与前、后行列车间的距离有关。

(2)在各种限速范围内,后行列车应以最大牵引力为制约来计算行车速度和时间,且不受信号限制,若后行列车一直在信号限速控制下行驶,其能力将不能充分发挥。

(3)当后行列车行驶到因信号限速而不得不停车时,可以认为列车间隔设置过小。这种情况下可以通过设置一个更大的追踪间隔时间来重新计算。

(4)后行列车在行驶过程中遇黄灯减速的次数将被记录,它可以与最终实现的后行列车旅行速度一起,作为判断前、后行列车间隔是否可行的参考。

(5)通过设定前、后行列车发车间隔可以得到一些可比选的分析结果。例如,可以设置一个更大的间隔,如果后行列车最终到达时间一样,则说明原发车间隔过小。

后行列车运行计算步骤如下:

(1)根据线路、机车车辆、前方信号机相位确定信号限速,根据信号限速选择机车操纵级位,计算列车受力,根据列车运动方程计算列车下一时刻的位置、速度。

(2)检查列车末速度是否超过线路限速及前方信号限速,若是,则修正列车操纵方案,重新计算列车运行距离及速度值。

(3)判断列车运行位置是否超过当前限速段末端、进站点或信号机分界点,若是,则以末段距离为条件计算列车在该位置的时间、速度等参数;设置这一时间为下一计算时刻,设定下一计算时刻各信号机的状态。

(4)检查各种限速,如果前方是进站信号且信号限速为0(即前方信号为红色),进行制动停车计算。

(5)设置下一计算点,根据列车、线路及信号条件继续计算,判断后行列车是否已达终点,若是,则计算结束。

后行列车运行计算具体过程如图8-8所示。

3. 不同信号显示相位的运行设计

如前所述,固定闭塞条件下可以有不同的信号显示相位,因此,在信号相位设定后,前行列车后面的信号应根据设定的模式来显示。信号更新过程描述如下:

(1)计算开始前,所有闭塞分区信号均为绿色(无列车占用)。

(2)寻找前行列车位置,将前行列车占用分区信号设为红色。

(3)判断设定的信号显示相位,如为二显示,以下信号均为绿色;如为三显示,下一信号为黄色,其余信号均为绿色;如为四显示,下一信号为黄色,再下一信号为绿黄色,其余信号均为绿色;至此,信号更新结束。

上述信号更新过程在每次列车位置计算后进行。

四、准移动闭塞及移动闭塞下多列车的运行计算

准移动闭塞及移动闭塞下多列车运行计算的关键是,将信号限速改为由前行列车位置与后行列车制动距离等因素确定的限速曲线。以准移动闭塞为例,多列车准移动闭塞设计

的特点可以概括为以下方面:

(1)准移动闭塞先要确定信息传输的方式,如以轨道传输时应先输入每节轨道电路的长度,采用不等长轨道电路时要在输入线路数据的同时输入轨道电路分界点数据信息。

(2)准移动闭塞要按后行列车的制动率来确定列车限速,即当后行列车的速度不超过以前行列车尾部后一定安全距离为参照点计算的制动曲线时,列车只受其他种类限速的限制。

(3)以轨道电路传输数据时,速度限制是离散的,即当前行列车尾部越过一节轨道电路时,其向后传输的速度限制码才发生变化。后行列车进入新的轨道电路段时才受新限速的限制。因此,在准移动闭塞条件下,以轨道电路为载体的速度限制的变化将以前行列车尾部的变化来计算,后行列车的实际限速则按前部状态来分析。

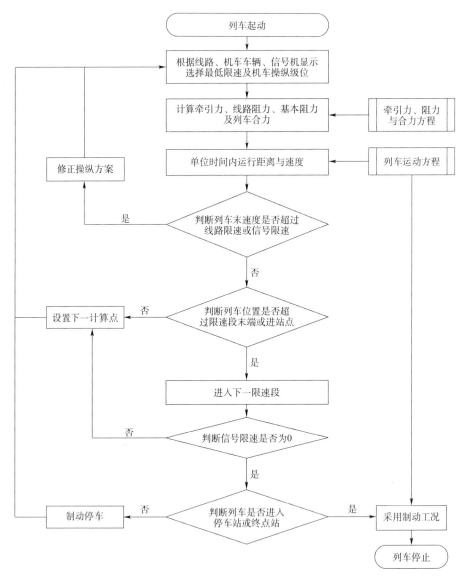

图 8-8 后行列车运行计算过程

(4)当通过轨道电路传输信息时,轨道电路单元长度对准移动闭塞有重要影响。这种情况下,每一节轨道电路相当于一个闭塞分区;当轨道电路较长而列车速度较低时,轨道电路长度可能大于列车制动距离,此时,准移动闭塞与固定闭塞类似。

1. 计算初始设置

与固定闭塞方式相比,准移动闭塞的列车运行计算从涉及因素上更为复杂,主要体现在前行列车对后行列车的影响以及后行列车操纵方法的选择方面。准移动闭塞的初始设置包括以下工作:

(1)轨道绝缘节的标识。当采用等长轨道绝缘节时,可以在给出起始点里程和每节长度后,计算每一轨道绝缘节位置。

(2)限速的初始设置。根据列车限速、线路工程限速及曲线限速设置列车的初始限速。

2. 目标限速计算及确定方法

与固定闭塞不同,准移动闭塞根据前行列车尾部位置及状态计算后行列车的制动限速曲线。

(1)先确定前行列车尾部的空间位置,以此点为基础取该点所在轨道电路单元的起点作为参照点,再后退一个安全裕量作为计算后行列车停车的目标停车点,它是计算后行列车制动限速曲线的基础。

(2)后续各限速值的计算要从目标停车点开始,以后行列车常用制动特性曲线为依据,还要考虑该段线路条件的变化,向后逐段反推计算限速曲线,直到与线路限速相交,并继续反推确认信号时间内的限速曲线。

(3)当前行列车进站时,要考虑进路及作业对限速的影响。例如,当前行列车进入站线时,在经过一定的进路准备时间之后才能解除对后续线路的作用,此时,要考虑其他限速的影响;当车站无站线而停在正线上时,前行列车对后行列车的作用维持不变。限速计算及确定方法如图 8-9 所示。

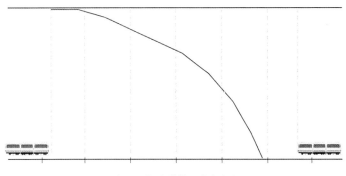

图 8-9　限速计算及确定方法

3. 后行列车运行计算

后行列车的运行计算要考虑末速度是否超过限速,若是,则应降低牵引力。后行列车运行计算步骤如下:

(1)根据线路、机车车辆限速及目标限速曲线确定限速,根据限速选择机车操纵级位,计算列车受力,根据列车运动方程计算列车下一时刻的位置、速度。

(2)检查列车末速度是否超过线路最大限速及目标限速,若是,则修正列车操纵方案,重新计算列车运行距离及速度值。

（3）检查各种限速，如果当前位于线路最大限速区，则进行区间调速计算；如果当前已进入目标限速区，即前方为停车点，则进行制动停车计算。

（4）设置下一计算点，根据列车、线路及目标限速继续计算，判断后行列车是否已达终点，若是，则计算结束。

以上是采用基于轨道电路的准移动闭塞系统的多列车运行计算。对于基于无线连续传输的移动闭塞也按上述原理设计，在设计移动闭塞计算过程时注意以下几点：

（1）移动闭塞没有轨道电路分区，因此无须标识轨道电路的长度和位置。

（2）后行列车的目标限速点不再考虑前行列车所占用的轨道电路，而只与前行列车的尾部位置和安全距离有关。

（3）与准移动闭塞系统不同，后行列车的限速不再是按前行列车所清空的轨道电路跳跃变化，而是随前行列车的运行，向前连续变化。

第4节　案例设计及分析

一、案例基础数据

设定如下计算前提。

（1）线路数据：设有 5 个车站，A 站—E 站，线路限速为 65km/h。

（2）列车数据：选用编组相同的两列车追踪运行，牵引质量 300t，列车长 120m。

（3）计算参数：两列车从 A 站起车，到 E 站停车，在中间各站均停车 30s。

（4）闭塞条件：①固定闭塞——列车间隔 3 个闭塞分区运行，各速度等级为 65km/h、40km/h、0。②准移动闭塞——轨道电路单元的长度为 75m，安全距离为 50m。

二、列车运行计算结果分析

分别在固定闭塞、准移动闭塞、移动闭塞条件下进行列车的追踪运行计算，列车发车间隔均为 60s，得到的运行曲线如图 8-10～图 8-12 所示。其中，速度-距离曲线中速度高的为前行列车。

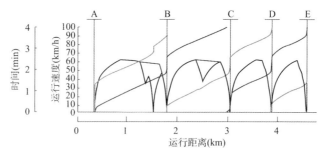

图 8-10　固定闭塞两列车追踪运行速度时分曲线

固定闭塞条件下列车追踪运行的速度时分曲线如图 8-10 所示。从图中可以看出，由于列车的发车间隔较小，所以当前行列车发车 60s 后，后行列车没有发车，这是受到 A 站出站信号限制的缘故。而当前行列车发车 1min12s 后，后行列车才从 A 站发车。由于列车追踪间隔较小,当前行列车停站时,后行列车被迫停于 AB 区间内,因此延长了运行时间,也使前、后行列车的间隔进一步增加,因此在 BC 区间后行列车受前行列车的限制相应减小,而在后面的区间,后行列车已经不受前行列车的限制,说明运行间隔已经调整到正常的水平。后行列车在 AE 区段的运行时间为 9min29s。

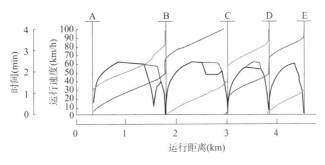

图 8-11　准移动闭塞两列车追踪运行速度时分曲线

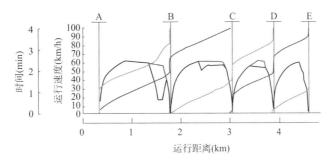

图 8-12　移动闭塞两列车追踪运行速度时分曲线

准移动闭塞条件下列车追踪运行的速度时分曲线如图 8-11 所示。从图中可以看出,由于列车的发车间隔较小,当前行列车停站时,后行列车被迫在 B 站前减速,因此延长了运行时间,与固定闭塞相比,没有在区间内制动停车,说明在准移动闭塞条件下后行列车受前行列车的影响减小。而后行列车的区间运行时间为 9min13s,比固定闭塞条件下的运行时间减少了 16s。

移动闭塞条件下列车追踪运行的速度时分曲线如图 8-12 所示。从图中可以看出,在移动闭塞条件下后行列车的运行受前行列车影响进一步减小,后行列车的运行时间为 9min10s,比准移动闭塞减少了 3s,比固定闭塞减少了 19s。

综合图 8-10 ~ 图 8-12 可以看出,在相同列车发车间隔条件下,相邻列车的运行干扰按固定闭塞条件、准移动闭塞条件、移动闭塞条件依次减小,因而后行列车的运行时间也随之依次减小。

三、列车追踪间隔时间计算

确定最小列车追踪间隔时间时,采用的是列车追踪间隔时间递增法,即在初始发车间隔时间的基础上逐步增加发车间隔时间,当在整个区段后行列车的运行均不受前行列车影响时,此时的发车间隔即为最小列车追踪间隔时间。在本案例中,由于前、后行列车条件相同,因此当后行列车的运行轨迹与前行列车相同时,即得到了最小列车追踪间隔时间。

1. 不同闭塞方式最小列车追踪间隔时间的验算

列车在固定闭塞、75m 轨道电路单元长度准移动闭塞、移动闭塞条件下的最小列车追踪间隔时间见表 8-1。

不同闭塞方式下最小列车追踪间隔时间的比较 表 8-1

闭塞方式	最小列车追踪间隔时间(s)
固定闭塞(3 个闭塞分区)	108
准移动闭塞(75m)	88
移动闭塞	83

从表 8-1 中可以看出,固定闭塞的最小列车追踪间隔时间最长;准移动闭塞的最小间隔与固定闭塞相比减少了 18.5%;移动闭塞的最小列车追踪间隔时间最短,列车追踪运行时间比固定闭塞减少了 23.1%。由此可以对不同闭塞方式的最小列车追踪间隔时间进行验算,从而进一步计算线路的通行能力。

2. 准移动闭塞方式最小列车追踪间隔时间的验算

取不同长度的轨道电路单元进行验算。列车最大运行速度为 61km/h,其他条件不变,计算得到不同轨道电路单元长度条件下最小列车追踪间隔时间的结果,如图 8-13 所示。从图中可以看出,在列车最大运行速度一定的情况下,最小列车追踪间隔时间随着轨道电路单元长度的增大而增大。其中轨道电路单元长度为 10m、170m 时,最小列车追踪间隔时间分别为 85s、93s,两者相比,列车追踪间隔时间增加了 9.4%。

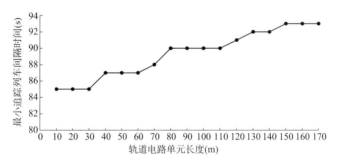

图 8-13 准移动闭塞方式下最小列车追踪间隔时间曲线

总之,利用上述计算方法一方面可以对理论计算的最小列车追踪间隔时间进行验算,另一方面,在设计准移动闭塞时,可以根据计算结果并结合实际需要选取适当的轨道电路单元长度。

习题

1. 简述不同类型闭塞信号系统的差异。
2. 试述不同闭塞方式下列车追踪间隔时间的计算过程。
3. 简述多列车的运行计算过程与单列车的区别。
4. 利用相关软件,模拟多列车运行过程,确定不同参数条件下的列车追踪间隔时间。

第9章 自动闭塞区段信号布置方法

在自动闭塞区段,区间信号布置的优劣将直接影响线路通过能力的实现和列车运行的安全,是评定整个信号系统的关键指标之一,也是铁路自动闭塞设计的重点之一。区间信号布置工作所要解决的问题是:在每一个区间内应设置多少架通过信号机,以及如何确定它们的具体位置。要求在充分考虑线路具体条件的基础上,寻求安全、高效和经济的布置方案,以便有效地组织列车运行。本章主要介绍信号布置的基本目标、信号布置方法、信号布置后的检验,最后进行案例的设计及分析。

第1节 信号布置的目标及要求

一、信号布置的目标

信号布置是一个复杂的多目标、多约束问题,它需要在满足必要的约束条件的基础上,取得多方面的效果。这些效果包括:

(1)安全。保证列车运行安全是信号系统最重要的目标,列车运行安全也是旅客和货物运输安全的基础。

(2)效率。效率是列车运行系统设计的另一方面;一般地,要保证列车在系统中有较高的运行效率,就要减少裕量。

(3)经济。经济性是系统建设的一个重要标准,设备是需要投资的,在设备数量的考虑方面需要有经济分析。

上述指标相互影响、相互制约。一般地,要保证列车在自动闭塞系统中有较高的运行效率,就不得不减少不必要的安全裕量和对设备的投资。可见,要得到较好的布置方案,需要进行全面、详细的分析。

二、信号布置影响因素

按照列车运行规律来设计和组织铁路运输系统,是科学地进行规划、设计和管理工作的前提,也是保证系统良好运营的基础。信号系统的配置要考虑的主要因素很多,主要包括以下几方面:

1. 信号显示制式

信号显示制式是信号配制的关键点之一,它影响着列车间的闭塞分区数量。如三显示固定闭塞方式需要满足列车全制动距离小于一个闭塞分区长度的要求,准移动闭塞信号方式需要满足列车追踪序列上各闭塞分区长度之和大于列车的制动距离及附加时间运行距离的要求,以及满足轨道电路码序的要求等。当然,在同样的信号制式下,关于列车速度的规定也可以是不相同的,这取决于列车及线路等其他相关条件。

研究信号制式对信号布置的影响时,一般还要考虑列车间间隔分区数量、信号显示的速度含义、组织模式等因素。对不同国家与地区来说,信号显示制式与相关设置可能会不完全一样。

2. 列车紧急制动距离

要保证列车运行的安全,必须使列车在禁行信号前方能够停车,即列车在任何情况下都不至于冒进信号。这里,列车制动距离的长短是考虑信号布置的重要因素。在固定闭塞条件下,列车制动距离增大,信号点之间的距离就要相应地增加,以满足安全的要求;而在准移动闭塞条件下,列车制动距离的大小影响着进站第一、二信号的布置要求及轨道电路码序的检验结果。同时,制动距离也会影响列车间隔时间,这也是信号布置过程中需要检验的条件。在长距离铁路线路上,由于运行着不同种类的列车,各列车的制动能力是不相同的,这导致列车制动距离也是有差异的。如何根据不同列车的运行速度和制动距离进行信号的合理布置,以提高线路通行能力和减少设备投资,是信号系统布置的难点所在。

3. 轨道电路长度

轨道电路是以铁路线路的两根钢轨为导体,两端加以电气绝缘或电气分割,并接上送电和受电设备构成的电路。两组绝缘节之间的钢轨线路(即从送电端到受电端)称为轨道电路的控制区间,这段线路的长度也就是轨道电路的长度。在自动闭塞区段中,轨道电路是布置信号时需要考虑的要点,因为信号机必须布置在轨道电路分界点。换言之,有信号机之处必须设轨道电路分界点。因此,为减少投资,应减少轨道电路的分界点数量,使二者紧密结合。

4. 列车种类

长距离铁路上,不同种类列车的存在是导致信号布置复杂化的一个重要原因,因为信号的布置要兼顾不同种类列车的运行要求。在城市铁路上,列车种类的单一性大大简化了信号布置问题。

在很多情况下,不同种类列车的运行目标也是不一样的。例如,对旅客列车来说,舒适、快速是非常重要的,而对某些货物列车来说,速度并不总是像旅客列车那么重要。在这种情况下,信号系统的设计更具有不确定性,甚至无法形成统一有效的原则。

5. 列车运行组织模式

列车运行组织模式也是影响信号系统配置的重要技术关键。这里的组织模式含义包括:对列车等级的定义,这在混合交通条件下是非常重要的;对列车在区间停车的许可,这里是指正常条件下的停车许可;列车在中间站停车的概率或灵活性,不同列车顺序组合将影响行车间隔,包括通行能力;列车越行与会让的概率。

6. 线路具体条件

固定闭塞是依赖地面信号的列车运行闭塞模式,由于实际线路条件的复杂性,许多地点并不适合或不能设置信号机,如大型桥梁上;隧道内;质量大的货物列车停车后无法起动的上坡道上;可能导致列车断钩的地点;利用动能闯坡的长大上坡道前;瞭望条件差的曲线上;电分相断、合标点之间等。

当上述条件不能满足时,可以考虑采用一些补救措施:上下行信号机无法并列时,可在某一方向增加一架信号机;在起动困难地点设置信号机时,须附设容许信号;在不保证给定追踪间隔时,可按增加 1min 设计。

对于准移动闭塞,地面不再设置信号机,而设置分界标,用以标志闭塞分区的分界点,列车根据车载信号运行。因此,上述条件中,桥梁、隧道及瞭望条件差的曲线不再成为信号布置的限制因素。同时,信号分界标一般需要布置在邻近的接触网支柱上。

由于不同线路的自然地理条件不同,线路具体条件通常是最难以描述的,因此增加了模型与优化的难度,从而使得经验在某些场合更为重要。

三、区间信号的布置要求

1. 闭塞分区长度的设置要求

在三显示自动闭塞中,闭塞分区的长度,即通过色灯信号机之间的距离、每个闭塞分区的最小长度,必须满足《列车牵引计算 第 1 部分:机车牵引式列车》(TB/T 1407.1—2018)规定的列车制动率全值的 0.8 的常用制动和自动停车装置紧急制动的制动距离。

四显示自动闭塞分区的最小长度的确定,应将通过能力要求与保证线路上各种列车所规定的速度的制动距离相结合,关键是怎样确定每种列车的速度等级。一般对同种列车设定的速度等级宜使闭塞分区均等,不同种列车需求的闭塞分区尽可能接近,区段内最后布置的闭塞分区满足各列车中最大者。

计算制动距离时,必须考虑区间客、货列车近远期可能达到的最高行车速度,以利于提高安全性。为了节省投资,在设计闭塞分区长度时,一般尽量不超过轨道电路的极限长度,因此,需要根据实际情况,尽可能调整信号机的位置,以满足轨道电路长度的要求。

目前,我国既有铁路均为客、货混运区段,各种列车由于牵引类型、运行速度以及载重的不同,对制动距离的要求差异很大。对于低速列车,制动距离短,则闭塞分区长度可以短。对于高速旅客列车或重载货物列车,制动距离长,则闭塞分区长度要长。所以闭塞分区长度需要满足各种列车制动距离要求。

从以上分析可见,随着列车速度和密度的不断提高,一方面要实现最小运行间隔,闭塞分区要短,以达到必要的行车密度。另一方面,闭塞分区长度又不能太短,以满足高速和重载列车制动距离要求,保证安全。这些既相互关联又相互制约的条件是导致信号布置工作复杂化的重要因素之一。

2. 固定闭塞方式信号布置要求

(1)区间通过信号机,在以货运为主的线路上,应按货物列车运行速度曲线及时间点布置,但闭塞分区长度应满足高速旅客列车制动距离要求;在以客运为主的线路上,应按旅客列车运行速度曲线及时间点布置。

(2)一般情况下,三显示制式应在两追踪列车之间以三个闭塞分区间隔布置区间通过信号机。在上坡道上,如果列车运行速度比较低、制动距离短,按三个闭塞分区布置难以满足追踪间隔时间的要求,则可按两个闭塞分区长度与司机确认信号时间内运行距离之和进行布置。

同样,在四显示制式下应在两追踪列车之间以四个闭塞分区间隔布置区间通过信号机。在上坡道上,如果列车运行速度比较低、制动距离短,按四个闭塞分区布置难以满足追踪间隔时间的要求,则可按三个闭塞分区长度与司机确认信号时间内运行距离之和进行布置。

（3）区间通过信号机，应在车站进站、出站信号机位置确定后开始布置。

（4）为了节省投资及维修方便，上、下行方向的通过信号机，在不影响行车效率和司机瞭望的情况下，尽可能并列布置。

（5）在利用动能闯坡和在列车停车后可能脱钩的处所，不宜设置信号机。在起动困难的坡道上，也应尽量避免设置信号机，如必须设置，应装容许信号。但进站信号机前方第一架通过信号机不得装设容许信号，并应涂三条黑斜线，与其他通过信号机相区别。

（6）在大型桥梁上和隧道内，尽量避免装设通过信号机。凡需要在这些建筑物出口处设置时，也应该与该建筑物保留一个列车长度的距离，如受通过能力和制动距离条件限制，不能按此要求装设信号机时，可与有关方面共同协商解决。

（7）通过信号机在正常情况下，应设置在便于司机瞭望的直线上，在不利条件下，信号机显示距离应不小于200m。

（8）乘降所前后的通过信号机设置地点，应会同铁路局有关单位共同研究确定，但不得影响通过能力。

（9）信号机位置确定后，应进行编号，一般由信号机坐标公里数和百米数组成，下线编奇数，上行编偶数。

3. 准闭塞方式信号布置要求

与固定闭塞相比，准移动闭塞取消了地面信号，因此，上述条件中，桥梁、隧道及瞭望条件差的线路不再作为信号布置的条件。在准移动闭塞方式下区间信号布置需要满足以下条件：

（1）进出站信号机、反向进出站信号机、进路信号机、区间岔线联络线信号机和区间其他固定信号机作为固定里程的信号点，区间信号在上述信号机位置确定后开始布置。

（2）闭塞分区长度需要满足规定长度的要求，考虑尽可能提高车站接发车能力，在车站附近的一些闭塞分区可以根据车站间隔计算后缩短，并尽可能减小轨道电路的分割长度。

（3）满足进站第一、二接近分区长度的要求，该长度根据车站到达间隔计算确定。

（4）满足出站第一离去信号位置的要求，即在全发车进路没有电码化的车站，反向进站信号机至第一离去距离需要满足设备动作及司机反应时间内运行距离、各型动车组从出站限速制动停车的常用制动距离及安全防护距离的要求；在其他车站，第一离去信号机里程至反向进站信号机距离，不小于规定距离。

（5）满足CTCS2级列控系统轨道电路正常码序显示的要求，即必须满足列车按规定的速度运行时，列车追踪序列上各闭塞分区长度之和大于列车安全制动距离及附加时间运行距离的要求。

（6）满足接触网支柱位置的要求，即路基和桥梁地段的信号点要求布置在邻近的接触网支柱上。

（7）满足分相绝缘器的要求，包括：信号点不能布置在电分相内；电分相前端距信号点满足最小距离的要求；电分相后端距信号点的距离满足停车后可顺利通过电分相无电区的要求。

（8）满足区间及车站追踪间隔时间的要求。

第 2 节　信号布置方法

信号布置可以采用手工方式布置信号,或根据给定的条件利用计算机自动布置,同时可以对信号布置的初步方案进行手工调整。以下分别介绍固定闭塞、准移动闭塞信号条件下信号布置的方法。

一、固定闭塞条件下信号布置方法

固定闭塞条件下信号自动布置可以采用以下三种方式,即按给定的列车追踪间隔时分布置、按最小列车追踪间隔时分布置和按信号数最少布置。

1. 按给定的列车追踪间隔时分布置

该方法从起点站开始按给定的列车追踪间隔时分向终点站方向顺序布置。信号机布置过程如图 9-1 所示。

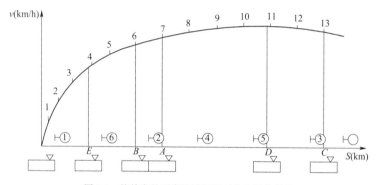

图 9-1　按给定的列车追踪间隔时分布置信号机

图 9-1 中信号显示制式为三显示,列车追踪间隔时分为 7min,信号机 1 为出站信号机。其布置过程为:从起点站开始向前取时间间隔为 7min 的点 A 作为列车的中心点,从 A 点后退半个列车长,即在列车尾部的位置点布置信号机 2。以信号机 2 作为车头位置后退半个列车长得到 B 点,从 B 点向前间隔 7min 得到 C 点,从 C 点后退半个列车长布置信号机 3。在信号机 2 和信号机 3 之间按等时间布置信号机 4 和信号机 5。再从信号机 5 前移半个列车长得到 D 点,从 D 点后退时间间隔 7min 得到 E 点,再从 E 点前移半个列车长布置信号机 6。按同样的方法,信号机 3 以后的信号机可以由信号机 4、5、3 向前方按 7min 时间间隔顺序布置。按此方法即可对相应的区间进行信号机布置。

按该方法布置信号机所得结果最接近给定列车追踪间隔时分。对追踪间隔已经确定的情况,可以按该方法布置。

2. 按最小列车追踪间隔时分布置

该方法给出闭塞分区允许的长度范围,通过速度分级和不同列车分级制动距离的限制,自动确定信号机位置,目标是列车追踪间隔时分最小。

其布置过程为:首先取给定的闭塞分区长度最小值作为布置信号机的闭塞分区长度,在区间内平均分布信号机。然后按不同信号显示制式的要求进行列车的起、停车检验,符合要求则确定该方案为最终的方案,否则需要增加相应信号机之间的闭塞分区长度,重新布置及检验。

3. 按信号数最少布置

该方法为尽量减少信号设备的投资而设计,目标是在不超过列车追踪间隔时分的条件下,布置的信号数最少,即尽可能增加相邻信号之间的闭塞分区长度。

其布置过程为:首先选用闭塞分区长度的最大允许值作为布置信号的闭塞分区长度,在区间内平均分布信号。然后进行列车的起、停车检验,如不满足检验要求,则需要考虑降低列车的运行速度或提高列车的制动能力。接着进行列车追踪间隔时分检验,如超过给定的列车追踪间隔时间,则需要减小相应信号之间的闭塞分区长度。在检验结果满足要求后,则可以确定最终的布置方案。

二、准移动闭塞条件下信号布置方法

1. 准移动闭塞条件下的信号布置

(1)确定区间进站第一、二接近信号点。

(2)确定区间出站第一离去信号点。

(3)从区间进站第二接近信号开始,向区间按顺序反向确定区间其他信号点。

(4)确定区间列车追踪间隔时间,包括区间列车追踪间隔时间、车站出发间隔时间、车站到达间隔时间和车站通过间隔时间等。

(5)信号布置的检验,包括轨道电路码序检验、电分相条件检验、接触网支柱条件检验、列车起动检验、列车追踪间隔时分检验。如不满足检验条件,调整相应的信号位置。

2. 进站第一、二接近信号点的确定

进站第一、二接近信号点的位置影响着列车在车站的到达间隔,也就是确定列车在车站的到达间隔之前,需要首先确定列车到达进站第二接近信号点的速度,确定进站第一、二接近信号点位置,可以采用试算的方式。首先假定第二接近信号点位置,根据假定的第二信号点的位置确定列车到达进站第二接近信号点的速度,进而计算车站的到达间隔时间。为保证信号点数量最少,可以通过调整第二信号点的位置使车站的到达间隔接近给定的间隔时间,此时的第二接近信号点位置即为所求位置。

列车到达间隔时间与第一、二接近信号点位置的关系如图9-2所示。

如图9-2所示,根据进站信号机及第二接近信号点的位置,以进站信号机反向加安全距离处为目标停车点,进行常用制动反推,根据常用制动速度-距离曲线得到列车到达第二接近信号点的速度,然后按照这一速度计算到达间隔,并与给定的间隔时间相比较,当到达间隔小于并接近给定的间隔时间时,则得到了第二接近信号点的位置,第一接近信号点的位置范围位于第二接近信号点临界位置和进站信号机之间,并根据轨道电路长度、信号码序等条件来确定。

确定进站第一、二接近信号点位置范围的方法如下:

(1)设进站信号机的位置为x_{Ns+1},车站最远停车股道的反向出站信号位置为x_{Df},则考虑安全距离的目标停车点的位置为$x_{stop} = x_{Ns+1} - l_{safe}$。

(2)取第二接近信号点位置为x_{Ns-1}。

(3)从目标停车点 x_{stop} 起按常用制动进行反推,得到制动反推曲线,得到第二接近信号点位置处的列车运行速度 v_0。

(4)取第二接近信号前方相邻信号位置作为第二接近信号点位置的上限 $\lceil x_{Ns-1} \rceil$。

(5)在进站限速的限制下,计算列车的车站到达间隔时间 $I_到$。

(6)如果 $I_到 > H$,则 $x'_{Ns-1} = x_{Ns-1} + \Delta l$($\Delta l$ 为设定的距离增量),同时记录 x_{Ns-1} 的位置作为第二接近信号点位置的下限 $\lfloor x_{Ns-1} \rfloor$,如果 $x'_{Ns-1} < \lceil x_{Ns-1} \rceil$,则 $x_{Ns-1} = x'_{Ns-1}$,转(4),除此之外,$x'_{Ns-1} = \lceil x_{Ns-1} \rceil$,转(8);

如果 $I_到 < H$ 且 $H - I_到 > e_H$(e_H 为允许的间隔误差),则 $x'_{Ns-1} = x_{Ns-1} - \Delta l$,同时记录 x_{Ns-1} 的位置作为第二接近信号点位置的上限 $\lceil x_{Ns-1} \rceil$,如果 $x'_{Ns-1} > \lfloor x_{Ns-1} \rfloor$,则 $x_{Ns-1} = x'_{Ns-1}$,转(4),除此之外,$x'_{Ns-1} = \lfloor x_{Ns-1} \rfloor$。

(7)得到第二接近信号点的临界位置 x'_{Ns-1}。

(8)确定第一接近信号点的位置范围,$x_{Ns-1} < x_{Ns} < x_{Ns+1}$,取 $x_{Ns} = \dfrac{x_{Ns+1} - x_{Ns-1}}{2}$。

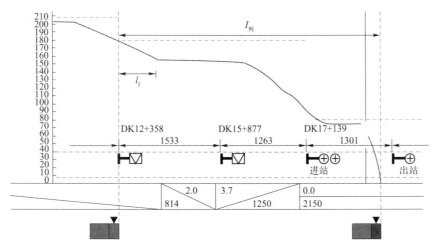

图 9-2 车站到达间隔计算图

3. 出站第一离去信号点的确定

出站第一离去信号点的位置影响着列车在车站的出发间隔。在全发车进路没有电码化的大站,在满足发车间隔的前提下,为提高过岔速度,第一离去信号点至反向进站信号机距离应满足出站限速到 0 的制动距离的要求。同时,在其他车站,第一离去信号点与反向进站信号机的距离要满足规定距离的要求。

因此,在全发车进路没有电码化的大站,出站第一离去信号点的位置范围由如下两个条件确定:①第一离去信号点至反向进站信号机距离满足出站限速到 0 的制动距离的要求。②满足车站出发间隔的要求。

车站出发间隔与第一离去信号点位置的关系如图 9-3 所示。

确定出站第一离去信号点位置范围的方法如下:

(1)设出站信号机的位置为 x_0,车站反向进站信号机位置为 x_{Hf}。

(2)设第一离去信号点位置为 x_1,则考虑安全距离的目标停车点的位置为 $x_{stop} = x_1 - l_{safe}$。

(3)设附加时间(设备动作时间及司机反应时间)为 t_f,从反向进站信号机位置 x_{Hf} 起,按出站限速 $v_{出}$ 运行 t_f 的距离为 l_f,之后按常用制动停车,其制动距离为 S_b^v,得到列车的制动曲线。

(4)第一离去信号点位置为 $x_1 = x_{Hf} + l_f + S_b^v + l_{safe}$,记录 x_1 的位置作为第一离去信号点位置的最小值 x_{1min} 及下限 $\lfloor x_1 \rfloor$,取第一离去信号前方相邻信号位置作为第一离去信号点位置的上限 $\lceil x_1 \rceil$。

(5)在出站限速的限制下,计算列车的车站出发间隔时间 $I_发$。

(6)如果 $I_发 > H$,则 $x_1' = x_1 - \Delta l$(Δl 为设定的距离增量),同时记录 x_1 的位置作为第一离去信号点位置的上限 $\lceil x_1 \rceil$,如果 $x_1' > \lfloor x_1 \rfloor$,则 $x_1 = x_1'$,转(6),除此之外,$x_1' = \lfloor x_1 \rfloor$,转(8)。

如果 $I_发 < H$ 且 $H - I_发 > e_H$(e_H 为允许的间隔差值),则 $x_1' = x_1 + \Delta l$,同时记录 x_1 的位置作为第一离去信号点位置的下限 $\lfloor x_1 \rfloor$,如果 $x_1' < \lceil x_1 \rceil$,则 $x_1 = x_1'$,转(6),除此之外,$x_1' = \lceil x_1 \rceil$。

(7)得到第一离去信号点的位置 x_1' 作为第一离去的最大值 x_{1max},由此得到第一离去信号点的位置范围 $x_1 \in [x_{1min}, x_{1max}]$,取 $x_1 = x_{1min}$。

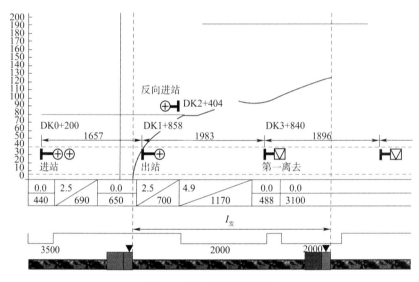

图 9-3　车站出发间隔计算图

4. 区间其他信号点的确定

出站第一离去信号点以及进站第一、二接近信号点的位置决定着列车在车站的出发及到达间隔,而车站的出发及到达间隔往往成为追踪间隔的限制因素,在确定出站第一离去信号点以及进站第一、二接近信号点的位置之后,就可以进一步确定区间其他的信号点。

图 9-4 为区间信号点的布置图。

在布置区间信号点时需要满足以下条件:

(1)为尽可能减小轨道电路的分割长度,信号点的布置应充分利用轨道电路极限长度,一般来说,路基内的轨道电路极限长度为 1400m,桥梁内的轨道电路极限长度为 1000m,隧道内的轨道电路极限长度根据隧道长度的不同分别为 1000m(隧道长 < 300m)、800m(隧道长 300~2000m)和 600m(隧道长 > 2000m)。

(2)路基和桥梁地段的信号点需要布置在相邻的接触网支柱上。

(3)所布置的信号点的位置对于区间内的电分相需要满足两个条件:①电分相后端与信号点的距离停车后能够以大于规定的速度通过电分相无电区;②电分相前端与信号点的距离不小于规定的距离。

(4)所布置的信号点需要满足在各信号点的位置前停车后能够重新起动。

(5)根据列车出发间隔时间,对最后布置的信号点位置进行调整。

(6)进行信号布置的检验。

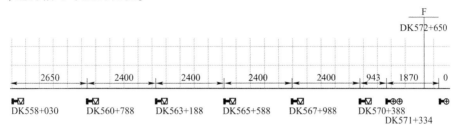

图9-4 区间信号点的布置图

确定出区间信号点位置范围的方法如下:

(1)设进站第二接近信号点为 x_{Ns-1},且令 $y_{i-1} = x_{Ns-1}$,通过电分相无电区的最小速度限值为 v_f,电分相前端距信号点的最小距离限值为 S_f,与接触网支柱的合并距离为 S_j,信号点的距离增量为 ΔS。

(2)设 $j=1$,则后方信号点的位置为 $y_i = y_{i-1} - \Delta l \cdot j$。如果 $y_{i-1} \notin [T_{lk}, T_{rk}]$ 且 $y_{i-1} \notin [B_{lk}, B_{rk}]$,则 $\Delta l = 1400$,除此之外,$y_{i-1} \notin [B_{lk}, B_{rk}]$,则 $\Delta l = 1000$,除此之外,$y_{i-1} \in [T_{lk}, T_{rk}]$,则 $\Delta l \in \{1000, 800, 600\}$。

(3)如果 $|y_i - y_{i-1}| < l_{max}$,则 $y_{old} = y_i$,$j = j+1$,转(2);除此之外,$y_i = y_{old}$,转(4)。

(4)设 P_j 为接触网支柱位置,如果 $P_j > y_i$ 且 $P_j - y_i < S_j$ 且 $y_i \notin [T_{lk}, T_{rk}]$,则 $y_i = P_j$。

(5)如果 $y_i \in [F_{lk}, F_{rk}]$,则 $y_i = F_{rk} + S_f$,转(4)。

(6)如果 $y_i < F_{lk}$ 且 $F_{rk} < y_{i-1}$,在 y_i 位置处进行电分相后端条件检验,设通过电分相无电区 $[F_{lk}, F_{rk}]$ 的速度为 v_t。如果 $v_t < v_f$,从 F_{rk} 位置处以 v_f 反推起车位置为 y_i,转(4);在 y_{i-1} 位置处进行电分相前端条件检验,如果 $y_{i-1} - F_{rk} < S_f$,则 $y_{i-1} = F_{rk} + S_f$,转(4)。

(7)在 y_i 位置处进行码序检验,如果不满足检验条件,则 $y_i = y_i - \Delta S$,转(4)。

(8)在 y_i 位置处进行列车起车检验,如果 $\sum_{k=1}^{l}[F_q]_k \cdot \lambda_y < [\sum_{k=1}^{l} P_k([w'_q]_k + i_q) + G_q(w''_q + i_q)]g \cdot 10^{-3}$,则 $y_i = y_i - \Delta S$,转(4)。

(9)如果 $y_i < x_1$,转(10);除此之外,$y_i - x_1 \geq l_{min}$,$i = i+1$,转(2);除此之外,$y_i - x_1 < l_{min}$,删除 x_1。

第3节 信号布置检验

信号系统在布置的过程中或布置完成之后,需要对相应的条件进行检验,以确定信号点位置是否满足要求,各检验条件描述如下。

一、闭塞分区最大长度检验

一般情况下,闭塞分区长度不应超过给定允许最大长度,如轨道电路的极限长度及预先设定的长度限值等,同时必须满足轨道电路最小长度的要求。因此,需要根据实际情况,尽可能调整信号点的位置,以满足闭塞分区长度的要求。如果某些闭塞分区的长度超过了允许的长度限值,就需要具体分析闭塞分区过长的原因,通过适当降低列车运行速度或者提高列车制动能力的方式来减小闭塞分区的长度。

二、列车起车检验

在布置信号点位置时,需要保证在信号点处停车之后列车能够重新起动,否则,在该位置处不允许布置信号点。列车在信号点位置处停车后能否重新起动需要进行检验,尤其是设置在上坡道的通过信号,应进行起动验算。其检验过程为:将列车头部置于要检验的信号处,利用列车起动算法计算列车的牵引力是否满足需要。

列车起动牵引力需满足式(9-1)的条件才能保证列车在该坡段起车。

$$\sum_{k=1}^{l} [F_q]_k \cdot \lambda_y \geq \left[\sum_{k=1}^{l} P_k ([w'_q]_k + i_q) + G_q (w''_q + i_q) \right] g \cdot 10^{-3} \quad (\text{kN}) \quad (9-1)$$

式中:F_q——机车的计算起动牵引力,kN;

λ_y——牵引力使用系数,取 0.9;

l——机车数量;

P——机车质量,t;

G_q——列车牵引质量,t;

$w'_q \setminus w''_q$——机车、车辆起动时的单位基本阻力,N/kN;

i_q——起动地段的加算坡度千分数;

g——重力加速度,取 9.81 m/s²。

三、列车停车检验

列车的制动距离必须在闭塞分区长度要求的范围内,因此列车停车检验需要确定闭塞分区长度以及列车制动距离的计算方法。对于三显示信号制式,其闭塞分区长度和列车制动距离需要满足以下条件:

$$L_{闭} \geq S_b \quad (\text{m}) \quad (9-2)$$

其中:
$$S_b = S_k + S_e \quad (\text{m}) \quad (9-3)$$

$$S_k = \frac{v_0 t_k}{3.6} \quad (\text{m}) \quad (9-4)$$

式中:$L_{闭}$——三显示自动闭塞分区长度,m;

S_b——列车制动距离,m;

S_k——制动空走距离,m;

S_e——有效制动距离,m;

v_0——制动初速度,km/h;

t_k——空走时间,s。

根据上式可以求出三显示信号制式下闭塞分区长度和列车制动距离的关系。图 9-5 显示了三显示闭塞分区的检验方法。在三显示制式中,列车的制动距离应该小于一个闭塞分区的长度。

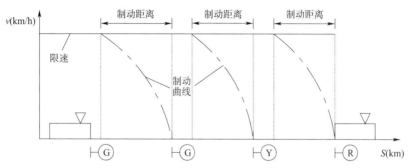

图 9-5 三显示闭塞分区的检验方法

四、轨道电路码序检验

CTCS2 级列控系统轨道电路的码序为 HU,U,LU,L,L2,L3,L4(L5 预留)。为保证 CTCS2 级列控系统轨道电路的正常码序显示,列车按规定的速度运行时,列车追踪序列上的各闭塞分区长度之和,必须大于列车常用制动距离、附加时间(各种设备动作时间及司机反应时间)运行距离和安全防护距离之和。

码序显示及制动曲线示意如图 9-6 所示。

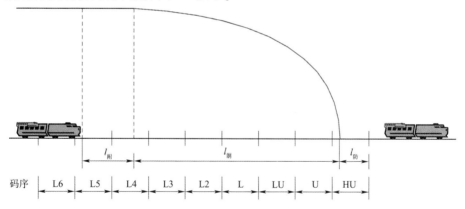

图 9-6 码序显示及列车制动曲线示意图

在进行轨道电路码序检验时可以遵循如下原则:

(1)计算列车按车站通过运行的速度-时分曲线。

(2)对每一信号,将信号点位置作为计算过程终点,同时考虑安全防护距离后,作为目标停车点。

(3)从目标停车点开始反推制动曲线,与列车速度-时分曲线相交。

(4)从交点反推附加时间,将得到的位置点作为计算过程起点。

(5)统计计算过程起终点之间的闭塞分区数。

(6)根据闭塞分区数得出是否满足轨道电路码序检验。

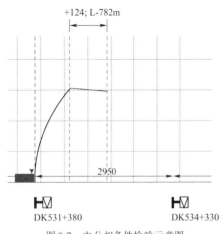

图 9-7 电分相条件检验示意图

五、电分相条件检验

由于在电分相内列车需断电惰行,因此需满足如下条件:

(1)信号点位置不能位于电分相内。

(2)电分相前后端,即断标与合标处,需要与相邻信号机满足一定距离要求。电分相后端(断标处)与信号点的距离要满足在该信号点处停车后,列车能够以大于规定速度的速度通过电分相无电区的要求;电分相前端(合标处)与信号点的距离要满足大于规定距离的要求。

图 9-7 为电分相条件检验示意。

六、接触网支柱条件检验

接触网支柱是接触网中最基本、应用最广泛的支撑设备,用来承受接触悬挂与支持设备的负荷。接触网支柱,按其使用材质分为预应力钢筋混凝土支柱和钢支柱两大类。

接触网支柱位于路基和桥梁地段,因此路基和桥梁地段的信号点要布置在邻近的接触网支柱上。如果路基和桥梁地段的信号点附近没有接触网支柱,则信号点位置不受此条件限制。

七、列车追踪间隔时间检验

列车追踪间隔时间检验是信号布置的重要过程。为了保证线路的通行能力,在列车追踪运行时,需要满足区段内给定的列车追踪间隔时间的要求,即各追踪间隔时间的最大值一般不能超过给定的列车追踪间隔时间。因此,在上述检验的基础上,还需要进行列车追踪间隔时间检验。如果在某一信号显示制式条件下,信号点之间的某一列车追踪间隔时间大于给定的间隔时间,则需要对相应的信号位置进行调整,然后重新进行各项检验,直到满足要求为止。列车追踪间隔时间检验,需要分别对各追踪间隔时间,即区间列车追踪间隔时间、车站出发间隔时间、车站到达间隔时间和车站通过间隔时间等进行检验。

图 9-8 为区间列车追踪间隔计算图。

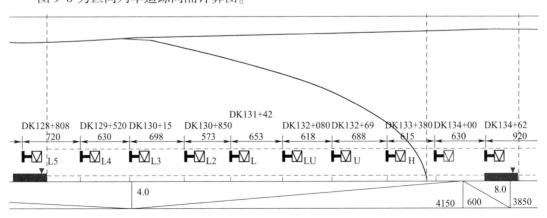

图 9-8 区间列车追踪间隔计算图

第4节 案例设计及分析

一、固定闭塞条件下信号布置

以某线路为例,按三显示固定闭塞方式、6min 追踪间隔时间进行区间信号布置。车站数据见表9-1。

车站数据表　　　　　　　　　　　　表9-1

编号	车站名称	中心里程	进站信号机里程	出站信号机里程	反向进站信号机里程
1	A	DK252+536	DK253+500	DK252+251	DK251+294
2	B	DK219+785	DK220+284	DK219+484	DK219+140

电分相里程数据见表9-2。

电分相数据表　　　　　　　　　　　　表9-2

编号	断标点里程	合标点里程
1	K246+711	K246+189
2	K229+310	K228+787
3	K206+547	K206+033

列车数据见表9-3。

列车数据表　　　　　　　　　　　　表9-3

机车	牵引质量(t)	车辆数	列车长度(m)	最高运行速度(km/h)
SS_1	2000	40	580	95

电分相检算需要满足的条件见表9-4。

电分相检算条件　　　　　　　　　　　　表9-4

电分相检算参数	数值
电分相距前方信号最小距离(m)	300
合标点最小出口速度(km/h)	30

按三显示固定闭塞方式、6min 追踪间隔时间进行区间信号布置,信号布置结果如图9-9所示。

AB 区间信号布置结果数据见表9-5。

在本例中设置追踪列车间隔时间为 6min,区间的最大追踪间隔时间为 4.4min,最小追踪间隔时间为 2.5min,满足追踪间隔时间 6min 的要求。

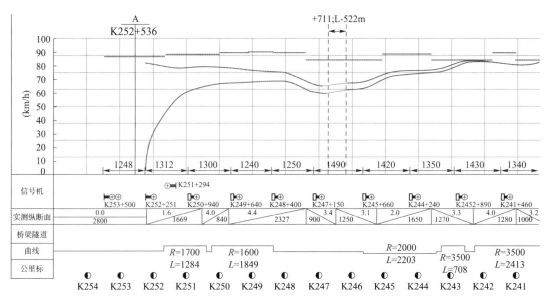

图 9-9　信号机布置结果图

AB 区间信号布置结果数据表　　　　　　　　　　　　　　　　　　　　表 9-5

序号	信号点里程	闭塞分区长度(m)	追踪间隔时间(min)	序号	信号点里程	闭塞分区长度(m)	追踪间隔时间(min)
1	K250+940	1300	2.6	12	K236+040	1450	3.4
2	K249+640	1240	2.5	13	K234+590	1440	3.5
3	K248+400	1250	3.5	14	K233+150	1370	3.6
4	K247+150	1490	3.6	15	K231+780	1570	3.7
5	K245+660	1420	3.9	16	K230+210	1730	3.9
6	K244+240	1350	4.1	17	K228+480	1390	4.3
7	K242+890	1430	4	18	K227+090	1970	4.3
8	K241+460	1340	3.7	19	K225+120	1940	4.4
9	K240+120	1350	3.5	20	K223+180	1430	4.4
10	K238+770	1270	3.5	21	K221+750	1466	4.3
11	K237+500	1460	3.4				

如表 9-6 所示，电分相后方信号合标点出口速度的最小值为 44.6km/h，满足最小出口速度大于 30km/h 的要求，电分相合标点距前方信号距离的最小值为 303m，满足最小距离大于 300m 的要求。

电分相检验结果数据表　　　　　　　　　　　　　　　　　　　　表 9-6

编号	断标点	合标点	后方信号	合标点出口速度(km/h)	前方信号	合标点距前方信号距离(m)
1	K246+711	K246+189	K247+150	44.6	K245+660	529
2	K229+310	K228+787	K230+210	59.9	K228+480	307
3	K206+547	K206+033	K207+260	48.3	K205+730	303

综上所述，AB 区间所布置的信号机满足追踪间隔时间检验及电分相检验，同时各个信号还满足起车及制动距离的要求，因此，在三显示固定闭塞方式下该信号布置方案满足要求。

本案例主要以三显示信号制式为例进行了信号机的布置，另外，在客、货列车混行的线路上，由于客、货列车运行的速度不同，需要采用四显示等信号制式以增大线路的通行能力，因此还可以根据列车速度等级的不同进行四显示自动闭塞信号机的布置。

二、准移动闭塞条件下信号布置

以某线路为例，按准移动闭塞方式、列控等级为 CTCS2 的条件进行区间信号布置。
车站数据见表 9-7。

车站数据表　　　　　　　　　　　　　　　　　　　　表 9-7

编号	车站名称	中心里程	进站信号机里程	出站信号机里程	反向进站信号机里程
1	A	DK473+750	DK473+078	DK474+108	DK474+536
2	B	DK572+650	DK571+330	DK573+092	DK574+081

电分相里程数据见表 9-8。

电分相数据表　　　　　　　　　　　　　　　　　　　　表 9-8

编号	断标点里程	合标点里程
1	DK491+922	DK492+704
2	DK532+124	DK532+906

所选列车为 CRH2 动车组，数据见表 9-9。

动车组数据表　　　　　　　　　　　　　　　　　　　　表 9-9

类型	列车重量(t)	列车长度(m)	最高运行速度(km/h)
CRH2	840	402	250

轨道电路传输极限长度与线路条件有关，具体的长度取值见表 9-10。

轨道电路传输极限长度数据表　　　　　　　　　　　　　表 9-10

线路条件	长度(m)	线路条件	长度(m)
隧道(<300m)	1000	路基	1400
隧道(300~2000m)	800	桥梁	1000
隧道(>2000m)	600		

信号布置过程中需要满足的条件见表 9-11。

1. 第一离去信号点的布置

首先布置 A 站出站第一离去信号点，A 站的出站信号机为 DK474+058，反向进站信号机为 DK474+535，如图 9-10 所示。由于 A 站为全发车进路电码化的车站，因此第一离去信号点需要满足与反向进站信号机 DK474+535 的距离大于 300m 的条件,因此,第一离去信号点的布置位置初步布置为 DK474+839。该位置为临时布置位置,根据区间信号的布置位置再进行调整。第一离去信号点的布置如图 9-10 所示。

信号布置参数表　　　　　　　　　　　　　　　　　　　　　　　　表 9-11

信号布置参数	数值	信号布置参数	数值
追踪间隔时间(min)	3	最大闭塞分区长度(m)	3000
电分相距前方信号点最小距离(m)	300	安全裕量(m)	200
合标点最小出口速度(km/h)	30	信号点和接触网支柱合并距离(m)	60
最小闭塞分区长度(m)	300	第一离去距车站反向进站最小距离(m)	300

2. 第一、二接近信号点的布置

从 B 站的进站信号机开始反向布置第一、二接近信号点,进站信号机位置为 DK571+334,如图 9-11 所示。由于 B 站的进站信号机距车站中心距离较长,为 1316m,通过计算,列车不提前减速的进站间隔时间为 3.3min,超过给定的 3min。经计算确定进站前的减速点为 DK567+343,限速为 286km/h,因此,第二接近信号点的位置需要在 DK567+343 的前方。

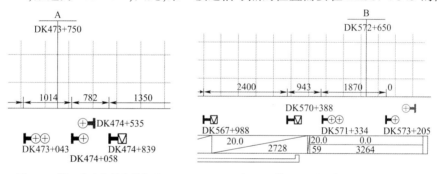

图 9-10　第一离去信号点的布置　　　　图 9-11　第一、二接近信号点的布置

首先确定第一接近信号点的位置。经计算,进站信号机后方第一个轨道电路的始端位置确定为第一接近信号点的位置,由于第一个轨道电路位于路基及隧道中,因此需要根据相应的长度进行加权计算。第一个轨道电路的加权长度为 949m,由于信号点需要位于邻近的接触网支柱上,邻近的接触网支柱为 DK570+388,所以第一接近信号点的位置确定为 DK570+388,且闭塞分区长度为 943m。从第一接近信号点开始,其后方的轨道电路位于隧道中,由于隧道长度为 9935m,所以位于隧道内的轨道电路极限长度为 600m。第一接近信号点与后方 4 个轨道电路始端的距离为 2400m,其长度小于 3000m,轨道电路始端位置为 DK567+988,该位置在预先计算的进站减速点 DK567+343 的前方,并且和接触网支柱位置相同,所以确定第二接近信号点的位置为 DK567+988。

3. 区间其他信号点的布置

从第二接近信号点 DK567+988 开始布置区间其他信号。由于第二接近信号点 DK567+988 后方的轨道电路位于隧道长度大于 2000m 的隧道上(隧道起点 DK560+785,长度 9935m),因此其后方的轨道电路极限长度均为 600m,取 4 个轨道电路长度 2400m 作为该信号点后方闭塞分区的长度,该长度满足小于 3000m 的要求,同时考虑邻近的接触网支柱的要求,布置其后方信号位置为 DK565+588,经检验,信号点 DK565+588 满足各项检验要求。从信号点 DK565+588 开始继续布置区间其他信号。AB 区间信号位置及追踪间隔检验见表 9-12。

AB 区间信号布置结果数据表 表 9-12

序号	信号点里程	闭塞分区长度(m)	追踪间隔时间(min)	码序	序号	信号点里程	闭塞分区长度(m)	追踪间隔时间(min)	码序
1	DK474+839	1350	1.7	LU	15	DK521+680	2600	2.1	U
2	DK476+189	2400	1.9	L	16	DK524+280	2200	2	U
3	DK478+589	2200	1.9	LU	17	DK526+480	2300	2.1	LU
4	DK480+720	2700	2.1	U	18	DK528+780	2600	2.1	LU
5	DK483+420	2300	2	U	19	DK531+380	2950	2.2	U
6	DK485+720	2550	2	U	20	DK534+330	2200	2	U
7	DK488+270	2250	2.1	U	21	DK554+030	2000	1.9	U
8	DK490+520	2550	2.1	U	22	DK556+030	2000	1.9	LU
9	DK493+070	2400	2	U	23	DK558+030	2650	2.1	LU
10	DK495+470	2300	2	U	24	DK560+788	2400	2	U
11	DK497+770	2800	2.1	U	25	DK563+188	2400	2.1	U
12	DK500+570	2500	2.1	U	26	DK565+588	2400	2.3	LU
13	DK503+070	2450	2.1	U	27	DK567+988	2400	2.3	LU
14	DK505+520	2550	2.1	U	28	DK570+388	943	1.6	U

同时,各信号点的码序检验中,最大码序为 L(四个闭塞分区),最小码序为 U(两个闭塞分区),满足码序的检验要求。区间的最大追踪间隔时间为 2.3min,最小追踪间隔时间为 1.6min,满足追踪间隔时间 3min 的要求。

车站间隔时间计算汇总于表 9-13,各间隔时间均满足追踪间隔时间 3min 的要求。

车站间隔时间计算汇总表 表 9-13

站名	到达间隔时间(min)	出发间隔时间(min)	通过间隔时间(min)
A	2.9	2.1	1.8
B	2.6	—	—

如表 9-14 所示,电分相后方信号合标点出口速度的最小值为 80.4km/h,满足最小出口速度大于 30km/h 的要求,电分相合标点距前方信号距离的最小值为 366m,满足最小距离大于 300m 的要求。

电分相检验结果数据表 表 9-14

编号	断标点	合标点	后方信号	合标点出口速度(km/h)	前方信号	合标点距前方信号距离(m)
1	DK491+922	DK492+704	DK490+520	93	DK493+070	366
2	DK532+124	DK532+906	DK531+380	80.4	DK534+330	1424

综上所述,AB 区间所布置的信号机满足各项检验,因此,在准移动闭塞条件下该信号布置方案满足要求。

习题

1. 简述区间信号布置的影响因素。
2. 简述固定闭塞及准移动闭塞条件下的区间信号布置要求。
3. 固定闭塞区间信号有哪些布置方法?简述其布置过程。
4. 简述准移动闭塞条件区间信号的布置过程。
5. 区间信号布置后需要做哪些检验?简述其检验过程。

第10章 城市轨道交通列车运行计算

城市轨道交通系统具有站间距较短、列车加速与制动频繁、牵引质量小等特点，其列车在编组、牵引/制动性能、站间运行模式等方面都与铁路列车有所不同。城市轨道交通列车运行计算需要考虑其列车运行特点，因而与铁路列车运行计算方法有一定差异。本章主要介绍城市轨道交通系统列车运行计算的方法、相关数据、经验公式及其参数选择。

第1节 城市轨道交通列车运行计算的要素

一、城市轨道交通列车运行计算特点

与铁路列车运行特点相比，城市轨道交通系统的列车运行计算具有以下特点：

(1)城市轨道交通列车加减速性能较好，因而紧急制动距离较短；城市间长距离铁路线路列车紧急制动距离一般规定为800m，我国地铁列车规定为180m。

(2)城市轨道交通线路上站间区间较短，多数在1~3km，列车运行速度调节模式一般为牵引-惰行-制动。铁路列车车站间距离较大，一般都在10km及以上，列车运行调速过程往往需要在牵引、惰行、制动等工况间多次转换。

(3)城市轨道交通系统车站站台较短，对列车停车精度要求很高，国外地铁车辆停站误差一般小于20cm，传统铁路列车的停车精度要求一般远低于这个标准。

(4)城市轨道交通列车编组小，质量轻，列车动力性能相对好，对给定速度的维持能力强，列车运行过程中可以采用巡航模式，城市间列车则难以做到。

(5)由于城市轨道交通列车良好的动力性能，列车运行计算可以直接采用基于加(减)速度的模式来计算，这也不同于传统铁路列车运行过程计算。

(6)城市轨道交通列车上站立人数多，为保证旅客安全与舒适性，对列车加速与制动过程的加速度变化有较严格的限制。

(7)城市轨道交通列车制动方式普遍采用电制动和空气制动协调配合的混合制动方式，并且常用制动时优先采用电制动，与铁路列车有所不同。

二、车辆特性

城市轨道交通车辆是城市轨道交通工程最重要的设备，也是技术含量较高的机电设备，具有先进性、可靠性和实用性等特征，并满足容量大、安全、快速、舒适、美观和节能的运营要求。

1. 车型

城市轨道交通车辆按照车辆设备配置，分为动车和拖车、带司机室和不带司机室等多种形式，如无司机室的拖车(T车)、带司机室的拖车(Tc车)、带司机室的动车(Mc车)、无司机

室的动车(M车)、带受电弓的动车(Mp车)以及带司机室和受电弓的动车(Mcp车)。

按照车辆大小及定员,可分为A型车、B型车和C型车三种车型。A型车宽3.0~3.2m,高3.8m,车体长度22.8m(或21~24m),定员310人;B型车宽2.8m,高3.8m,车体长度19.8m(或19~21m),定员230~250人;C型车宽2.6m,长19m(或15~19m),定员210~220人(以上定员按站立6人/m² 标准)。采用钢轮钢轨、旋转电机牵引的城市轨道交通车辆,以A型车和B型车为主要车型。目前,上海地铁多数线路以及深圳、广州地铁大多采用A型车辆,而北京地铁采用B型车辆较多。

A型车具有载客量大、功能先进、运行可靠等特点,适合人口密度、流量大的特大型城市,可以解决加挂车厢过多带来的诸多难题,有效缓解轨道交通运输压力。A型地铁车辆,列车的半磨损动轮直径为0.805m,传动比为6.9。动车为4轴动车,每根轴由一台三相异步牵引电机驱动,电能通过动车顶部的受电弓传送到牵引系统。供电电压额定值为1500V,网压变化范围为1000~1800V。接触网上的1500V直流电通过牵引逆变器,以变频变压(VVVF)方式转变为三相交流电,同时为4台牵引电机供电。B型4轴车主要技术参数见表10-1。

B型4轴车主要技术参数 表10-1

项目		内容
车辆基本型式		B型4轴车
受电方式		DC1500V架空接触网受电
车辆编组		4辆或5辆
车辆主要尺寸	车体长度	19000mm
	车辆长度	19520mm
	车辆宽度	2800mm
	车辆高度	3800mm
	转向架中心距	12600mm
	轴距	2200mm
车体	构造	铝合金或不锈钢焊接结构
	客室座椅布置	纵向,Mc车36位,M和T车46位
	客室开门	2对/侧/辆
	紧急疏散门	设于司机室端部
	贯通道	大通道式,不设端门
	空调与通风	车顶单元式,每辆车2台
电力牵引和制动	牵引电动机	三相交流异步牵引电动机
	控制装置	VVVF逆变器
	辅助电源	IGBT辅助逆变器
	低压电源	碱性蓄电池
	制动	再生制动与空气制动相结合,电制动优先
	空气制动机	数字模拟式空气制动机

续上表

项目		内容
载客量	定员载客(6人/m²)	Mc车230人，M和T车245人
	超员载客(9人/m²)	Mc车290人，M和T车310人
轴重		≤14t
最高运行速度		80km/h

2. 列车编组

城市轨道交通列车的编组，由不同型式的车辆，根据客流预测、设计运输能力、线路条件、环境条件及运营组织等要素确定。列车的动拖比，根据起动加速度、制动减速度、平均速度、旅行速度、故障运行能力、维修费、耗电量、车辆的购置费等因素，以及充分发挥再生制动作用，减少摩擦制动材料消耗，减少在隧道内的发热量，节约电能，减少环境污染等因素综合分析确定。

目前，我国城市轨道交通系统A型列车编组为8辆/列、6辆/列两类，动力配置分别为六动两拖、四动两拖；B型列车编组为8辆/列、6辆/列、4辆/列三类，动力配置分别为六动两拖、三动三拖或四动两拖、两动两拖。以某城市轨道交通线路列车为例，列车编组为四动两拖方式，车辆为A型车，动车质量为38t，拖车为34t。不同载荷下列车的载客量和车辆的质量见表10-2，其中乘客人均质量按60kg/人计算。

不同载荷下列车的载客量和车辆质量 表10-2

不同载荷		T车	M车	合计
空车AW0	乘客人数(人)	0	0	0
	乘客质量(t)	0	0	0
	车辆质量(t)	34	38	220
定员载荷AW2	乘客人数(人)	310	310	1860
	乘客质量(t)	18.6	18.6	111.6
	车辆质量(t)	52.6	56.6	331.6
超员载荷AW3	乘客人数(人)	410	410	2460
	乘客质量(t)	24.6	24.6	147.6
	车辆质量(t)	58.6	62.6	367.6

3. 列车牵引和制动性能

城市轨道交通列车在定员情况下，运行在干燥、清洁的平直线路上，车轮为半磨耗状态，额定电压供电时，如无特殊情况，列车从0加速到40km/h的平均起动加速度，动拖比为1:1的列车不低于$0.83m/s^2$；动拖比大于2:1的列车不低于$1.0m/s^2$；列车从0加速到80km/h（或100km/h），平均加速度不低于$0.5m/s^2$。列车从最高运行速度到停车，如无特殊要求，制动平均减速度为：最大常用制动时不低于$1.0m/s^2$，紧急制动时不低于$1.2m/s^2$。

列车牵引和制动性能，在定员(AW2)工况下应满足长大陡坡线路上正常安全运行，并符合下列故障情况时运行的要求：

(1) 当列车丧失 1/4 或 1/3 动力时,列车仍能维持运行至线路终点。

(2) 当列车丧失 1/2 动力时,列车仍能在正线最大坡道上起动,并行驶至就近车站,列车清客后返回车辆段(场)。

(3) 当列车丧失全部动力时,在黏着允许的范围内,应能由另一列相同空载列车(AW0)在正线最大坡道上牵引(或推送)至临近车站,列车清客后被牵引(或推送)至就近车站配线——停车线临时停车,或返回车辆段(场)。

计算黏着系数是核实列车救援能力的关键数据,城市轨道交通列车的计算黏着系数,牵引工况下宜为 0.16~0.18,制动工况下宜为 0.14~0.16。

三、线路特点

1. 坡道

坡道是影响列车运行速度与能耗的重要因素,《地铁设计规范》(GB 50157—2013)对地铁正线、车站以及配线纵断面的坡道长度与坡度都进行了详细的规定。

1) 正线最大坡度

《地铁设计规范》(GB 50157—2013)规定:正线的最大坡度不宜大于 30‰,困难地段不应大于 35‰;在山地城市的特殊地形地区,经技术经济比较,有充分依据时,最大坡度可采用 40‰;以上均不包括各种坡度的折减值。隧道内和路堑地段的正线最小坡度不宜小于 3‰,困难地段在确保排水的条件下,可采用小于 3‰ 的坡度。高架轻轨线按我国轻轨样车技术条件规定正线的限制坡度为 60‰。

苏联地下铁道设计规范(1981 年 7 月 1 日起执行)规定的地下线路段和隐蔽地面线段的纵坡不大于 40‰,而敞开地面段的坡度则不大于 35‰。法国巴黎市区地铁线路最大坡度为 40‰,地区快车线最大坡度 30‰,困难地段的坡度还可以大一些。我国香港地铁线路最大纵坡为 30‰。

由于高密度行车和大运量,为了保证行车安全和正点,要求列车失去部分(最大可达到一半)牵引动力条件下,仍能用另一部分牵引动力将列车从最大坡度上起动,因此最大坡度阻力及各种附加阻力之和,不宜大于列车牵引力的一半。

《地铁设计规范》(GB 50157—2013)要求:正线坡度大于 24‰,连续高差达 16m 以上的长大陡坡地段,应根据线路平纵断面和气候条件,核查车辆的编组及其牵引和制动性能,以及故障运行能力。长大陡坡对列车运行不利,需要对列车不同的运行状态进行分析。主要是对车辆故障时,在长大陡坡上车辆的编组、动力(牵引和制动)性能以及列车的制动停车和再起动能力及其互救能力等进行分析评价。还要评价在正常情况下,上坡运行时对于速度发挥效率和旅行速度的影响,下坡运行时对速度的限制和有效制动的安全性能。上述问题随车辆性能和环境条件的差异而不同,尤其应注意地上线路受气候条件影响,轮轨黏着条件有较大差异。

当列车在长大坡道上运行时,列车合力等于列车牵引力减去列车运行阻力,其中,列车运行阻力分为基本阻力和附加阻力两部分,列车运行基本阻力等于列车运行单位基本阻力乘以列车所受到的重力 G,而列车运行单位基本阻力为速度平方的函数,列车运行单位附加阻力在数值上等于加算坡道的千分数。因此,列车在长大坡道上运行时,随着速度的不断提高,基本阻力逐渐增大,直到与牵引力及附加阻力平衡,即加速度为 0 时,可计算出运行的距离和末速度,此时的坡度和坡长,基本上属于正常运行状态。其中,对于长大坡道的坡度、坡长,可按照列车损失1/2动力的故障运行状态、上坡运行加速度为0时,计算速度以不小于30km/h(接近故障推行速度)为宜,不影响后续列车正常运行。经粗略计算,24‰坡道上坡方向,基本适应上述条件,因此采用坡段差16m的要求。

2) 车站最大坡度

车站站台范围内的线路应设在一个坡道上,坡度宜采用2‰,当具有有效排水措施或与相邻建筑物合建时,可采用平坡。车站在有条件时,应尽量布置在纵剖面的凸形部位上,即车辆进站上坡、出站下坡,有利于列车的起动和制动。但进出站的坡度、坡长和变坡点应予合理设置,应从牵引计算反馈验证。地面和高架桥的车站站台段线路应设置在平道,在困难地段可设在不大于3‰的坡道。

3) 配线最大坡度

联络线、出入线的最大坡度不宜大于35‰,困难地段不应大于40‰(不包括各种坡度的折减值)。车场线宜设在平坡道上,条件困难时,库外线可设在坡度不大于1.5‰的坡道上。较大的坡度停车不稳,易发生溜车的危险事故。折返线和停车线应布置在面向车挡或区间的下坡道上,隧道内的坡度宜为2‰,地面和高架桥上的折返线、停车线,其坡度不宜大于1.5‰。道岔宜设置在坡度不大于5‰的坡道上,在困难地段可设在不大于10‰的坡道上。

4) 最小纵坡

隧道内的最小坡度主要是为了满足纵向排水需要,区间隧道的线路最小坡度宜采用3‰,困难条件下可采用2‰。区间地面线和高架线,当具有有效排水措施时,可采用平坡。地面和高架桥区间正线处在凸形断面时,理论上,在平坡地段的水沟不会积水,但实际施工证明,平坡难以做到,故需要横向汇集、分段排出的辅助措施。

5) 坡段长度

在列车通过变坡点时要产生附加离心力和附加加速度,为行车平稳考虑,宜设计较长的坡段,但为了适应线路高程的变化,坡段也不能太长,否则将引起较大的工程量,给施工带来困难,因此应综合考虑两者的影响来确定最短坡段长度。

(1) 一般情况下线路纵向最小坡段小于列车长度时,可以使列车长范围内只有一个变坡点,以避免变坡点附加力叠加影响和附加力的频繁变化,保证行车的平稳。

(2) 坡段长度还应满足竖曲线既不相互重叠,又能相隔一定距离,两竖曲线夹直线长度不宜小于50m,以利于列车运行和线路的维修。

竖曲线不得侵入车站站台范围,以保证站台的平稳和乘客的安全,并有利于车站设计和施工。为了节能和降低造价,竖曲线紧邻站台端最为有利,更易找到变坡点最佳位置,不至于失去节能型坡段的设计条件。

轻轨高架线的坡段最小长度不短于远期列车长度,同时保证两竖曲线间夹直线不小于25.0m。对于大坡道,由于牵引功率限制,要求:60‰坡度限长500m;50‰坡道限长1000m;小于50‰坡道不限。

2. 曲线

1) 圆曲线最小曲线半径

根据《地铁设计规范》(GB 50157—2013)的规定,线路平面曲线半径应根据车辆类型、列车设计运行速度和工程难易程度经比选确定,线路平面的最小曲线半径应符合表10-3的规定。

最小曲线半径　　　　　　　　　　　　　　　　　　　　　　表10-3

线路	一般情况(m)		困难情况(m)	
	A型车	B型车	A型车	B型车
正线	350	300	300	250
联络线、出入线	250	150	200	150
车场线	150		150	

注:除同心圆曲线外,曲线半径应以10m的倍数取值。

2)圆曲线最小长度

在正线、联络线及车辆基地出入线上,A型车不宜小于25m,B型车不宜小于20m;在困难情况下,不得小于一节车辆的全轴距;车场线不应小于3m。

3)曲线限速

平面曲线半径选择宜适应所在区段的列车运行速度要求。当条件不具备设置满足速度要求的曲线半径时,应按限定的允许未被平衡横向加速度计算通过的最高速度,按下列要求计算:

(1)在正常情况下,允许未被平衡横向加速度为$0.4m/s^2$。当曲线超高为120mm时,最高速度限制按式(10-1)计算,且不应大于列车最高运行速度。

$$v_{0.4} = 3.91\sqrt{R} \quad (km/h) \tag{10-1}$$

(2)在瞬间情况下,允许短时出现未被平衡横向加速度为$0.5m/s^2$。当曲线超高为120mm时,瞬间最高速度限制按式(10-2)计算,且不应大于列车最高运行速度。

$$v_{0.5} = 4.08\sqrt{R} \quad (km/h) \tag{10-2}$$

(3)在车站正线及折返线上,允许未被平衡横向加速度为$0.3m/s^2$。当曲线超高为15mm时,最高速度限制按式(10-3)计算,且分别不应大于车站允许通过速度和道岔侧向允许速度。

$$v_{0.3} = 2.27\sqrt{R} \quad (km/h) \tag{10-3}$$

(4)缓和曲线长度。线路平面圆曲线与直线之间应根据曲线半径、超高设置及设计速度等因素设置缓和曲线,其长度可按表10-4的规定采用。

缓和曲线长度L的设置(单位:m)　　　　　　　　　　　　　表10-4

曲线半径 R(m)	设计速度 v(km/h)												
	100	95	90	85	80	75	70	65	60	55	50	45	40	35
3000	30	25	20	20	20	20	20	—	—	—	—	—	—	—
2500	35	30	25	20	20	20	20	20	—	—	—	—	—	—
2000	45	40	35	30	25	20	20	20	20	20	—	—	—	—
1500	55	50	45	35	30	25	20	20	20	20	20	—	—	—
1200	70	60	50	40	40	30	25	20	20	20	20	20	—	—

续上表

曲线半径 R(m)	设计速度 v(km/h)													
	100	95	90	85	80	75	70	65	60	55	50	45	40	35
1000	85	70	60	50	45	35	30	25	20	20	20	20	20	—
800	85	80	75	65	55	45	35	30	25	20	20	20	20	20
700	85	80	75	75	65	50	45	35	25	20	20	20	20	20
600	—	80	75	75	70	60	50	40	30	25	20	20	20	20
550	—	—	75	75	70	65	55	40	35	25	20	20	20	20
500	—	—	—	75	70	65	60	45	35	30	25	20	20	20
450	—	—	—	—	70	65	60	50	40	30	25	20	20	20
400	—	—	—	—	—	65	60	55	45	35	30	20	20	20
350	—	—	—	—	—	—	60	55	50	40	30	25	20	20
300	—	—	—	—	—	—	—	55	50	50	35	30	25	20
250	—	—	—	—	—	—	—	—	50	50	45	35	25	20
200	—	—	—	—	—	—	—	—	—	50	45	40	35	25

四、列车牵引特性

城市轨道交通列车(动车组)牵引力大小是根据牵引电动机的牵引特性曲线求出的,在速度已知的情况下,可以从曲线图中找到与该速度对应的牵引力,这与铁路列车相同。不过,城市轨道交通动车组的牵引特性曲线与车辆生产厂家有关。有的以单电机特性曲线方式给出,如图10-1为某动车组单电机的牵引特性曲线;有的以列车形式的牵引力特性曲线方式给出,如图10-2为某列车的牵引力特性曲线和电流曲线。

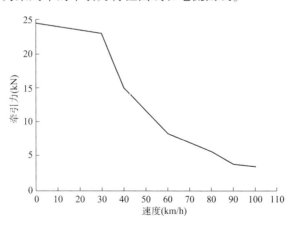

图10-1 某动车组单电机牵引特性曲线

对于按照单电机牵引特性曲线求出的牵引力 F_a,需要根据城市轨道交通动车组中的动车数量 n 以及每辆动车的牵引电机数量 m 进行计算列车总的牵引力 F。

$$F = n \times m \times F_a \tag{10-4}$$

列车采用6节"四动两拖"编组方式时,编组形式可以为Tc(带司机室的拖车) + Mp(带受电弓的动车) + M(动车) + Mp + M + Tc,受电方式为上部受电弓受流,供电电压为 DC1500V,列车计算参数见表 10-5。图 10-2 给出了我国某地铁线路采用的 Modular 列车的牵引特性曲线和电流曲线。

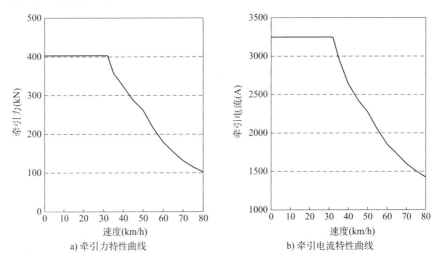

图 10-2 Modular 列车能耗特性曲线

Modular 列车计算参数　　　　　　表 10-5

车辆型号		A 型车
制造商		德国 Adtranz 与西门子公司
车辆编成		6 节编组(= Tcp + M + M – M + M + Tcp =)
电机传动方式		VVVF 交流传动
授电形式		DC1500V 架空接触网
受电形式		受电弓靠滑板接触受电
列车规格		136.8m(长)×3.0m(宽)×3.8m(高)
自重(AW0)		210.0t(Tcp:33.0t;M:36.0t)
载客量	座位(AW1)	336 人(Tcp:56 人;M:56 人)
	额定(AW2)	1860 人(Tcp:310 人;M:310 人)
	超载(AW3)	2592 人(Tcp:432 人;M:432 人)

注:M 表示动车;Tcp 表示带受电弓和驾驶室拖车; = 表示全自动车钩; – 表示半自动车钩; + 表示半永久牵引杆。

五、列车制动特性

城市轨道交通列车制动具有常用制动、快速制动、紧急制动和停放制动等功能,列车制动包括电制动和空气制动两种类型。城市轨道交通列车的最高速度一般为 80～120km/h,空气制动通常采用车轮踏面制动方式,也有采用盘式制动方式的。电制动是指制动时,将牵引电机由牵引或惰行工况转换为制动工况,把列车的动能由电机转换为电能,此时电机绕组产生的制动转矩就成为阻止车轮向前转动的力。这里的电制动,由于是动力传动系统产生的,也可称为动力制动。动力制动包括再生制动和电阻制动。如果电制动产生的电返回电网架空线,供给其他用电设备使用,则称为再生制动;如果电制动生成的电能通过车上的电阻发热逸散掉,则称为电阻制动或能耗制动。无论是再生制动、电阻制动,还是空气制动,都是基于车轮在轨道上滚动时所需的轮轨之间的黏着力,因此都属于黏着制动范畴。

动力制动由于制动原理与空气制动不同,不需要摩擦车轮和闸瓦,其制动特性与列车速度的大小紧密关联。在低速阶段,动力制动力随速度升高而提高;在高速阶段,动力制动力随速度的升高而降低。因此,动力制动在进站过程中的低速阶段,还需要依靠闸瓦制动来配合。城市轨道交通列车普遍采用的是电制动和空气制动协调配合的混合制动方式。制动特性在低速时由于空气制动的补偿,显著改善了动力制动的特性,动车的制动能力在停车制动初速度(5~12km/h)以后,可以在很长一段速度范围内保持恒定。因此,电空混合制动特性弥补了单一电制动特性的不足。一般地,电空混合制动特性曲线如图10-3所示。

城市轨道交通列车紧急制动为纯空气制动,常用制动和快速制动优先使用电制动,电制动不足部分由空气制动在整列车范围内均衡补偿,并应满足冲动极限要求。电制动时,优先采用再生制动,然后是电阻制动,这符合节能、环保和减少维修量的目标。当列车处于制动工况时,电机处于发电机状态,大部分能量向直流电网反馈。如果电网不能接收,则制动能量在空气冷却的制动电阻中转变成热能耗散。

列车空气制动采用微机控制的模拟电空制动系统,基础制动宜采用单元式踏面制动装置或盘式制动装置,并具有停放制动功能。停放制动系统能够保证在线路最大坡道且列车最大载荷情况

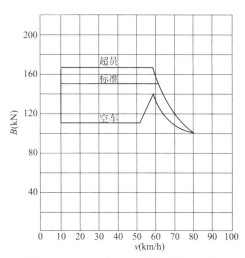

图10-3 地铁列车电空混合制动特性曲线

下施加停放制动不发生溜车的情况。城市轨道交通列车制动系统具有完善的监控、保护和自诊断功能,对空气制动和停放制动的状态进行监控,并在司机室显示。制动系统在任何制动方式下都具有防滑保护功能,空气制动和电制动有各自独立的防滑控制。

六、列车站间运行模式

城市轨道交通的站间距较短,列车运行时一般有以下两种模式:

(1)牵引-恒速-制动模式。该模式下,列车运行到某一经济速度之后,保持该速度不变,直到列车进站停车前开始采用制动为止。列车保持某一恒定速度的运行模式也称为巡航模式,它是以列车的牵引与制动能力足以维持列车在一般线路条件下的可能运营状态为前提的。

(2)牵引-惰行-制动模式。当列车牵引运行到某一速度后,改为惰行,直到列车进站前制动停车。

上述两种模式适合大多数场合。不过,当站间距较大、线路条件变化也很大时,可能需要多次牵引-惰行的组合。图10-4描述了上述两种牵引模式。

城市轨道交通系统列车动力性能好,对速度有较强的调控能力。不过,考虑旅客舒适度与运输安全,列车牵引运行过程中,对加、减速度有一定限制。例如,北京地铁列车运营参数

中,列车起动加速度为 0.83m/s^2,制动减速度为 1.0m/s^2。国外实践表明:从人体舒适角度出发,当所有旅客均有座位时,最大加速度极限不宜超过 2.41m/s^2;有乘客站立时,最大加速度极限不宜超过 1.52m/s^2。

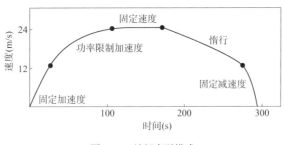

图 10-4　站间牵引模式

第 2 节　城市轨道交通列车运行计算方法

一、基于列车运动方程的计算方法

1. 牵引力计算

根据机车类型,牵引力的计算分有级与无级两种情况。城市轨道交通的动车一般采用无级牵引的模式。该模式适用于列车牵引、制动力较大,列车重量较轻或坡度变化不大的城市轨道交通系统。无级调速模式下,驾驶员对列车的操纵比较容易实现,但对列车最大加、减速度一般有一定限制,计算时需要予以考虑。

无级牵引时,机车操纵没有手柄位之分。牵引力的取值可按列车牵引特性曲线取值,牵引力是列车实际速度的函数,这种适合于有可用牵引曲线的情况。

$$F = f(v) \tag{10-5}$$

图 10-5 是某列车牵引力特性曲线。图 10-5 中,对应于 1500V 的曲线是标准特性曲线,对应于 1000V、2000V 的是在电压变化时的牵引力曲线。

无级牵引时,列车牵引力可利用插值法进行取值,图 10-6 为某列车牵引力的线性插值计算示意。

根据列车牵引特性曲线图查出牵引手柄位为 i 的两组牵引力-速度数据 (f_{i0}, v_0)、(f_{i1}, v_1),根据线性插值法计算相应的牵引力 f_i,计算公式如下:

$$f_i = f_{i1} + \frac{(f_{i0} - f_{i1}) \cdot (v - v_1)}{v_0 - v_1} \tag{10-6}$$

无级牵引时,列车操纵没有手柄位之分,牵引力取值可按列车牵引特性曲线外包线取值并乘以牵引力使用系数。需要注意的是,无级调速模式下,司机对列车的操控比较容易实现,但对列车加减速度范围一般有一定限制,计算时需要予以考虑。

2. 阻力计算

城市轨道交通列车大多采用动力分散式,即利用多单元动车组的形式,因此列车运行阻力不再分为机车阻力与车辆阻力,而是统一为列车阻力。

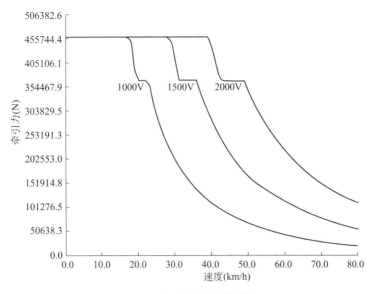

图 10-5　某列车牵引力特性曲线

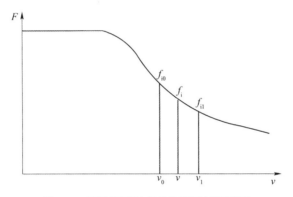

图 10-6　某列车牵引力的线性插值计算示意图

1) 列车基本阻力

基本阻力是指列车在平直轨道上运行时,由列车内部与外界接触相互摩擦和冲击而产生的阻力;它主要与列车的构造有关。实际上,列车基本阻力模型很复杂,其计算模型需要经过大量实验才能得到。一般地,可以通过列车速度的二次函数来描述。列车平均每1kN重力所受到的阻力称为单位基本阻力(N/kN)。目前在城市轨道交通系统中,列车的基本阻力模型还没有系统的规范和条文可以参照,一般参考列车出厂的相关参数。以下是国内部分城市轨道交通线路的列车单位基本阻力公式:

(1) 上海地铁 1 号线

$$w_0 = 2.27 + 0.00156v^2 \tag{10-7}$$

(2) 广州地铁

$$w_0 = 2.7551 + 0.014v + 0.00075v^2 \tag{10-8}$$

(3) 广州地铁 B 型车

$$w_0 = 2.4 + 0.014v + 0.001293v^2 \tag{10-9}$$

(4) 北京地铁某线路

$$w_0 = 2.4 + 0.014v + 0.001293v^2 \qquad (10\text{-}10)$$

图 10-7 描述了列车阻力随速度变化的一般形式。起动速度一般在 2.5~5km/h 之间。

2) 列车附加阻力

列车附加阻力主要是由线路引起的,这些因素包括坡道、曲线、隧道等。在城市轨道交通列车运行计算中,这些附加阻力也可通过换算为一个等值的坡道当量即加算坡道 i_j 引起的单位阻力 w_j 来刻画,这与城市间铁路列车的运行计算类似。

3. 制动力计算

城市轨道交通列车采用动力分散式,列车运行阻力不再分为机车阻力和车辆阻力,而是统一为列车阻力,因此列车制动力的计算较常规铁路模式要简单。实际工作中,动车组的制动特性曲线综合反映了空气制动的大小。在这种情况下,地铁列车制动力可利用制动曲线直接取值,如图 10-8 所示。

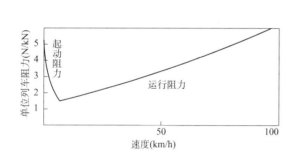

图 10-7 城市轨道交通列车速度-阻力曲线　　图 10-8 某地铁列车的制动曲线

二、基于加(减)速度的计算方法

由于城市轨道交通列车一般采用无级调速方式运行,城市轨道交通列车运行计算既可以采用基于列车运动方程的方法,也可以采用通过加(减)速度来控制列车运行的方法。

基于加(减)速度的列车运行计算方法相对简单,无须考虑各种制动参数,如闸瓦类型、制动系数、充气时间等。当列车缺少牵引、制动特性曲线时,也可以采用该计算方法。

1. 牵引力计算

按加速度来计算牵引力,即根据列车当前速度以及列车在该点的目标速度来计算牵引力:

$$F = f(v, v_{\text{target}}) \qquad (10\text{-}11)$$

即

$$F = (P + G) \cdot g \cdot a(v, v_{\text{target}}) \qquad (10\text{-}12)$$

式中: P、G——机车与车辆的质量,kg;

g——重力加速度;

$a(v, v_{\text{target}})$——与列车速度和目标速度相关的加速度,可参照下列线性模型计算:

$$a(v, v_{\text{target}}) = a_{\max} \cdot \frac{v_{\text{target}} - \varepsilon - v}{v_{\text{target}} - \varepsilon} \quad (10\text{-}13)$$

式中：ε——惰行控制裕量。

该模型的原理如图10-9所示。

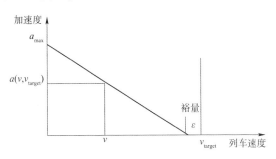

图10-9 计算牵引力的加减速法

2. 制动力计算

1）不考虑列车制动能力

列车减速按给定的减速度计算，不考虑列车所能获得的制动力，所取的减速度值就是列车最终的减速度值。列车减速度值的具体确定与以下两个因素有关：

①列车当前速度与由当前位置决定的目标速度间的差值。该差值越大，减速度值越大。

②线路状况取决于线路加算坡度。当前，在上坡道上，坡度值越大，实际能取得的减速度值越大，坡度越小，能取得的减速度越小，因为坡道阻力一般与列车运行方向相反；相反，在下坡道上，线路阻力与列车运行方向相同，故下坡道值越大，能取得的减速度越小，下坡道越小，能取得的加速度值越大。

这种模式下，速度控制是"撞墙式"的，一旦列车因超目标速度而进入制动模式，列车速度即呈递减趋势。一般情况下可按表10-6来确定减速度值。

减速度取值一例　　表10-6

速度差 （km/h）	加算坡度			
	6‰及以上	6‰~2‰	2‰~-2‰	-2‰及以下
k 以上	-0.5m/s²	-0.3m/s²	-0.2m/s²	-0.1m/s²

上述减速度的取值，考虑了坡道的影响。例如，在上坡道上，阻力与列车前进方向相反，可实现的制动减速度会稍大一些；在下坡道上，阻力与列车前进方向相同，制动减速度的取得应较小一些。

2）考虑列车制动能力

由于减速度值取决于列车的制动力 B，即

$$B = (P + G) \cdot g \cdot a \quad (10\text{-}14)$$

由于列车最终速度的确定还要考虑环境即列车阻力，当列车处于长大下坡道时，机车在采用减速度工况下仍会加速，从而导致列车速度离目标速度越来越大。此时，列车应继续加大制动力，直到速度开始递减并回到目标速度附近。这种情况下，速度越大，制动力应当越大；其速度特性曲线应如图10-10所示。

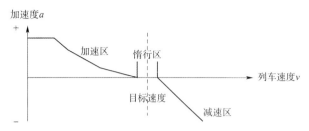

图 10-10 无级控制制动加速度取值一例

图 10-10 中,列车通过一定的减速度来取值。减速度取值模型可描述如下:

$$a(v, v_{\text{target}}) = a_{\max} \cdot \frac{v - v_{\text{target}}}{v_{\max} - v_{\text{target}}} \quad (10\text{-}15)$$

式中:$a_{\max}$——制动系统所能实现的最大减速度(m/s^2);

$v_{\max}$——列车最大允许速度(km/h)。

3. 工况转换模式

城市轨道交通列车采用无级调速模式,无级调速控制机车工况转换模式如图 10-11 所示。

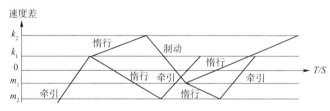

图 10-11 无级调速控制机车工况转换模式

图 10-8 中,k_2 与 m_2 是惰行转其他手柄位的阈值,而 k_1 是牵引力终止阈值,m_1 是制动终止阈值。在城市轨道交通列车实际运行过程中,列车速度达到目标速度或超过目标速度某一较小值如 k_1 时,列车将先采用惰行策略,若列车处在下坡,速度继续增加,则其速度大于某一值 k_2 时,进行制动,这种制动是最终的。

在下坡道上,为防止列车频繁地在惰行/制动间徘徊,将制动工况后的惰行条件确定为低于目标速度某一值 m_1。这样,列车以制动工况运行到速度 m_1 时再改为惰行,若列车速度又回升,则有 $m_1 \sim k_1$ 的惰行空间;若列车速度继续下降,则下降到 m_2 时再实施牵引策略,惰行空间为 $m_1 \sim m_2$。

由于不考虑线路阻力,减速度一经取定(负值),列车速度将不再上升;故这种情况适用于线路坡度变化不大、列车重量较轻、机车制动力较强的轨道交通系统。

三、列车运行计算过程

城市轨道交通列车无级调速模型有两种:一是将给出的加(减)速度直接作为列车运动的最终加(减)速度,不具体考虑列车运行过程中所处线路的阻力大小。实际上,这种情况下也简略地考虑了线路条件的状况。二是将给出的加(减)速度仅作为确定列车牵引(制动)力的条件,列车运动模型还需考虑阻力等因素。

1. 与线路条件无关的无级调速

在这种无级调速方式下,列车的运行状态(加速度)取决于列车速度、列车所在位置的目标速度以及前方信号状况,它与线路条件变化关系不大。这种情况一般适用于列车质量较少、牵引力足够用的城市铁路系统。

无级控制时,列车运行状态(即位置与速度)由加速度决定,而加速度的取值则由列车当前速度与列车运行的目标速度决定。

不难看出,无级牵引时按牵引曲线计算牵引力。惰行时列车的速度变化(加速度)则取决于列车当时所受的阻力情况。

根据牛顿力学原理,有:

$$F = M \cdot a \tag{10-16}$$

$$a = \frac{v_2 - v_1}{t_2 - t_1} \tag{10-17}$$

当加速度为已知时,列车在下一步长的速度可按式(10-18)计算。

$$v_2 = v_1 + 3.6a \cdot \Delta t \tag{10-18}$$

式中:a——加速度,m/s^2;

Δt——步长,s;

v_1、v_2——列车在该步长初、末点的运行速度,km/h。

惰行时,列车牵引力与制动力为0,列车运行速度变化取决于线路条件。

制动时的情况则如前所述,由所取减速度值来确定,此时,也不再考虑线路阻力的变化,只是在选择减速度值时参考线路坡道情况。

2. 与线路阻力有关的无级调速

这种情况下,列车的运动还取决于线路条件,即列车运行阻力情况。列车的加(减)速度取决于列车当前速度 v,其计算公式为:

$$a(v) = \frac{F - B - W}{m} \tag{10-19}$$

根据列车阻力 W 的计算模型及列车牵引(制动)力的计算模型,列车运动方程可描述为:

$$v_{j2} = v_{j1} + a(v) \cdot \Delta t \tag{10-20}$$

式中:j——步长序号。

根据上述两种无级调速的方法,可以计算出列车在区间的运行速度和时分。

第3节 城市轨道交通线路纵断面优化设计

在对城市轨道交通工程线路纵断面进行优化设计时,节能坡是一种很重要也十分必要的手段,它不但要满足地形、地质、障碍物及行车安全条件的要求,还要力求减少工程量和创造良好的运营条件,以降低运营费用,达到降低能耗的目的。能耗最小的线路最佳纵断面形式都是凹形纵断面,研究表明,凹形纵断面与其他类型纵断面相比能够较好地降低列车运行能耗。本节将以节能坡设计为核心阐述城市轨道交通优化设计的主要方法。

一、设计原则

城市轨道交通的线路主要有地下线、高架线和地面线三种敷设方式。地下线区间均在地下穿行,坡度一般不受地形的控制,只受到沿线地下建筑、桩基、地下管线等因素的控制,最有条件使用节能坡。高架线受到沿线地形的控制,还受到车站相对高度、沿线道路及横向道路净空的控制,线路起伏不能太大,但仍需遵守"高站位、低区间"的设计原则,尽量设计成节能坡。地面线则受到地形、地物的控制影响较大,一般无法设计成节能坡,只有在有条件的区间才可以设计为节能坡。因此,节能坡的设计思想主要在轨道交通地下线和高架在线体现。地下线的节能坡坡段长度一般宜为200~300m,坡度值视左右线隧道结构而异。当左右线分为两单线隧道时,两线在区间可以不等高,列车出站方向的坡度值可用足最大坡度,进站方向的坡度值宜减少5‰左右。当左右线并行共享一个隧道结构时,因左右线要求等高,进出站的坡度均宜较最大坡度值减少5‰左右。两段节能坡段之间用缓坡连接,但缓坡不小于3‰,以利于地下线路排水。一般在区间中部最低处设置旁通道及泵站。高架线的节能坡形式与地下线基本一致,不同的是,高架桥上的线路上下行线需要等高。由于车站和区间高差的关系,节能坡坡度值不能太大。两节能坡段之间可用缓坡也可用平坡段连接,但必须解决好排水的问题。如果线路需要从地下线过渡到高架线时,由于高差及横向道路控制高程等的关系,线路不能按节能坡的形式设计,只能按单面坡将坡度控制在最大允许坡度之内即可。

城市轨道交通中节能坡的使用,主要遵循以下几个方面的原则:

(1)轨道交通的列车再生制动功能,不能代替节能坡。再生制动是一种动力制动,是把电动车组的动能通过电机转化为电能后,再使电能反馈回电网提供给别的列车使用。这种方式既能节约能源,又减少制动时对环境的污染,且基本上无磨耗。现代轨道交通车辆广泛采用这种再生制动技术,发出的电能供邻近的列车使用,但时间吻合的概率并不高,因此它并不能代替节能坡。

(2)轨道交通凡有条件的区间,都应设计成节能坡,即遵循"高站位、低区间"的设计原则。列车从车站起动后,借助下坡的势能增加列车加速度,缩短列车牵引时间,从而达到节能的目的。列车进站停车时,可借助坡度阻力,降低列车速度,缩短制动时间,减少制动发热,节约能量消耗。在节能坡条件下,列车开始制动的初速度一般在40~50km/h之间;而在非节能坡条件下,制动初速度一般在60~70km/h之间。

(3)节能坡的使用必须与施工方法相结合。如地下线车站结构采用明挖法施工、区间隧道结构采用盾构法或暗挖法施工时,应采用节能坡设计。如果区间结构也采用明挖法施工,节能坡将加大区间线路埋深,增加工程投资,此时不宜设计为节能坡形式。

(4)节能坡应尽量符合列车运行规律。车站一般位于纵断面的高处,区间位于纵断面的低处。节能坡道应尽量靠近车站,竖曲线头宜贴近乘降站台端部,以发挥最大节能效果。除车站两端的节能坡道外,区间一般宜用缓坡,避免列车交替使用制动工况和牵引工况。

(5)节能坡的应用必须结合工程实际,必须与区间线路沿线的地形、地质、地物和桩基等的实际情况相结合。如果区间有控制性障碍物,需要根据障碍物的特征(如基础类型、桩底高程等)设计节能坡。

二、案例设计

1. 不同站间距和限速条件下节能坡设置效果

设置不同的站间距:1km、2km、3km,设置的节能坡坡形都是200m坡长、40‰坡度,列车

第10章 城市轨道交通列车运行计算

从一个车站到发线静止起动,运行至另一个车站停车。各情形下的数据列于表10-7当中,包括牵引能耗、运行时分和牵引时分。

1km 站间距设置节能坡牵引能耗　　　　　　　　　　　表10-7

类型	牵引能耗(kW·h)	运行时分(min:s)	牵引时分(min:s)
无节能坡(限速50km/h)	5.5	1:23	0:9
有节能坡(限速50km/h)	1.8	1:45	0:5
有节能坡(限速55km/h)	2.47	1:29	0:6
有节能坡(限速60km/h)	3.26	1:19	0:7

表10-11中,在站间距1km、无节能坡、限速50km/h运行时的牵引能耗为5.5kW·h,运行时分为1min23s,相比之下,设置节能坡时,限速60km/h的运行时分为1min19s,略低于原时间,且能耗有明显降低,所以在1km运行区间内采用有节能坡、限速60km/h的方案。图10-12是这两种方案的运行速度-距离图。

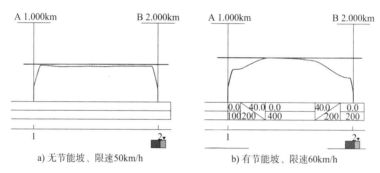

a) 无节能坡、限速50km/h　　　　b) 有节能坡、限速60km/h

图10-12　站间距1km有、无节能坡条件下的运行速度-距离图

同样,在站间距2km、无节能坡、限速50km/h运行时的牵引能耗为7kW·h,运行时分为1min38s,相比之下,设置节能坡时,限速55km/h的运行时分为2min41s,接近于原时间,但比限速60km/h能耗降低更加明显,所以在2km运行区间内采用有节能坡、限速55km/h的方案。各数据见表10-8,两种对比方案下的运行结果如图10-13所示。

2km 站间距设置节能坡牵引能耗　　　　　　　　　　　表10-8

类型	牵引能耗(kW·h)	运行时分(min:s)	牵引时分(min:s)
无节能坡(限速50km/h)	7	2:38	0:11
有节能坡(限速50km/h)	3.11	3:08	0:06
有节能坡(限速55km/h)	3.83	2:41	0:08
有节能坡(限速60km/h)	5.1	2:22	0:09

同样,在站间距3km、无节能坡、限速50km/h运行时的牵引能耗为8.4 kW·h,运行时分为3 min57s,相比之下,设置节能坡时,限速55km/h的运行时分为3min48s,略小于原时间,且比限速55km/h能耗降低明显,所以在3km运行区间内采用有节能坡、限速55km/h的方案。各数据见表10-9,两种对比方案下的运行结果如图10-14所示。

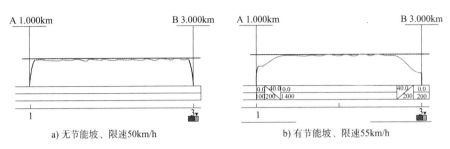

a) 无节能坡、限速50km/h　　　　b) 有节能坡、限速55km/h

图 10-13　站间距2km 有、无节能坡条件下的运行速度-距离图

3km 站间距设置节能坡牵引能耗　　　　表 10-9

类型	牵引能耗(kW·h)	运行时分(min:s)	牵引时分(min:s)
无节能坡(限速 50km/h)	8.4	3:57	0:13
有节能坡(限速 50km/h)	4.6	4:25	0:08
有节能坡(限速 55km/h)	5.51	3:48	0:10
有节能坡(限速 60km/h)	7.2	3:24	0:12

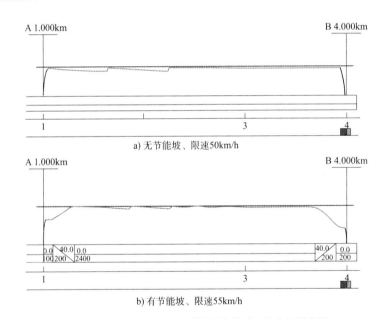

a) 无节能坡、限速50km/h

b) 有节能坡、限速55km/h

图 10-14　站间距3km 有、无节能坡条件下运行速度-距离图

可见,在以无节能坡、50km/h 运行的基础上,设置节能坡后不能再以相同的限速运行,否则虽有明显的节能效果,但是运行时分过长,不适合采纳。一般将限速提高至 55km/h 和 60km/h 的时候能得到较为理想的节能和运行综合效果。

2. 不同站位-区间高差与节能坡方案选择

采用节能坡时,受施工条件和其他因素的影响,站台位置与区间主线的高差往往受到限制。这部分研究的内容是在已知站间距和允许站位-区间高差的情况下,寻找最节能的节能坡形式。

分别设置站位-区间高差为 8m、6m、2m,站间距为 1km、1.5km、2km、2.5km、3km,在不同的坡形、以不同限速计算列车运行的牵引能耗、运行时分及牵引时分,结果列于表 10-10,其中较为理想的节能坡方案已经标示出来。

各种节能坡形式的牵引能耗 表10-10

		\multicolumn{15}{c}{8m 站位-区间高差}
\multicolumn{2}{c	}{站间距(m)}	\multicolumn{3}{c	}{1000}	\multicolumn{3}{c	}{1500}	\multicolumn{3}{c	}{2000}	\multicolumn{3}{c	}{2500}	\multicolumn{3}{c	}{3000}
\multicolumn{2}{c|}{坡道长(m) * 坡度(‰)}	200*40	250*32	**300*26.7**	**200*40**	250*32	300*26.7	**200*40**	250*32	**300*26.7**	200*40	**250*32**	300*26.7	200*40	250*32	**300*26.7**
无节能坡、限速50km/h	牵引能耗(kW·h)	\multicolumn{3}{c	}{5.5}	\multicolumn{3}{c	}{6.03}	\multicolumn{3}{c	}{7}	\multicolumn{3}{c	}{7.5}	\multicolumn{3}{c	}{8.4}
	运行时分(min:s)	\multicolumn{3}{c	}{1:23}	\multicolumn{3}{c	}{2:00}	\multicolumn{3}{c	}{2:38}	\multicolumn{3}{c	}{3:17}	\multicolumn{3}{c	}{3:57}
	牵引时分(min:s)	\multicolumn{3}{c	}{0:09}	\multicolumn{3}{c	}{0:10}	\multicolumn{3}{c	}{0:11}	\multicolumn{3}{c	}{0:12}	\multicolumn{3}{c	}{0:13}
有节能坡、限速55km/h	牵引能耗(kW·h)	2.47	2.40	2.32	3.51	3.11	3.03	3.83	3.92	3.76	4.87	4.55	4.55	5.51	5.59	5.36
	运行时分(min:s)	1:29	1:33	1:34	2:03	2:06	2:10	2:41	2:42	2:43	3:12	3:18	3:20	3:48	3:49	3:52
	牵引时分(min:s)	0:06	0:06	0:06	0:07	0:07	0:07	0:08	0:08	0:08	0:09	0:09	0:09	0:10	0:10	0:10
有节能坡、限速60km/h	牵引能耗(kW·h)	3.5	3.27	2.99	4.36	4.38	4.03	5.1	5.12	4.84	6.02	5.71	5.64	7.2	6.62	6.62
	运行时分(min:s)	1:18	1:21	1:25	1:50	1:51	1:53	2:22	2:23	2:25	2:52	2:56	2:58	3:24	3:27	3:28
	牵引时分(min:s)	0:07	0:07	0:07	0:08	0:08	0:08	0:09	0:09	0:09	0:11	0:10	0:10	0:12	0:12	0:12
\multicolumn{17}{c}{6m 站位-区间高差}
\multicolumn{2}{c	}{站间距(m)}	\multicolumn{3}{c	}{1000}	\multicolumn{3}{c	}{1500}	\multicolumn{3}{c	}{2000}	\multicolumn{3}{c	}{2500}	\multicolumn{3}{c	}{3000}
\multicolumn{2}{c|}{坡道长(m) * 坡度(‰)}	**200*30**	250*24	300*20	200*30	**250*24**	300*20	200*30	**250*24**	300*20	200*30	250*24	**300*20**	200*30	250*24	**300*20**
无节能坡、限速50km/h	牵引能耗(kW·h)	\multicolumn{3}{c	}{5.5}	\multicolumn{3}{c	}{6.03}	\multicolumn{3}{c	}{7}	\multicolumn{3}{c	}{7.5}	\multicolumn{3}{c	}{8.4}
	运行时分(min:s)	\multicolumn{3}{c	}{1:23}	\multicolumn{3}{c	}{2:00}	\multicolumn{3}{c	}{2:38}	\multicolumn{3}{c	}{3:17}	\multicolumn{3}{c	}{3:57}
	牵引时分(min:s)	\multicolumn{3}{c	}{0:09}	\multicolumn{3}{c	}{0:10}	\multicolumn{3}{c	}{0:11}	\multicolumn{3}{c	}{0:12}	\multicolumn{3}{c	}{0:13}
有节能坡、限速55km/h	牵引能耗(kW·h)	3.31	3.05	3.08	3.97	3.97	3.85	4.99	4.80	4.70	5.78	5.69	5.48	6.50	6.28	6.19
	运行时分(min:s)	1:24	1:27	1:27	1:58	1:59	2:02	2:31	2:35	2:34	3:06	3:08	3:11	3:41	3:43	3:45
	牵引时分(min:s)	0:07	0:07	0:07	0:08	0:08	0:08	0:09	0:09	0:09	0:10	0:10	0:10	0:11	0:11	0:11
有节能坡、限速60km/h	牵引能耗(kW·h)	3.36	4.06	4.09	4.20	4.95	4.98	6.21	5.95	5.98	6.93	6.75	6.56	7.23	7.45	7.55
	运行时分(min:s)	1:17	1:18	1:18	1:46	1:49	1:49	2:19	2:20	2:20	2:49	2:51	2:52	3:21	3:23	3:23
	牵引时分(min:s)	0:08	0:08	0:08	0:09	0:09	0:09	0:11	0:10	0:10	0:12	0:11	0:11	0:13	0:12	0:13
\multicolumn{17}{c}{4m 站位-区间高差}
\multicolumn{2}{c	}{站间距(m)}	\multicolumn{3}{c	}{1000}	\multicolumn{3}{c	}{1500}	\multicolumn{3}{c	}{2000}	\multicolumn{3}{c	}{2500}	\multicolumn{3}{c	}{3000}
\multicolumn{2}{c|}{坡道长(m) * 坡度(‰)}	**200*20**	250*16	300*13.3	200*20	250*16	**300*13.3**	200*20	**250*16**	300*13.3	200*20	**250*16**	300*13.3	200*20	**250*16**	300*13.3
无节能坡、限速50km/h	牵引能耗(kW·h)	\multicolumn{3}{c	}{5.5}	\multicolumn{3}{c	}{6.03}	\multicolumn{3}{c	}{7}	\multicolumn{3}{c	}{7.5}	\multicolumn{3}{c	}{8.4}
	运行时分(min:s)	\multicolumn{3}{c	}{1:23}	\multicolumn{3}{c	}{2:00}	\multicolumn{3}{c	}{2:38}	\multicolumn{3}{c	}{3:17}	\multicolumn{3}{c	}{3:57}
	牵引时分(min:s)	\multicolumn{3}{c	}{0:09}	\multicolumn{3}{c	}{0:10}	\multicolumn{3}{c	}{0:11}	\multicolumn{3}{c	}{0:12}	\multicolumn{3}{c	}{0:13}

续上表

		4m 站位-区间高差														
站间距(m)		1000			1500			2000			2500			3000		
坡道长(m) * 坡度(‰)		200 * 20	250 * 16	300 * 13.3	200 * 20	250 * 16	300 * 13.3	200 * 20	250 * 16	300 * 13.3	200 * 20	250 * 16	300 * 13.3	200 * 20	250 * 16	300 * 13.3
有节能坡、限速55km/h	牵引能耗(kW·h)	3.91	3.91	3.91	4.77	4.62	4.39	5.42	5.32	5.33	6.47	6.06	6.29	7.11	6.88	7.02
	运行时分(min:s)	1:21	1:21	1:22	1:55	1:56	1:58	2:30	2:31	2:32	3:03	3:06	3:05	3:38	3:40	3:40
	牵引时分(min:s)	0:08	0:08	0:08	0:09	0:08	0:08	0:09	0:09	0:09	0:11	0:10	0:11	0:12	0:11	0:12
有节能坡、限速60km/h	牵引能耗(kW·h)	4.96	4.91	4.91	5.94	5.72	5.44	6.75	6.75	6.52	7.41	7.49	7.13	8.14	8.09	8.09
	运行时分(min:s)	1:15	1:15	1:15	1:45	1:46	1:47	2:16	2:17	2:18	2:48	2:48	2:50	3:20	3:20	3:21
	牵引时分(min:s)	0:09	0:09	0:09	0:10	0:10	0:09	0:11	0:11	0:11	0:12	0:12	0:12	0:13	0:13	0:13

分析以上结果数据,可以发现:

（1）综合考虑节能效果和运行时间,可得如下各站间距设置节能坡的最佳方案。

①1000m 站间距最佳方案为:8m 站位区间高差、250×32‰、限速 60km/h。

②1500m 站间距最佳方案为:6m 站位区间高差、250×24‰、限速 55km/h。

③2000m 站间距最佳方案为:6m 站位区间高差、250×24‰(或 300×20‰)、限速 55km/h。

④2500m 站间距最佳方案为:8m 站位区间高差、250×32‰、限速 55km/h。

⑤3000m 站间距最佳方案为:8m 站位区间高差、300×26.7‰、限速 55km/h。

（2）一般在高站位(8m、6m)-区间高差的情况下,随着站间距的增大,节能坡应该延长坡道长度,减小坡度值;但是在同样的情况下,过小的站间距(如 1km),由于巡航阶段太小,只有在长坡道、小坡度的情况下才能较为充分地利用列车重力,达到好的节能和运行综合效果。

（3）在低站位(4m)-区间高差的情况下,各种节能坡方案的节能和运行综合效果差别都不是很大,其中 250m×16‰的节能坡方案在所有站间距情况下都有很好的综合效果。

习题

1. 与铁路列车运行计算相比,城市轨道交通列车运行计算方法有什么不同之处?
2. 分析城市轨道交通列车的制动特性。
3. 简述城市轨道交通列车牵引力的计算方法。
4. 简述城市轨道交通线路节能坡的设计原则。

第 11 章 高速列车运行计算

自 2008 年我国第一条高速铁路——京津城际铁路开通运营以来,高速铁路得到了迅猛发展。截至 2023 年底,全国铁路运营里程达 15.9 万 km,高速铁路里程达 4.5 万 km,"八纵八横"高速铁路主通道已建成投产约 80%。高速铁路列车,无论是线路条件还是列车性能,与常规铁路列车相比都有较大差异,其列车运行过程的计算与设计方法需要特别的考虑。本章详细阐述高速列车运行计算需要考虑的要素,并重点介绍高速列车运行计算的方法。

第 1 节 高速列车运行计算的要素

一、高速列车运行计算特点

与既有线普速列车运行计算相比,高速列车运行计算具有以下特点:

(1)由于运行速度高,列车运行的提速、减速时间与距离明显增加,加上列车运行计算过程中需要预判,这些变化显著增加了计算过程的复杂性。

(2)高速列车采用多种制动方式的复合制动,制动方式较普速列车更为复杂,制动控制采用的是减速度指令模式,而普速列车空气制动则采用减压量指令模式,高速列车制动过程计算的方法因此有了本质性的差异。

(3)高速铁路列车单位牵引力较大,一般可以达到 50N/kN 以上,而常规铁路列车单位牵引力一般在 20N/kN 左右。

(4)高速铁路列车紧急制动距离较大,按相关规定,普速列车常用制动距离一般最小为 800m,高速铁路一般可达到 2000m 甚至更大。

(5)相对于普速列车,高速列车运行过程分析计算需要考虑的因素更多,如还需考虑动车组操纵规则、ATP 超速防护、自动过电分相、复合制动控制系统等因素的影响。

二、线路特点

高速铁路列车运营速度快,对线路几何条件的要求与普通铁路有所区别。高速铁路线路的坡度相对较小、坡长较大,曲线和竖曲线的半径更大,以满足运营的安全性要求。

1. 线路纵断面

《铁路技术管理规程(高速铁路部分)》第 34 条规定:区间正线的最大坡度不宜大于 20‰,困难条件下经技术经济比较后不应大于 30‰。动车组走行线的最大坡度不宜大于 30‰,困难条件下不应大于 35‰。当动车组走行线的最大坡度大于 30‰时,宜铺设无砟轨道。

最小坡段长度一般不小于 900m,坡度差 ≥1‰时,设竖曲线。竖曲线半径不小于

25000m,站坪坡度困难条件下不大于1‰。线路为全立交、全封闭。正线宜设计为较长的坡段,最小坡段长度按表11-1选用。

最小坡段长度取值　　　　　　　　　　　　　　　　　表11-1

设计行车速度(km/h)	350	300	250
一般条件(m)	2000	1200	1200
困难条件(m)	900	900	900

根据《铁路技术管理规程(高速铁路部分)》第35条的规定,中间站、越行站应设在直线上。始发站宜设在直线上,困难条件下设在曲线上时,曲线半径不应小于相应路段设计速度的最小曲线半径。到发线有效长度范围内应设在平道上,当设在坡道上时不大于1‰,越行站可设在不大于6‰的坡道上。车站咽喉区的正线坡度宜与到发线有效长度范围内坡度一致;困难条件下,始发终到站不宜大于2.5‰,中间站不宜大于6‰。到发线有效长度范围内应采用一个坡段。

2. 最小曲线半径

根据《铁路技术管理规程(高速铁路部分)》第34条的规定,铁路区间线路最小曲线半径规定见表11-2,最大曲线半径为12000m。

铁路区间线路最小曲线半径　　　　　　　　　　　　表11-2

路段设计行车速度(km/h)		最小曲线半径(m)	
200	客运专线	一般	2200
		困难	2000
250	有砟轨道	一般	3500
		困难	3000
	无砟轨道	一般	3200
		困难	2800
300	有砟轨道	一般	5000
		困难	4500
	无砟轨道	一般	5000
		困难	4000
350	有砟轨道	一般	7000
		困难	6000
	无砟轨道	一般	7000
		困难	5500

3. 曲线半径、速度和超高的关系

高速铁路在线路的曲线半径、允许速度和外轨超高方面有严格的规定,如日本新干线曲线半径、列车运行速度和超高的关系可描述如下:

$$h = 11.8 \frac{v^2}{R} \tag{11-1}$$

式中:h——超高,mm;

v——最高列车运行速度,km/h;
R——曲线半径,m。

日本东海道新干线修建时按最高列车运行速度220km/h,最小曲线半径定为2500m;山阳新干线提高了旅客的舒适度,降低了超高,最小曲线半径定为4000m。日本各条新干线最小曲线半径、实设超高及允许欠超高见表11-3,法国高速铁路线路主要设计标准见表11-4。

日本各条新干线最小曲线半径、超高　　　　表11-3

线别	东海道新干线（现状）	山阳新干线（冈山以东）	山阳新干线（冈山以西）	东北、上越、北陆新干线
最小曲线半径(m)	2500	4000	4000(3500)	4000
最大超高(mm)	200	180	180	180
最大实设超高(mm)	200	155(180)	155(180)	155
允许欠超高(mm)	110	90(60)	90(60)	60

法国高速铁路线路主要设计标准　　　　表11-4

速度(km/h)	超高(mm)	欠超高(mm)		过超高(mm)		最小曲线半径(m)		竖曲线半径(m)		线间距(m)	安全退避距离(m)
		标准	困难	标准	困难	标准	困难	标准	困难		
230	180	110	140	100	110	2500	2222	16000	10000	4.0	2.0
270	180	100	130	100	110	3846	3220	19000	14000	4.2	2.0
300	180	85	100	100	110	4545	4000	25000	16000	4.5	2.0
350	180	65	85			7143	6250	25000	21000	4.8	2.7

4. 缓和曲线线型及长度

日本新干线上采用的缓和曲线线形基本上是半波弦形缓和曲线,在列车最高速度低于70km/h的正线和站线可采用三次抛物线形缓和曲线。对于缓和曲线长度,规定应取表11-5中 L_1、L_2、L_3 中的大值并取整。h 为超高值。

日本新干线缓和曲线长度　　　　表11-5

缓和曲线长度	$v_{max} \geq 160$km/h 的正线	$v_{max} < 160$km/h 的正线		回送线、到发线及站线	
		半波正弦形缓和曲线	三次抛物线形缓和曲线	半波正弦形缓和曲线	三次抛物线形缓和曲线
L_1	$1.0h$	$0.8h$	$0.5h$	$0.63h$	$0.4h$
L_2	$0.0097h \cdot v_{max}$	$0.0062h \cdot v_{max}$	$0.0062h \cdot v_{max}$	$0.0062h \cdot v_{max}$	$0.0062h \cdot v_{max}$
L_3	$0.0117h \cdot v_{max}$	$0.0075h \cdot v_{max}$	$0.0075h \cdot v_{max}$	$0.0075h \cdot v_{max}$	$0.0075h \cdot v_{max}$

5. 站间距

车站分布与工程投资、运输能力密切相关,其分布主要取决于市场需求。目前我国没有对高速铁路站间距进行相应的规定。国外高速铁路站间距离差别较大,短则不到20km,长达100km以上。

三、动车组特性

高速动车组普遍采用了轻量化铝合金车体、高可靠性无摇枕转向架、大功率交直交牵引传动、微机控制的电空混合制动、基于计算机和网络技术的列车控制和旅客信息系统等先进技术。

我国高速铁路上运行的为 CRH 各型动车组,都是动力分散式的高速电力动车组。例如,CRH1 型动车组由庞巴迪公司及中国南车集团四方机车车辆股份有限公司的合资公司 BSP 生产;CRH2 型动车组由川崎重工及中国南车集团四方机车车辆股份有限公司生产;CRH3 型动车组由西门子、中国北车集团长春轨道客车股份有限公司及中国北车集团唐山轨道客车有限责任公司生产;CRH5 型动车组由阿尔斯通公司及中国北车集团长春轨道客车股份有限公司生产。表 11-6 给出了国产 CRH1 型、CRH2 型、CRH3 型、CRH5 型动车组主要技术参数。

国产 CRH 系列动车组主要技术参数   表 11-6

类型	CRH1 型	CRH2 型	CRH3 型	CRH5 型
最高运行速度(km/h)	200	200	350	200
最高试验速度(km/h)	250	250	小于 400	250
编组辆数(辆)	8	8	8	8
动力配置	2×(2M+1T)+(1M+1T)	4M+4T	2×(2M+1T)+2T	(3M+1T)+(2M+2T)
总长度(m)	214	201.4	200.67	211.5
总质量(t)	474	408.5	536	500
乘客定员(人)	670	610	557	606+2(残疾人)
常用制动空走时间(s)	1.7	2.3	—	1.5
轴重(t)	16	14	17	17
功率(kW)	5300	4800	8800	5500
起动加速度(m/s^2)	0.6	0.406	0.5	0.5
制动方式	再生制动优先,空气制动采用直通式电空制动	再生制动优先,空气制动采用直通式电空制动	再生制动优先,空气制动采用直通式电空制动,备用自动式空气制动	再生制动优先,空气制动采用直通式电空制动,备用自动式空气制动
紧急制动距离(m)	≤2000	≤1800	≤1600	≤2000

四种车型 CRH 动车组的牵引特性曲线如图 11-1 所示。可以看出,各型动车组定员均在 550~670 人之间,轴重载 14~17t。CRH1 型、CRH2 型和 CRH5 型动车组技术平台主要满足运行时速 200~250km 的要求;CRH3 型动车组功率最高,可以满足时速 300~350km 的要求。

四、列车牵引特性

列车速度提高需要更大的牵引功率。牵引电机既要保证提供与速度的二次方成正比的动能,还要提供足够的能量以克服车辆运行阻力。车辆(或列车)的阻力一般可表示为 $A + Bv + Cv^2$,其中 A 和 Bv 的一部分是列车因摩擦而产生的机械阻力,Cv^2 是与速度的二次方成正比的气动阻力。由于系数 C 一般为 10^{-4} 量级,所以当速度较低时,空气阻力占总阻力的份额有限,但随着速度的增加,空气阻力及其所占有份额迅速增加,从而导致用以驱动列车的功率更加迅速地增加。

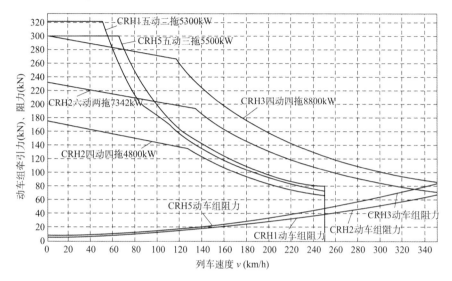

图 11-1　CRH 各型动车组牵引特性曲线

理论上,功率与速度的三次方成正比。随着列车速度的大幅提升,其牵引动力的所有设备的功率也必然迅速扩大。测算表明,速度为 200km/h 级的列车的功率为 100km/h 级列车的 5 倍,速度为 300km/h 级列车的功率则是速度 100km/h 级列车的 15 倍。因此,高速列车需要更大功率的牵引力才能满足高速牵引的需要。日本新干线 E1 系电动车组的牵引特性曲线及单位牵引力曲线分别如图 11-2、图 11-3 所示,单位牵引力的计算公式为:

$$f = \frac{T - R}{W} \tag{11-2}$$

式中:f——单位加速力,N/kN;
　　　T——动力车牵引力,N;
　　　R——基本阻力,N;
　　　W——列车质量,kN。

从图 11-3 可以看出,日本新干线 E1 系电动车组的单位牵引力最大值接近 50N/kN。SS_1 型电力机车受黏着限制的最大牵引力接近 500kN,假设 SS_1 型电力机车牵引 3000t 的货物列车,则单位牵引力为 17N/kN,远远小于高速列车的单位牵引力,因此,高速列车有更好的牵引加速性能。

总结来看,高速动车组牵引特性具有如下特征:

(1)牵引力随速度升高而降低,速度低时,牵引力变化平缓。

(2)动车组的牵引力虽然小于其他种类机车,但动车组轴重较其他机车小,因此仍具有较高的起动和加速能力。

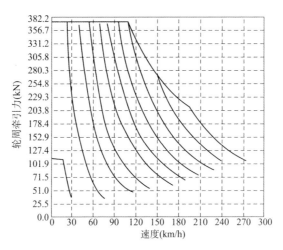

图 11-2　E1 系电动车组牵引特性曲线

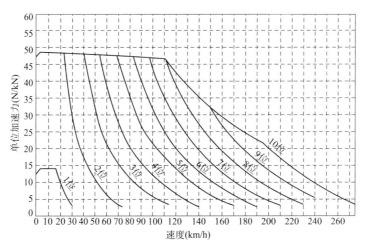

图 11-3　E1 系电动车组单位牵引力曲线

（3）当速度超过某值的时候，功率基本保持恒定，牵引力随速度升高呈双曲线关系下降，这一点与其他机车特性曲线相似，但范围略小。最高运行速度的动车组，恒功范围起点一般多在以上。

（4）因采用动力分散牵引模式，起动及低速时的牵引力大大低于黏着牵引力曲线，因此，后者一般不画出来。

（5）牵引特性曲线上不标注动车组最低计算速度。

五、列车阻力特性

列车运行基本阻力由滚动阻力、滑动阻力、振荡与冲击阻力和空气阻力组成。基本阻力中，空气阻力与列车速度的二次方成正比，机械阻力与速度成正比。速度较低时，基本阻力以各种摩擦阻力为主；随着速度的提高，空气阻力所占比例越来越大。列车高速运行时，空气阻力成为基本阻力的主要部分。

日本新干线高速列车的空气阻力计算模型如下：

第11章 高速列车运行计算

$$D_{\mathrm{a}} = \frac{1}{2}\rho A v^2 \left(C_{\mathrm{dp}} + \frac{\lambda}{d}l \right) \quad (11\text{-}3)$$

式中：D_{a}——空气阻力；
　　　v——列车速度；
　　　ρ——空气密度；
　　　A——列车横截面积；
　　　C_{dp}——头车压力阻力系数；
　　　λ——列车侧面气动摩擦系数；
　　　d——列车动力直径；
　　　l——列车长度。

式(11-3)中包含头、尾车的空气阻力和列车中间车辆的阻力。表11-7给出了新干线0系、100系、200系有关的空气阻力参数值。

新干线电动车组有关空气阻力的参数值　　　　表11-7

电动车组型号	横截面面积 $A(\mathrm{m}^2)$	气动直径 $d(\mathrm{m})$	列车侧面气动摩擦系数 λ	压力阻力系数 C_{dp}	双层车横截面面积 $A_{\mathrm{d}}(\mathrm{m}^2)$	双层车气动直径 $d_{\mathrm{d}}(\mathrm{m})$	双层车压力阻力系数 C_{dp2}
0 系	12.6	3.54	0.017	0.20	—	—	—
200 系	13.3	3.64	0.016	0.20	—	—	—
100 系	12.6	3.54	0.150	0.15	15.0	3.84	0.58

日本新干线0系、200系、300系等电动车组的基本阻力曲线如图11-4所示。从图11-4中可见，0系基本阻力最大，随着采用通风机冷却牵引电机、截面缩小及轻量化等技术措施，日本新开发的高速电动车组的基本阻力明显减少。

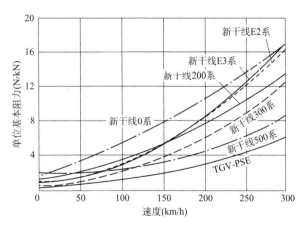

图11-4　日本新干线等电动车组基本阻力曲线

基本阻力随列车运行速度的增加而增加。从100km/h到350km/h，速度平均每增加50km/h，单位基本阻力增加了46.4%。在实际情况下，列车维持既有速度或加速时牵引力克服阻力做功导致能耗增加，因此速度对能耗有较为显著的影响。

六、列车制动特性

1. 高速列车制动系统

制动系统的可靠性是高速列车行车安全的基本保证。高速行车时,制动系统失灵的后果将不堪设想。高速列车的制动系统需要保证在正常条件下,复合制动时的各种制动形式合理分担制动能量(制动力),一旦其中某种制动形式发生故障,其他制动形式能提供补充,保证在紧急制动时能在规定的距离内停车。

高速列车复合制动是一种不同制动方式综合作用的模式,系统通常由制动控制系统、空气制动系统、电制动系统、微机控制的防滑器和其他制动装置组成。正常情况下,应优先并充分发挥电制动能力,不足部分以空气制动作为补偿;失电情况下,以空气制动为主。紧急制动时,除空气制动和动力制动外,还有非黏着制动(如新干线 700 系的涡流制动、ICE3 的磁轨制动等)。

再生制动或盘式制动是黏着制动方式的常见形式。为了获得所需制动力,需要依靠有效的轮/轨黏着系数。黏着系数受天气影响并随速度增加而降低,为了保证动车组在紧急制动时,甚至在不良气候状态下,也能在规定的制动距离内安全停车,需要一种与轮/轨黏着系数无关的辅助制动装置。磁轨制动、涡流轨道制动就是与轮/轨黏着系数无关的制动装置。它可作为常用和紧急制动装置应用。由于磁轨制动对钢轨磨耗较大和不易调节,它仅在紧急制动时使用,并不能用于常用制动。

磁轨制动的优点是:励磁功率小;因仅在紧急制动时应用,无明显轨温上升;制动时簧下质量不增加;直接支撑在钢轨上,不需要附加长的横梁;不需要调整空隙。缺点是:有磨耗;常用制动时不能应用;冬天有结冰的危险;高速时制动力下降较快。磁轨制动机的制动力随速度变化的实测值如图 11-5 所示。

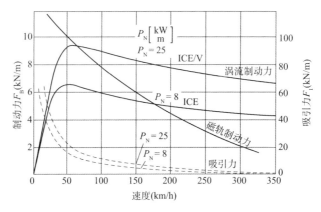

图 11-5 磁轨制动机和涡流制动机的制动力

随着列车速度的进一步提高,线路条件的变化,对列车制动系统提出更高的要求,如应加强无磨耗的非黏着制动装置,在常用制动时也应发挥作用。涡流轨道制动(也称线性涡流制动)即是具有这种特色的制动机。涡流轨道制动的优点是:在高速区段具有较高效制动力,在任何天气条件下,包括下雪结冰,都有可靠的高效制动效果;无磨耗、寿命长。

高速动车组采用复合制动方式,其动车和拖车分别有不同的制动方式和制动力,图 11-6

为 TGV-A 型动车组的动力转向架和非动力转向架的制动特性曲线。

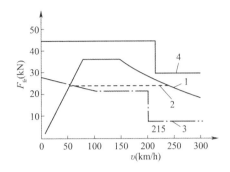

图 11-6　TGV-A 型动车组动力转向架和非动力转向架的制动特性曲线
1-电网励磁的电阻制动；2-蓄电池励磁的电阻制动；3-动车闸瓦制动；4-拖车盘式制动

图 11-7 描述了 TGV-A 型动车组在紧急制动时各种制动系统的制动力分配情况。

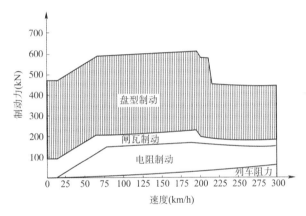

图 11-7　TGV-A 型动车组紧急制动时制动力分配情况

根据相关规定，电阻制动属于安全制动类，即使接触网发生故障，电阻制动所需的励磁电流无法从电网上获取，但仍然可以由蓄电池组供电，因此属于"安全"电制动类型。从图 11-8 可以看出，在整个制动速度范围内，拖车的盘式制动力占有较大比例。低速时，制动力由盘式制动和闸瓦制动组成；高速运行时，主要依靠盘式制动和电阻制动。

2. 高速列车制动控制

高速列车制动时初速度高，具有很大动能。在规定的制动距离内要转化并耗散这样大的能量，任何一种单独的机械或电气制动系统都难以完成，因此，设计高速列车制动系统实际上是有机组合各种制动模式的一个复杂系统工程。

我国 CRH 各型高速动车组均采用电气指令制动系统，这与普通机车车辆采用的制动系统有所不同。在不同的制动系统中，司机控制器发出的制动指令的形式、含义都不同。

对于自动空气制动机，当司机操作制动手柄置于常用制动某个位置时，自动制动阀对制动管排风减压，压力降到低于预定压力（定压）并达到某个差值（减压量）时，制动控制装置的控制阀就把该减压量转换为制动缸对应的压力，如图 11-8 所示。

列车自动空气制动机的制动指令是制动管的减压量，根据制动管的减压量，可以计算列车制动力，并进而计算出列车合力以及加、减速度。

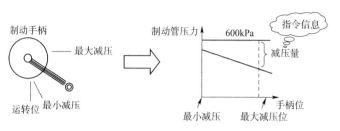

图 11-8　减压量指令方式原理示意图(一)

我国 CRH 各型高速动车组司机制动控制器发出的制动指令采用电气指令方式。当司机操作制动手柄置于常用制动区某个位置(常用制动级位)时,实际上就是把反映手柄位的信息(如常用制动 7 位),以数字量形式经列车网络传送到各车制动控制装置,在计算机的计算和控制下,查表找出该级位,此时将与列车速度对应的列车制动减速度与车辆总重等数据一起计算出此时该车所需制动力,控制中级阀向制动缸输出相应的空气压力。

采用电气指令方式的空气制动机,其制动指令的含义就是令制动手柄位对应于拟实现的列车制动减速度,如图 11-9 所示。

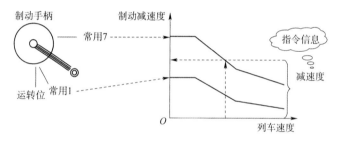

图 11-9　减速度指令方式原理示意图(二)

CRH1 型动车组采用电气指令制动系统,动车组各车辆的制动控制装置采用微机控制,制动力由动车的电制动(再生制动)及各车的空气制动(动车轮盘式制动、拖车轴盘式制动)构成。CRH1 型动车组司机室控制台右侧面板如图 11-10 所示,控制台右侧设有紧急制动按钮。

CRH1 型动车组的制动控制器与牵引控制器合为一体(图 11-11),即牵引制动控制器,或称主控制器、主手柄。制动操纵指令由此发出。列车主控制器是一个可进行 16 个挡位操作的操控杆。司机通过主控制器控制列车在不同牵引模式下的速度,常用制动和紧急制动。主控器有 8 个制动级位,1~7 级常用制动和 8 级紧急制动,1~8 级之间能实现阶梯制动和阶段缓解。按处于空挡位的操纵杆顶部的锁定按钮时,操控杆就到了"向前驱动"位。自此位向前移是加速,向后移是减速。将操控杆从 0 位向后拉到 7 位可实施常用制动,向后拉过 7 位可实施紧急制动。

CRH1 型动车组主控器如图 11-11 所示,图中数字的含义分别为:1-空挡("0");2-速度递减三步幅,弹回到"向前驱动位";3-向前驱动位;4-速度递增三步幅,弹回到"向前驱动位";5-制动七步幅;6-常用全制动;7-紧急制动;8-朝司机方向。

CRH3 型动车组采用电气指令微机控制的空电复合制动系统,系统采用再生制动优先的控制策略。CRH3 型动车组司机操纵手柄如图 11-12 所示。

第11章 高速列车运行计算

图 11-10　CRH1 型动车组司机室控制台右侧面板

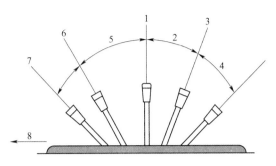

图 11-11　CRH1 型动车组主控器

图 11-12　CRH3 型动车组司机操纵手柄

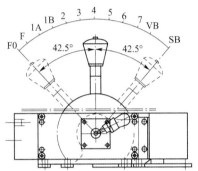

CRH3 型动车组司机制动操纵手柄(制动控制器)设有以下作用级位：

(1) F 位(忽略乘客激活的紧急制动)。

(2) 运转位(制动完全缓解)。

(3) 制动位，1A、1B、2、3、4、5、6、7、8 位。

(4) VB 位(最大常用制动)。

(5) SB 位(紧急制动)。

图 11-13 为 CRH3 型动车组常用制动级位(1~8 级)对应的减速特性曲线,该曲线含列车基本运行阻力的减速作用。

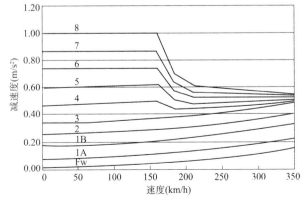

图 11-13　CRH3 型动车组常用制动减速度曲线

CRH5 动车组的制动系统由电制动系统、空气制动系统、防滑装置和制动控制系统组成。该制动系统具有与车载列车运行速度控制系统的接口,采用电空混合制动模式,其中电制动优先。CRH5 型动车组使用的电制动以再生制动为主。制动时,控制系统将三相异步电动机转换为发电机工作,将列车运动的动能转变为电能,反馈回电网。电制动在常用制动和列车定速运行时使用。使用电制动时,其主要应用在动车驱动轴上,动车非动力轴和拖车使用空气制动。但是,如果超出使用电制动力的速度范围时,动力轴的电制动就会失效,这时动车轴和拖车全部使用空气制动系统。

电制动可单独使用或与空气制动一起使用。与空气制动一起使用时,将优先使用电制动,以减轻拖车的空气制动负荷,从而减少其机械制动部件的磨耗。CRH5 型动车组的再生制动在 29kV 以下的网压下使用,并可在 10～200km/h 的速度范围内工作。再生制动时,CRH5 型动车组再生制动与列车速度的关系如图 11-14 所示。

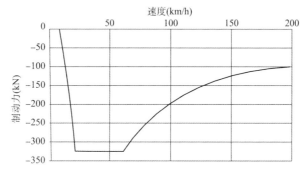

图 11-14　CRH5 型动车组的再生制动特性曲线

CRH5 型动车组使用的空气制动系统采用机械摩擦制动方式,包括直通式空气制动系统和自动式空气制动系统。直通式空气制动系统采用电子控制,制动系统可按制动模式曲线控制列车减速或停车。动车组上的自动式空气制动系统为备用制动系统,其制动指令由列车管传递。CRH5 型动车组的常用制动特性曲线如图 11-15 所示,紧急制动特性曲线如图 11-16 所示。

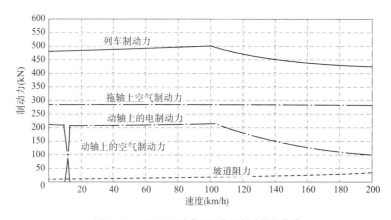

图 11-15　CRH5 型动车组的常用制动特性曲线

目前,CRH 系列动车组制动时主要采用基于减速度的电空混合制动方式,制动时优先采用电制动,当电制动不足时由空气制动补偿,低速时可直接转入空气制动。电制动可以大大减少空气制动系统零部件的磨耗,空气制动作为电制动的后备和补充,在列车调速、低速行驶和电制动无法发挥作用的紧急情况下要求迅速停车时确保提供有效制动力。动车组制动力分配流程如下:

(1)司机制动控制器(手动操控)或ATP(自动操控)发出减速度制动指令并传送给动车组电子制动控制单元。

(2)电子制动控制单元接收到减速度制动指令后,根据列车运行速度、车重信号和减速度制动指令计算出应施加的总制动力。

(3)电制动有效的情况下,电子制动控制单元首先让电制动装置施加电制动力,并将电制动力的数值返回至电子控制单元。

(4)电子制动控制单元判断所返回的电制动力是否满足减速度制动要求,若判断电制动力不满足减速度制动要求,即电制动力小于总制动力,则由电子制动控制单元计算出应该补充的空气制动力,并将相应的空气制动控制电信号传输到空气制动装置,从而产生制动过程中应该补偿的空气制动力;若判断电制动力满足减速度制动要求,即电制动力大于或等于总制动力,则完全施加电制动力,空气制动不起作用。

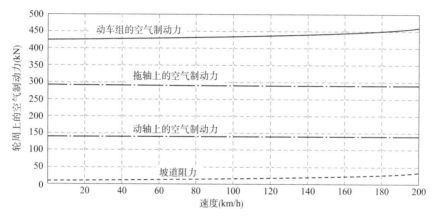

图 11-16 CRH5 型动车组的紧急制动特性曲线

七、列车操纵特性

1. 操纵规则

动车组是高速铁路运输工具,为了安全、迅速、准确地完成运输任务,动车组司机应服从命令,听从指挥,牢固树立安全、正点意识,严格遵守列车运行图规定的运行时刻和动车组、线路、桥隧、信号容许速度,道岔、曲线和慢行地段等限制速度,以及列车自动防护系统(ATP)或列车运行监控记录装置(LKJ)设定的限制速度。在操纵列车时,必须做到运行不超速,区间不运缓,认真执行彻底瞭望,确认信号和执行呼唤应答制度。列车运行中动车组司机应参照列车操纵示意图和提示卡操纵列车,经济合理地操纵动车组列车,做到安全正点、运行平稳、停车准确、节能环保。

为了使得列车运行安全、正点、平稳、节能,《CRH系列动车组操作规则》给出了列车在起动、途中运行、过电分相和制动停车等阶段的操纵规则。

1) 动车组起动

列车起动时,列车由静止逐渐变成运动状态,由于惯性的作用,列车的起动过程加速度会较大程度地影响乘客的舒适性。为保证列车的平稳起动,列车起车时,主控(牵引)手柄在"1"位(最小牵引位)稍作停留,再根据目标速度选择适当级位,做到起车稳、加速快。上坡道起车时,不具备保持制动功能的动车组,可先将牵引手柄置适当级位后,再缓解制动。

2) 动车组途中运行

列车起动后应根据目标速度及时加速,适时使用恒速功能,保持列车匀速运行。正常情况下,增加或减少牵引力、制动力时,主控(牵引或制动)手柄应逐步进行。牵引、制动工况转换时应在"0"位("切"位)稍作停留。牵引"1"位(最小牵引位)、制动"1"位(最小制动位)与"0"位转换时,应在牵引"1"位、制动"1"位稍作停留。实施常用制动时,应结合列车速度、线路情况、目标速度、目标距离等条件,准确掌握制动时机和制动级位,在列车产生初步制动力后再逐步增加制动力,避免频繁往复操作制动手柄,保持列车均匀减速。

3) 动车组过电分相

动车组有两种过分相的形式,自动过电分相和手动过电分相。动车组运行中应使用自动过分相功能,在经过乘务区段第一个分相区时,需验证自动过分相功能。列车通过分相区后,确认操纵台各显示屏和仪表显示状态。在分相区内,接触网不带电,列车主断路器打开,采用惰行通过分相区,若司机的操作不当,列车可能停在分相区内,从而造成较为严重的事故,影响线路的运行。列车的自动过分相功能可以有效地避免司机操纵失误所造成的后果,提高铁路系统的安全性和稳定性。

4) 动车组制动停车

动车组进站停车时需要一次稳、准对标停车。进站停车时,按列车编组一次稳、准对标停车,停妥后使列车保持制动状态,司机根据列车长的开门通知,集控开启站台侧车门(开门按钮不在司机操纵台上的除外)。列车的整个制动停车过程一般持续10km左右,并且由于运行的平均速度较低,整个进站制动需持续相当一段时间。列车在进站制动阶段的操作较大程度地影响列车的区间运行时分,从而影响列车的准点性。铁路部分因此制定了较为详细的进站制动操作规则,以此来规范司机的操作,保证列车在进站制动阶段准点、平稳运行。

2. 列控系统与ATP超速防护曲线

列控系统是确保高速列车运行安全的信号系统。利用地面提供的线路信息、前车(目标)距离和进路状态,列控车载设备根据动车组参数自动生成列车允许速度控制模式曲线,并实时与列车运行速度进行比较,列车超速后及时进行控制,保证列车运行安全的监控系统。我国高速铁路列车运行控制系统(CTCS)由地面设备和车载设备组成。地面设备由应答器、轨道电路、无线通信网络(GSM-R)、列车控制中心(TCC)/无线闭塞中心(RBC)组成。其中GSM-R不属于CTCS设备,但是系统中的重要组成部分。车载设备由机车信号、列车运行监控记录装置(LKJ)和列车自动防护系统(ATP)组成。

我国列控系统分为CTCS-0、CTCS-1、CTCS-2、CTCS-3、CTCS-4级。CTCS-0、CTCS-1级适用于既有线现状,CTCS-2级适用于既有线提速和200~250km/h客运专线,CTCS-3级适用于300km/h及以上客运专线,CTCS-4级面向未来的列控系统。CTCS-2、CTCS-3和CTCS-4级列控系统的车载设备由机车信号、LKJ和ATP三个核心子系统组成。ATP是CTCS列控系统中保证列车安全和效率的重要车载设备,对列车运行行为有着重要影响。实际操纵中,列车在 ATP 的监控下运行,列车运行速度除了受线路工程限速、机车构造速度限制外,还受 ATP 超速防护曲线的限制。

高速铁路 ATP 超速防护曲线包括紧急制动曲线、紧急制动触发曲线、常用制动曲线、常用制动触发曲线和报警曲线,如图 11-17 所示。常用制动曲线和紧急制动曲线是结合列车制动性能、前方线路参数计算出来的制动曲线,以保证动车组在安全停车点之前能够停止运行的速度曲线。

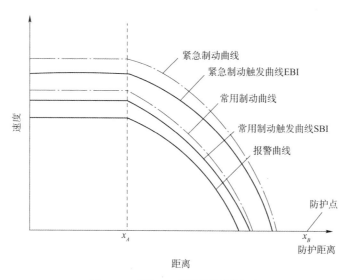

图 11-17　车载 ATP 超速防护曲线组成

3. 线路条件对司机操纵的影响

与普速铁路相比,高速铁路里程长、平均站间距大,高速铁路的运行速度高,在高速运行的时候,司机无法瞭望地面信号,一般采用列车自动控制系统,使制动时列车制动力增减自如,制动平滑。

线路坡道方面,普速铁路站外超过 -6‰ 下坡道的车站不多;国外高速铁路最大坡度基本都大于或等于 20‰,一般在 20‰ ~ 40‰ 之间,但最大坡度仅限局部地段使用。我国除台湾省台北—高雄铁路外,最大坡度采用 35‰。对于限制坡度的选择,普速铁路一般为 -6‰,困难地段最大为 -20‰;而对于高速铁路,由于牵引定数小、列车质量轻,最大限坡一般采用 -20‰,困难条件下可以采用 -25‰。另外,动车出入段线的最大限坡可以达到 -30‰。可以看出,与普速铁路相比,高速铁路坡道可以设计得比较陡,主要原因是制动系统的不同,普速铁路主要是空气制动,在坡道进行制动时,制动操纵方法时仍以空气操纵为主,通过司机操纵制动手柄输出制动力对列车进行减速;而高速铁路是通过计算机输出减速度进行制动,如果减速度不适合,计算机可以随时进行调整。

4. 过电分相对司机操纵的影响

分相区是电气化铁路的无电区间,是将不同变电所供出的不同相位的电,通过两个分相开关进行隔离,以防止异相短路并造成熔断接触网。在电气化铁道牵引区段,牵引供电采用单工频交流供电方式。为使电力系统三相尽可能平衡,接触网采用分段换相供电。为防止相间短路,必须在各独立供电区之间建立分相区,各相间用空气或绝缘子分割,称为电分相。

高速铁路的 CTCS-2 和 CTCS-3 可以监控列车自动过分相。高速列车过分相的操纵方式取决于列车以一定初速度进入分相区后的惰行距离。如果惰行距离大于自动过分相所需距离,即可采用自动过分相方式;如果不满足自动过分相但惰行距离大于手动过分相所需距离,则采取手动过分相。

在正常情况下高速列车采用自动过分相方式,控制过程完全由车载设备完成,无须列车司机操纵。列车一般都采用 ATP 控车模式下的自动过电分相方式通过分相区,图 11-18 描述了列车在 ATP 模式下过电分相的流程。

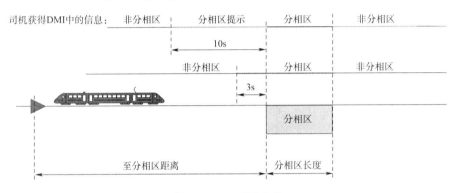

图 11-18　ATP 过电分相

遇自动过分相装置故障或非正常行车导致过分相初速度过低时,司机可以采用手动断合主断路器的方式通过分相,即将自动过分相装置隔离。在列车头部越过分相断电标时,司机手动断开主断路器,待通过分相后列车越过分相合电标时,司机手动闭合主断路器。当手动过分相时,列车最短惰行距离为自分相断电标至分相合电标之间的距离。当采取手动过分相方式时,列车惰行距离较短,在相同坡度和过分相初速度情况下降速较少,但对列车司机操纵提出更高要求。

第 2 节　高速列车运行计算方法

一、牵引力计算

高速列车牵引力计算可按列车牵引特性曲线图或曲线表取值。图 11-19 为新干线 500 系电动车组牵引特性曲线,在实际计算中可以根据列车的运行速度按图取值,通过查表获得牵引力时可以利用插值法进行取值。

高速列车牵引力与速度的关系也可用经验公式拟合,然后利用经验公式计算不同速度条件下的牵引力。例如,CRH2 型动车组牵引力与速度的关系可拟合为如下经验公式:

$$\begin{cases} F = 176 - 0.36v & 0 \leqslant v \leqslant 125 \\ F = 16250/v & v > 125 \end{cases} \quad (11\text{-}4)$$

式中:F——当前列车牵引力,kN;

v——当前列车运行速度,km/h。

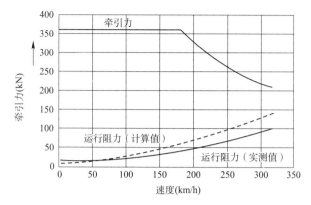

图 11-19　新干线 500 系电动车组牵引特性曲线

考虑高速电动车组、电力机车和新型内燃机车牵引功率发挥受主客观因素影响较小,已没有必要再使用"牵引力使用系数"来折减机车最大牵引力,即应取"牵引力使用系数"为 1.0。

二、阻力计算

在列车运行阻力计算方面,可按阻力曲线图或相应的列车基本阻力及附加阻力的公式进行计算。动车组运行基本阻力由线路阻力、空气阻力、机械阻力等因素共同构成,决定性影响因素是运行速度和列车质量,一般通过试验得到具体数值。我国 CRH 系列高速动车组的单位质量基本运行阻力方程见表 11-8,可以利用公式根据列车的运行速度计算列车的基本阻力。

我国 CRH 系列高速动车组单位质量基本运行阻力方程　　表 11-8

类型	速度单位	基本阻力单位	基本阻力方程
CRH1 型	km/h	N/kN	$1.11944 + 0.00542495v + 0.00014574184v^2$
CRH2 型	km/h	N/kN	$0.88061 + 0.00744388v + 0.00011428571v^2$
CRH3 型	km/h	N/kN	$0.7550 + 0.006364013v + 0.0001151355v^2$
CRH5 型	km/h	N/kN	$1.65000 + 0.0001v + 0.000179v^2$

三、制动力计算

在列车制动力计算方面,可以采用如下模式:

(1)利用总制动力曲线直接取值,该曲线综合反映了制动力的大小。图 11-20 描述了在电阻制动、闸瓦制动、盘式制动共同作用下的总制动力随速度的变化曲线。实际计算中可以直接根据运行速度按总制动力进行取值。

(2)按给定的制动减速度计算,该减速度值是列车最终的减速度值。

(3)按照实际的复合制动力进行计算,即按照不同速度下的空气制动、电阻及再生制动以及涡流和电磁制动力的数值进行计算。图 11-21 描述了各种制动力随速度的变化曲线,实际计算中可以根据运行速度对每种制动力分别进行取值,最后计算总的制动力。

(4)利用高速列车制动力与速度关系的经验公式取值。

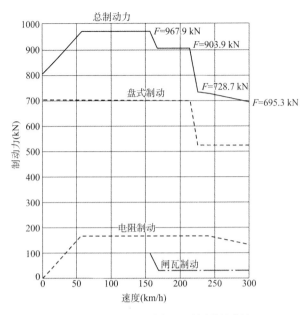

图 11-20　TGV-K 型动车组的制动特性曲线

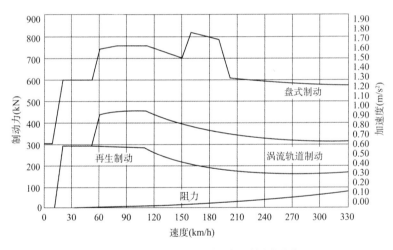

图 11-21　ICE3 型动车组制动时各种制动力的分配

高速列车制动力与速度的关系可用经验公式拟合,然后利用经验公式计算不同速度条件下的制动力。例如,CRH2 型动车组再生制动力与速度的关系可拟合为如下经验公式:

$$\begin{cases} F_d = 44 & 0 \leqslant v \leqslant 70 \\ F_d = 44 - 0.06(v - 70) & 70 < v \leqslant 200 \end{cases} \quad (11-5)$$

式中:F_d——当前列车再生制动力,kN;

　　　v——当前列车运行速度,km/h。

动车组运行速度和控制取决于牵引、制动特性,与运行速度相关。根据相关研究,可以把动车组的牵引、制动特性表示为 $F = a + bv + cv^2$ 的形式。表 11-9 为 CRH3 型、CRH5 型动车组功率系数为 100% 时的牵引、制动特性经验公式,可利用经验公式计算不同类型动车组的牵引、制动力。

CRH3型、CRH5型动车组牵引、制动特性经验公式　　　　　表11-9

车型	速度区间 (km/h)	牵引力计算系数			速度区间 (km/h)	制动力(电制动+空气制动) 计算系数		
		a	b	c		a	b	c
CRH3型	0~119	300.000	-0.26891	0	0~5	210	0	0
	119~300	536.078	-2.79360	0.0045449	5~10	290.426	-0.2851524	0
	—	—	—	—	10~50	275.426	1.2148476	0
	—	—	—	—	50~106.7	332.78932	0.0675812	0
	—	—	—	—	106.7~210	665.81528	-2.8623908	0.0043568
	—	—	—	—	210~350	636.707	-2.72378	0.0043568
CRH5型	0~64	302.000	0	0	0~105	488.000	0.096154	0
	64~150	610.566	-6.036321	0.018984	105~140	977.216	-6.911262	0.0223552
	150~250	306.450	-1.54837	0.0025806	140~180	667.014	-2.334925	0.0054940
					180~200	587.922	-1.401200	0.0027475

资料来源:铁道第三勘察设计院集团有限公司,中铁第四勘察设计集团有限公司,中国铁道科学研究院.高速铁路设计规范(试行):TB 10621—2009.北京:中国铁道出版社,2009.

在高速列车运行计算过程中,可根据制动手柄级别和列车当前运行速度确定总制动力的大小。与牵引力计算相同,制动力的计算也可采用线性插值法进行计算。如果电制动力不足,则补充计算空气制动力大小。计算得到可施加的最大电制动力 B_e 后,根据制动减速度 β_i 和车重 M 计算获得空气制动力 B_a。

$$B_a = \beta_i \times M - B_e \tag{11-6}$$

动车组制动信号一般采用网络信号和电气信号的传输方式,制动力由计算机进行分配和控制,可以认为电制动力和空气制动力是同时触发并行施加的。根据动车组速度-减速度曲线,采用线性插值计算在当前速度和制动手柄位时的动车组的减速度的大小。

四、列车运行模式

随着我国高速铁路技术的不断成熟,以安全正点、运行平稳、停车准确、节能环保为目标的高速铁路司机操纵策略及方法也逐渐标准化,高速列车在两个站间的整个运行过程可分为5个不同的列车运行阶段,即:起动运行、节时运行、恒速运行、停车制动减速和对标停车,如图11-22所示。此外,高速列车在区间运行(节时运行、恒速运行和停车制动减速)过程中可能会遇到电分相,并且过电分相操纵策略和方法与其他阶段不同,也可将过电分相作为一个单独的阶段。

高速列车的运行计算模式可采用与这5个阶段对应的计算模式。与城市轨道交通列车相比,由于站间距较长,高速列车区间运行时一般会保持一定的恒速时间。由于高速列车运行速度高、制动距离长,因此相对于城市间铁路和城市轨道交通来说,在进行进站停车计算时要在距离停车点更长的距离内准备进行制动停车。

五、高速列车紧急制动距离

为了保证行车安全,世界各国和地区都根据在列车运行速度、牵引质量、制动技术水平和信号、闭塞方式等方面的实际情况,规定了其紧急制动时所允许的最大制动距离。我国《铁路技术管理规程(高速铁路部分)》第 169 条规定:动车组列车制动初速度为 200km/h 时,紧急制动距离限值为 2000m;制动初速度为 250km/h 时,紧急制动距离限值为 3200m;制动初速度为 300km/h 时,紧急制动距离限值为 3800m;制动初速度为 350km/h 时,紧急制动距离限值为 6500m。

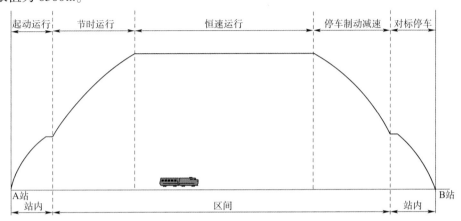

图 11-22　高速列车站间运行阶段划分

日本《新干线构造规则》规定,在直线上紧急制动的减速度及常用制动的减速度必须符合表 11-10 的规定。

新干线列车紧急制动减速度及常用制动减速度　　表 11-10

速度(km/h)	紧急制动减速度[km/(h·s)]	常用制动减速度[km/(h·s)]
230~320	1.57(0.44m/s²)	1.12(0.31m/s²)
110~230	2.03(0.56m/s²)	1.45(0.40m/s²)
70~110	3.13(0.86m/s²)	2.24(0.62m/s²)
70~0	3.64(1.01m/s²)	2.70(0.75m/s²)

表 11-11、表 11-12 给出了法国 TGV 列车、德国 ICE 列车的紧急制动距离标准。

法国 TGV 列车紧急制动距离　　表 11-11

列车型号与线路	运行最高速度 v_{max}(km/h)	标准制动距离(m)	不良状态下的制动距离(m)
TGV-PSE(新线)	270	3000	3700
TGV-PSE(既有线)	200	1500	1870
TGV-A/B(新线)	300	3500	4500
TGV-A/R(既有线)	220	1700	2200

德国 ICE 列车紧急制动距离($v_{max}=250$km/h)　　表 11-12

下坡道坡度 i(‰)	制动距离(m)	折算到平直道(i=0)的制动距离(m)
-5	3450	3250
-12.5	3860	3300

注:按 $t_k=2$s 并按一次计算折算。

六、高速列车制动距离计算

一般情况下，客、货列车制动距离的确定可以根据牵引计算提供的方法，按列车制动过程来分析计算。列车制动距离包括空走距离与有效制动距离两部分，具体计算过程简介如下。

空走距离 S_k 按空走时间内列车作等速运行计算：

$$S_k = \frac{v_0 t_k}{3600} \times 1000 = \frac{v_0 t_k}{3.6} = 0.278 v_0 t_k \quad (\text{m}) \tag{11-7}$$

式中：v_0——制动初速度，km/h；

t_k——空走时间，s。

有效制动距离 S_e 按式(11-8)计算。

$$S_e = \sum_{k=1}^{l} \frac{4.17(v_k^2 - v_{k+1}^2)}{1000\vartheta_h \cdot \beta_c \cdot [\varphi_h]_k + [w_0]_k + [i_j]_k} \quad (\text{m}) \tag{11-8}$$

式中：φ_h——换算摩擦系数；

β_c——常用制动系数，紧急制动时 $\beta_c = 1$，常用制动时根据减压量确定；

v_k、v_{k+1}——第 k 个速度间隔的初速度和末速度，km/h；

ϑ_h——列车换算制动率；

w_0——列车单位基本阻力，N/kN；

i_j——制动地段的加算坡度千分数。

列车制动距离，即

$$S_z = S_k + S_e = \frac{v_0 t_k}{3.6} + \sum_{k=1}^{l} \frac{4.17(v_k^2 - v_{k+1}^2)}{1000\vartheta_h \cdot \beta_c \cdot [\varphi_h]_k + [w_0]_k + [i_j]_k} \quad (\text{m}) \tag{11-9}$$

由于动车组的制动一般采用多种制动方式综合运用，根据国外及我国合资生产的动车组制动特性资料，并没有直接提供动车组在不同速度下的制动力，制动距离计算公式中的某些参数无法确定，这样就不能直接套用现成的公式，必须寻求新的方法进行计算。

我国 CRH 系列高速动车组采用电气指令制动系统，司机操纵制动控制器发出电气指令，其制动指令的本质是与制动手柄位对应的列车制动减速度。因此，对于我国 CRH 各型高速动车组制动距离的计算，不一定按照先求制动力和阻力，再求合力，进而求解制动距离的传统方法。

由于动车组的制动采用减速度控制模式，在列车减速度制动过程中，在一定的速度范围内，减速度是确定的，这就有可能按照减速度计算制动距离。通常情况下，动车组给出了制动减速度参数，可以根据制动减速度，运用匀变速运动的计算公式按式(11-9)后一项有效制动距离进行求解，空走距离仍用原方法求解。图 11-23 为 CRH 各型动车组制动减速度曲线。

高速列车的制动减速度是计算列车制动距离的一个重要参数，它主要包括三个部分：列车纯制动力引发的减速度、基本阻力引发的减速度和坡道阻力引发的减速度。

纯制动力引发的减速度 a' 可以表示为：

$$a' = \frac{b \cdot g \cdot 10^{-3}}{1 + \gamma} \tag{11-10}$$

式中：b——列车单位制动力，N/kN；

g——重力加速度，近似为 9.81m/s^2；

γ——列车回转质量系数,高速动车组一般取1.0。

基本阻力和坡道阻力引发的减速度 a'' 可以表示为:

$$a'' = \frac{(\omega_0 + i_j) \cdot g \cdot 10^{-3}}{1+\gamma} \tag{11-11}$$

式中: ω_0 ——列车单位基本阻力, N/kN;

i_j ——制动地段的加算坡度千分数。

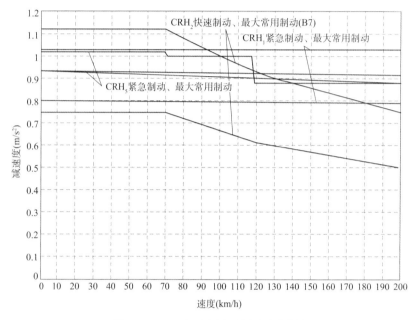

图11-23 CRH各型动车组制动减速度曲线

列车制动减速度可以通过计算得来,也可根据相关车型技术资料获取。根据日本川崎重工业株式会社和四方机车车辆公司提供的设计资料,CRH2型动车组制动方式分为7级常用制动和紧急制动。制动减速度特性由三段直线组成:0~70km/h减速度为一常数,70~118km/h 和 118~200km/h减速度为速度的一次函数,具体计算模型见表11-13。

200km/h动车组制动减速度特性参数(单位:m/s²)   表11-13

制动级位		速度(km/h)		
		0~70	70~118	118~200
常用制动	一级	0.1667	$0.2072 - 0.0005780v$	$0.1765 - 0.0003185v$
	二级	0.2639	$0.3287 - 0.0009259v$	$0.2779 - 0.0004954v$
	三级	0.3611	$0.4502 - 0.0012731v$	$0.3814 - 0.0006900v$
	四级	0.4583	$0.5758 - 0.0016782v$	$0.4780 - 0.0008493v$
	五级	05528	$0.6905 - 0.0019676v$	$0.5794 - 0.0010262v$
	六级	0.6500	$0.8120 - 0.0023148v$	$0.6829 - 0.0012208v$
	七级	0.7472	$0.9336 - 0.0026620v$	$0.7844 - 0.0013977v$
紧急制动		1.1222	$1.4017 - 0.0039931v$	$1.1790 - 0.0021054v$

高速列车制动距离也分别按照空走距离和有效制动距离计算。与常规列车一样,高速列车制动距离也包括空走距离和有效制动距离,其中制动空走距离的计算公式按空走时间内列车作等速运行计算。CRH 型动车组的制动空走时间以及对应的空走距离见表 11-14。

CRH 型动车组制动空走时间和空走距离　　　　　　表 11-14

车型	常用制动空走时间(s)	常用制动空走距离(m)	紧急制动空走时间(s)	紧急制动空走距离(m)
CRH1 型	1.7	$0.472v_0$	1.5	$0.417v_0$
CRH2 型	2.3	$0.639v_0$	1.5	$0.417v_0$
CRH5 型	1.5	$0.417v_0$	1.5	$0.417v_0$

高速动车组的制动采用计算机综合制动方式,无须考虑一般列车制动计算中的列车换算制动率、闸片换算摩擦系数的概念,也不需要考虑列车基本阻力和坡道阻力,可以直接用给定的减速度计算有效制动距离。由于动车组的制动减速度是分段给出的,在每一段可以认为列车是均变速运动,运用匀变速运动有关公式求出其有效制动距离。根据动力学原理,有效制动距离 S_e 和减速度 a 的关系式可表示为:

$$S_e = \sum_{k=1}^{l} \frac{v_k^2 - v_{k+1}^2}{2 \times a \times 3.6^2} = 0.0386 \times \sum_{k=1}^{l} \frac{v_k^2 - v_{k+1}^2}{a} \quad (\text{m}) \quad (11\text{-}12)$$

式中:v_k、v_{k+1}——所取速度间隔的初速度和末速度,km/h;

a——所取速度间隔的平均减速度,m/s²,按平均速度的减速度取值。

因此,CRH2 型动车组紧急制动距离的计算公式为:

$$S_z = S_k + S_e = 0.417v_0 + 0.0386 \times \sum_{k=1}^{l} \frac{v_k^2 - v_{k+1}^2}{a} \quad (\text{m}) \quad (11\text{-}13)$$

式中:v_0——制动初速度,km/h。

因此,高速列车有效制动距离的计算根据表 11-13 给出的制动减速度参数表,依据制动级位、制动初速度以及制动末速度来确定。将表 11-13 中的制动减速度特性数据,代入上述动车组制动距离的计算公式,可得 CRH2 型动车组在不同速度下的紧急制动距离计算公式,见表 11-15。

CRH2 型动车组紧急制动距离计算公式　　　　　　表 11-15

制动初速度(km/h)	计算公式
$v_0 \leq 70$	$S_z = 0.417v_0 + 0.0386 \times \dfrac{v_0^2}{1.1222}$
$70 < v_0 \leq 118$	$S_z = 0.417v_0 + 0.0386 \times \dfrac{v_0^2 - 4900}{1.4017 - 0.0019965(v_0 + 70)} + 169$
$v_0 > 118$	$S_z = 0.417v_0 + 0.0386 \times \dfrac{v_0^2 - 13924}{1.1790 - 0.0010527(v_0 + 118)} + 510$

需要说明的是,当制动初速度大于 70km/h 时,由于不同速度段的制动减速度不同,需要分段计算制动距离。另外,表 11-15 中减速度公式的速度 v 按照计算过程中实际所取速度间隔的平均速度进行计算。

当应用 7 级常用制动停车时，CRH2 型动车组常用制动距离的计算公式见表 11-16。

CRH2 型动车组常用制动距离计算公式（7 级常用制动）　　　表 11-16

制动初速度（km/h）	计算公式
$v_0 \leqslant 70$	$S_z = 0.639 v_0 + 0.0386 \times \dfrac{v_0^2}{0.7472}$
$70 < v_0 \leqslant 118$	$S_z = 0.639 v_0 + 0.0386 \times \dfrac{v_0^2 - 4900}{0.9336 - 0.001331 \times (v_0 + 70)} + 253$
$v_0 > 118$	$S_z = 0.639 v_0 + 0.0386 \times \dfrac{v_0^2 - 13924}{0.7844 - 0.00069885 \times (v_0 + 118)} + 766$

习题

1. 分析高速列车运行计算的特点。
2. 试述高速列车复合制动系统的构成与特点。
3. 与传统的列车制动距离计算方法相比较，高速列车制动距离的计算有什么不同之处？
4. CRH 各型号动车组采用的电气指令制动系统与普通机车车辆采用的制动系统有什么差异？
5. 以某型号 CRH 动车组为例，阐述列车制动过程的操作流程。

第12章 列车运行计算软件

列车运行过程涉及许多因素,如何准确、快速地计算出列车在各种不同条件下的运行效果并予以评价是列车运行计算软件的主要功能要求。随着轨道交通行业的快速发展,国内外研究与工程设计单位利用现代计算机技术开发了列车运行计算软件,为铁路工程咨询与设计、运营管理提供了强有力的设计辅助分析与决策工具。本章简述列车运行计算软件的发展,介绍国内外常用的列车运行计算软件,重点介绍一种国内应用最广泛的列车运行计算软件——通用列车运行计算系统(GTMS)。

第1节 概　　述

一、列车运行计算的发展

列车运行计算以列车操纵和列车纵向运动为计算对象,涉及列车编组条件、机车车辆的牵引和制动设备、线路状况和司机操纵等多个方面,是一个复杂的系统工程问题。从发展阶段来看,列车运行计算可以分为下述三个阶段。

1. 人工计算和图解方法阶段

人工计算和图解方法一般采用将列车视为单质点的简化运动模型,且对列车受力的计算采用基于经验的换算方法。例如,在计算起动牵引力、牵引质量甚至能耗时均不考虑列车长度或编组的影响;对于曲线和坡道引起的附加阻力,是按简化后的换算条件而并非复杂的实际线路条件计算;对于制动力的计算,是将实际列车制动过程分为无制动作用和有制动作用且闸瓦压力恒定的两个阶段进行,为了不直接涉及摩擦系数与闸瓦压力的关系,用换算闸瓦压力和换算摩擦系数来进行简化计算。采用人工计算和图解方法,其计算结果和实际情况相比有一定的失真,且计算效率较低。

2. 单质点列车模型的计算机计算方法阶段

20世纪80年代,随着计算机技术的普及,人们开始进行列车运行计算系统的研究与开发。早期的软件系统重点在于模拟手工计算过程,目的是将工程师的手工计算经验通过计算机再现出来,提高计算效率,减免手工计算的工作量。该方法只是在计算方式上以计算机代替了手工计算,从而有效地提高计算速度和精度,但没有改变单质点列车运动模型的基本计算原理,没有形成通用性强的系统。

3. 通用列车运行计算系统

20世纪90年代后,人们进一步考虑改善列车运行计算精度和系统的通用性等问题,研制可以综合考虑机、车、工、电、辆等专业的通用列车运行计算系统。这些通用的列车运行计算系统具有分析列车运行行为、模拟列车运行实际环境、优化机车司机操纵、进行列车运行监控、验证铁路列车运营组织方案等多方面的功能,同时还可应用在自动编制列车操纵示意图以及交通工程设计等多个领域。

目前研制的列车运行计算系统主要包括单列车与多列车两种。单列车运行计算系统的目的在于运行过程设计,即校验列车在不同运行条件下的区间运行速度、时分、最大牵引质量、安全性等,也可探讨列车运行过程中的操纵优化方法。作为运营管理的参考,单列车计算还可用于对线路进行技术改造时的方案比选,评价降低限坡、改进机车类型或采用双机牵引等措施的运营效果。多列车运行计算系统的重点是研究考虑列车间相互作用的列车运行轨迹和行为,验证列车在一定时刻表下运行的可行性和安全性,研究列车在不同牵引机车类型、不同牵引质量、不同信号闭塞方式下保证列车运行安全最小间隔的各种方案,检验并确定区段运输能力。

二、国外列车运行计算软件介绍

国外对列车运行仿真软件的研究起步较早,已形成众多较为成熟的列车运行仿真软件,目前应用较为广泛的列车运行仿真软件主要有 RailSim、RailSys、OpenTrack 和 Dynamis。

1. RailSim

RailSim 是由美国 SYSTRA 公司于 1990 年推出的铁路牵引计算与运行模拟软件,目前常用于北美铁路设计和运营管理。它主要由列车运行计算(TPC)、时刻表设计器、路网模拟器、机车车辆数据编辑器、负载电流分析器、报告产生器 6 部分组成。RailSim 模块界面如图 12-1 所示。

图 12-1 RailSim 模块界面

列车运行计算(TPC)是 RailSim 中最核心的模块,它是由美国铁路于 20 世纪 60 年代开发的计算包,主要是模拟单列车在指定线路及列车编组下的运行特性,并输出列车运行时间、速度、能耗、再生制动能等数据。它可分析计算不同闭塞方式、不同类型列车、不同运行组织方案下列车的运行行为和操纵策略,从而对轨道交通系统中的运输能力、运行间隔、信号设计、机车车辆设计和能耗计算等问题进行研究。负载电流分析器主要是分析供电系统的电压变化、再生制动能回收、总负载消耗、峰值负载等,从而验算供电系统的能力是否满足实际运营的需求。

2. RailSys

RailSys 是一款由德国汉诺威大学和德国铁路管理咨询公司共同研发的基于路网的铁路运输微观模拟仿真软件。作为一款铁路基础设施及时刻表计算、优化和管理的软件,该系统适用于各种规模铁路网络的分析、设计和优化等,其主要功能为:多列车、各种规模路网列车牵引计算及分析和优化,路网能力分析及优化,列车运行图的评价与优化,干扰情形下列车运行图的强壮性分析,线路和车站的仿真结果统计与分析,多列车之间及列车与信号之间的影响分析,信号系统的安全及可用性评价等。RailSys 目前在全球的铁路运输业中得到了广泛应用,如科隆—莱茵、悉尼—堪培拉等高速铁路线,慕尼黑、科隆、悉尼、墨尔本的城市铁路以及柏林和哥本哈根的铁路网络等。RailSys 路网仿真与数据分析界面如图 12-2 所示。

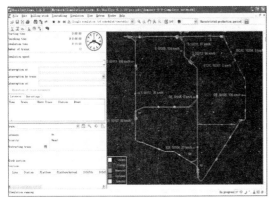 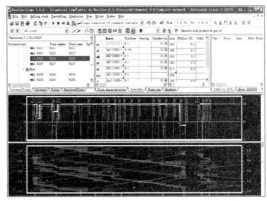

图 12-2　RailSys 路网仿真与数据分析界面

RailSys 包括 5 个组件:路网基础设施管理、运行图编制及管理、施工计划管理、仿真管理、评价管理。其中,路网基础设施管理编辑和管理车站、线路、信号系统等基本信息;运行图编制及管理主要制定时刻表,计算闭塞分区、股道占用情况,进行冲突自动监测等;施工计划管理可人工调整运行图,避免发生运行图编制及管理组件中监测到的列车冲突;仿真管理是系统的核心,主要功能包括实时计算并显示路网中所有列车的位置,并分析列车之间的相互影响,随机产生各类延误并进行仿真与分析等;评价管理主要功能包括股道及线路占用分析、仿真结果统计分析、运行图质量评估和车辆使用计划评估。

3. OpenTrack

OpenTrack 是由瑞士联邦研究院为解决铁路网络运营管理问题,于 20 世纪 90 年代中期开发的轨道交通运营仿真软件。该软件采用面向对象的开发方式,拥有较为友好的用户界面。其主要功能包括多列车牵引计算,车站和线路的仿真及分析,列车运行图的分析及优化,仿真非正常情况行车组织,如突发事件、晚点等,以及列车运行中供电系统的功率计算等。

OpenTrack 在软件设计过程中采用了双顶点设计,如图 12-3 所示。顶点是路网中线路属性发生变化或设置有信号机的点,OpenTrack 采用双顶点技术避免了传统单顶点搜索到不可能路径的不足,同时也便于设置控制不同运行方向信号机。

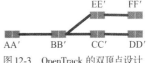

图 12-3　OpenTrack 的双顶点设计

通过双顶点技术,OpenTrack 能较好地构建路网和路径,因此常被用于路网能力分析、运行图分析和运营调整、车站设计和咽喉区能力计算。但 OpenTrack 对列车运行操纵策略的刻画不够细致,所以其在列车微观操纵行为仿真中的运用较少。

OpenTrack 的主要模块包括基础数据、仿真计算、动态显示和结果输出,其体系结构如图 12-4 所示。

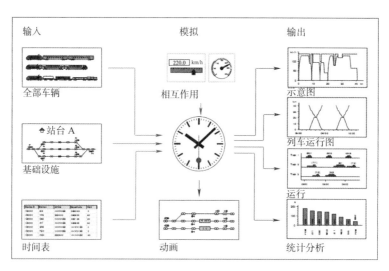

图 12-4　OpenTrack 体系结构图

基础数据模块是仿真运行的基础。在软件仿真前需要对基础数据模块进行参数设定,模块内部又可分为 3 个子模块:列车数据子模块、线路数据子模块和列车时刻表数据子模块。仿真计算模块是仿真运行的核心,该模块在调用基础数据模块后,利用本模块中包含的仿真计算所需的各种牵引力、阻力、能耗等公式和算法对列车的运行状态进行推演计算。动态显示模块用于展示列车实时的运行状态。该模块会将仿真计算模块得到的结果通过图形界面直观地展示出来。该模块不仅能够实时展示路网上的列车运行动画,还可以同步输出运行图编制过程以及列车速度-位移曲线、能耗-位移曲线等的动态变化过程。在运行图编制完成后,允许用户在运行图上改变列车的运行方案,例如延长列车停站时间等,以此直观展示和分析不同扰动对列车运行的影响。结果输出模块即将仿真结果以文本或图表形式进行输出,系统输出结果主要为列车运行结果(包括速度-距离曲线、加速度-距离曲线、能耗-距离曲线、功率-距离曲线等)、运行图仿真结果(包括实际与仿真运行图编制结果、列车是否发生晚点等)、车站股道和线路占用情况以及运营指标统计(包括各列车晚点时间等)。

4. Dynamis

Dynamis 是 20 世纪 80 年代由德国轨道交通管理咨询公司开发的专门用于列车牵引计算的工具,德国与奥地利铁路运营部门及科研机构主要采用 Dynamis,其可嵌入 RailSys 等系统进行列车运行行为的计算。该软件可以对不同控制策略的列车运行过程进行仿真,计算列车区间运行时分与牵引能耗等技术指标,生成给定线路下的节能操纵方案。Dynamis 列车运行仿真计算界面如图 12-5 所示。

Dynamis 可实现高精度的单列车牵引计算过程,并可与轨道交通综合设计验证平台无缝集成,进行数据交换。然而,Dynamis 缺少多列车运行逻辑刻画,无法进行多列车牵引计算,且对于列车在车站的运行仿真不够细致。

三、国内列车运行计算软件介绍

国内列车运行仿真软件的研究起步相对较晚,但发展速度较快,与国外先进的列车运行仿真软件之间的差距正在逐渐缩小。

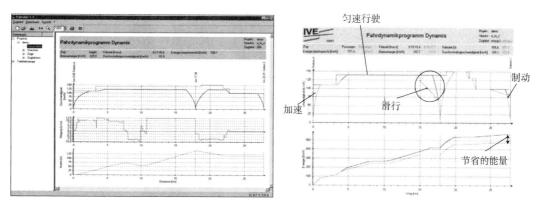

图 12-5　Dynamis 列车运行仿真计算界面

1. 铁科院版牵引电算软件

20 世纪 90 年代初,铁道部科学研究院(简称铁科院)在铁道部科教司和运输局装备部的大力支持下,开展了牵引电算的研究工作,并开发出单列车牵引电算程序。目前,该软件广泛应用于我国铁路运营部门和相关设计单位。软件的主要模块包括基础数据、参数设置、仿真计算、信息查看和结果显示,如图 12-6 所示。

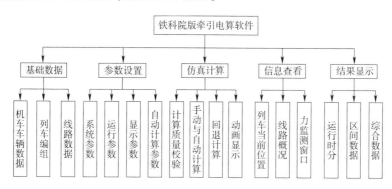

图 12-6　铁科院版牵引电算软件框架结构

铁科院版牵引电算软件可实现辅助设计运营组织方案、检算线路通过能力、辅助机车选型、线路方案设计等功能。例如,在每次大提速和运行图修订过程中,为使铁路行车进一步达到安全、高速、重载、高效的目标,通过列车牵引计算和牵引试验来确定运营组织方案中的关键技术参数,辅助运营单位提出更好的运营组织方案;通过软件的列车节时模拟策略,计算站间最小运行时分,从而为铁路相关设计及运营单位确定线路通过能力、检算列车运行图方案的可行性提供指导和依据;通过对不同机车的牵引过程进行仿真,分析不同机车的技术经济性能,用于指导运营单位针对不同线路选择合适的列车、列车生产单位对机车车辆的设计;通过对不同线路设计方案下的列车运行过程仿真,计算得到其技术经济指标,如区间运行时分、能耗等,为线路方案比选提供依据。

2. 通用列车运行计算系统(GTMS)

我国铁路运输具有运输量大、发车密度高、客货列车混跑、多数机车和信号系统国产化等特点,国外应用较为广泛的列车运行计算软件并不能完全适用于我国铁路运输实际情况。1997 年,北京交通大学与香港理工大学合作,联合北京全路通信信号研究设计院、北京城建设计院、中铁第四勘察设计院、铁道第三勘察设计院等部门,采用面向对象的程序设计方法,开发了面向我国干线铁路和城市轨道交通的通用列车运行计算系统(Genaral-purposed Train Movement Simulator System,GTMS)。

GTMS通过对给定运行环境下列车行为的分析,建立了通用性强、精确更高的列车运行过程计算模型系统。该系统可以为工程设计人员提供列车运行时分和能耗等相关指标的计算结果,应用于机车操纵方案的优化、铁路既有线提速方案的分析计算、运行图技术参数的确定、运行图评价与技术指标计算。此外,该系统可以为轨道交通高校、中专、技校及生产一线的教学人员提供列车运行过程的动态演示,为研究人员提供各种设定环境下的系统运行结果,为研究分析铁路系统方案提供参考依据。

GTMS列车运行速度-距离曲线如图12-7所示。

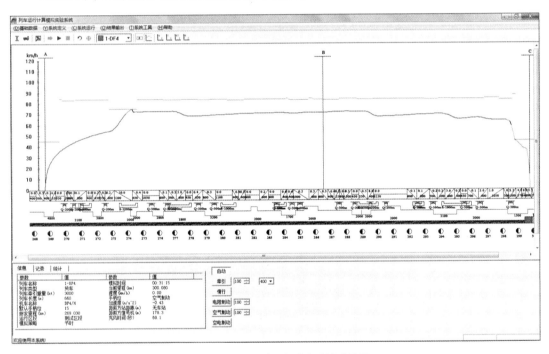

图12-7 GTMS列车运行速度-距离曲线图

第2节 通用列车运行计算系统(GTMS)

一、GTMS结构设计

GTMS采用面向对象的程序设计方法,主要包括基础数据库模块、运行计算模块以及系统输出模块,其结构如图12-8所示。

基础数据库模块包括机车数据库、车辆数据库、线路数据库以及牵引计算操纵经验知识库。其中机车数据库包括牵引特性曲线、制动特性曲线、燃油特性曲线、构造速度、计算质量、起动牵引力、计算起动阻力、阻力方程参数等信息;车辆数据库包括各类型车辆长度、自重、闸瓦类型、闸瓦摩擦系数、换算摩擦系数、阻力方程参数等信息;线路数据库包括线路坡道、曲线、桥梁、隧道、车站和信号机位置以及工程限速等信息,系统根据上述线路数据自动生成区段的平纵断面图及车站平面示意图。

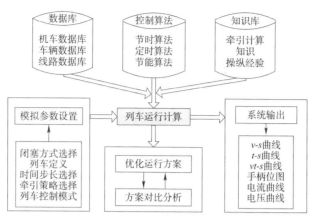

图 12-8　GTMS 结构图

牵引计算操纵经验知识库存放的是列车图定运行时分,《列车牵引计算 第 1 部分:机车牵引式列车》(TB/T 1407.1—2018)与《机车操作规程》规定的列车操纵原则、方法以及优秀司机在给定线路上的操纵经验。由于系统要兼顾我国不同类型的铁路与机车车辆,基础数据的完备性是一个重要标志,基础数据库模块可以在使用中不断维护和扩充。

系统输出模块通过专门的设计可以为用户提供多种输出手段。输出方式主要有屏幕输出、打印机/绘图仪输出两大类,根据要求系统还提供将计算结果以 AutoCAD 文件形式存盘的输出方式,同时也可将列车运行过程信息保存为文本文件,便于分析处理。

运行计算模块主要包括列车运行控制算法和列车运行过程计算模型,其中控制算法是运行计算模块的核心。GTMS 主要有三种典型的控制算法:

(1)节时算法,即在满足限速的前提下使列车以最大可能的速度运行,获得最小的运行时间。

(2)定时算法,即列车在给定的时分下从起点运行至区段终点。

(3)节能算法,在给定线路条件、列车参数和区间运行时分的条件下寻求使列车运行能耗最小的机车操纵方案。节时算法一般用于计算列车最小运行时分,为编制列车运行图提供标尺数据。定时算法一般用于对准点性要求较高的旅客列车,节能算法一般用于牵引能耗较大的货物列车运行过程优化。

二、基础数据模块

基础数据模块是存储系统原始数据、保存运行结果的数据文件。作为通用型计算实验系统,GTMS 具有一个较完整的、可扩充的基础数据库体系,它包括各种基础数据文件,可以让用户事先建立各类列车运行计算所需的数据。用户在计算时可以随意调用这些数据并构造恰当的计算基础。基础数据库包括两大部分:一是线路数据库;二是其他数据库,包括机车、车辆、列车定义等。

1.线路数据库

线路数据库用来输入与线路相关的数据信息,包括线路平纵断面、信号设备位置、里程变换信息和车站信息等,其基本界面如图 12-9 所示。

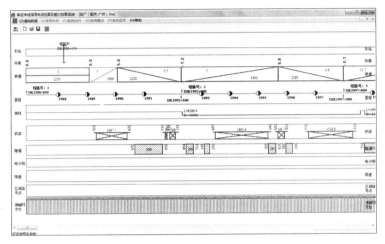

图 12-9　线路数据输入与编辑界面

为方便用户输入线路数据,系统还提供了表格输入功能,用户可以点击工具栏上的“表格输入”按钮,打开表格输入对话框,如图 12-10 所示。

编号	起点(m)	长度(m)	坡度(‰)	里程增减	里程名称	线路号
1	0.000	550	5.00	0		
2	550.000	230	-6.80	0		
3	780.000	270	-9.00	0		
4	1050.000	240	9.22	0		
5	1290.000	360	3.00	0		
6	1650.000	250	-3.00	0		
7	1900.000	400	-23.40	0		
8	2300.000	280	30.00	0		
9	2580.000	370	3.00	0		
10	2950.000	450	-5.75	0		
11	3400.000	200	30.00	0		
12	3600.000	300	-3.00	0		
13	3900.000	300	-8.00	0		
14	4200.000	300	-5.00	0		
15	4500.000	300	10.00	0		
16	4800.000	300	10.85	0		
17	5100.000	250	3.00	0		
18	5350.000	300	-6.87	0		
19	5650.000	250	10.00	0		
20	5900.000	350	2.00	0		
21	6250.000	350	3.00	0		
22	6600.000	250	-25.00	0		

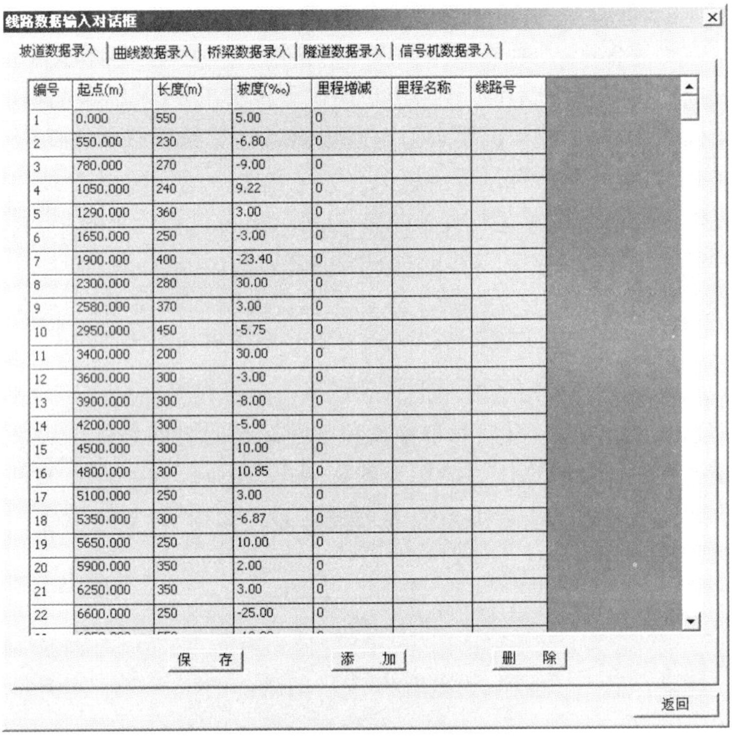

图 12-10　以表格方式输入线路数据

车站数据较多,由两级对话框进行输入。第一级对话框如图 12-11 所示,输入数据主要包括车站名称、中心里程、里程名称、里程标识等。当不对车站扩展信息进行操作时,系统自动默认生成车站的各类信息,同时可以进入车站扩展信息对话框对各类数据进行修改。

第二级对话框为车站扩展信息对话框,其数据主要包括:股道编号与类型、上下行进站信号机位置、上下行出站信号机位置、上下行进站道岔位置及限速、上下行正线通过限速对某些车站、上下行侧线停站附加距离、上下行咽喉长度等。

2. 其他数据文件

其他数据文件包括:列车、机车、车辆及信号闭塞方式。

1) 列车定义

列车定义就是确定各列车的编组及牵引机车,它是该系统最重要的设计关键之一。为体现通用性的目标,系统为用户提供了任意编组不同类型列车的功能,用户可根据需要设想并构造不同类型列车,并在指定线路上尝试运行效果。在定义列车过程中,用户可在现有的机车车辆库中挑选参数相仿的机车车辆,也可自定义相关机车车辆。列车定义界面如图 12-12 所示。

图 12-11 车站数据输入主界面

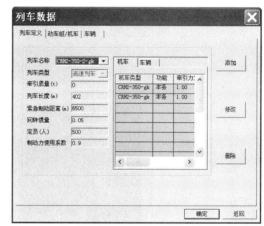

图 12-12 列车定义界面

2) 机车数据

机车数据库是系统重要的基础数据库之一,其中机车类型的多少是评价系统通用性的好坏的一个方面。从牵引角度看,机车分有级牵引及无级牵引两种模式。铁路机车大多采用有级牵引,且不同类型机车的牵引曲线、最大级位均不同。目前《列车牵引计算 第 1 部分:机车牵引式列车》(TB/T 1407.1—2018)中已有的各种机车类型数据均已输入系统。当有新的机车类型出现时,用户可以自行添加到系统。机车数据录入界面如图 12-13、图 12-14 所示。

3) 车辆数据

车辆数据库是列车运行的重要依据。车辆信息包括车辆类型、自重、车辆长度、闸瓦类型、换算摩擦系数、阻力方程等。出现新型车辆时,用户亦可添加到系统车辆数据库中。车辆数据录入界面如图 12-15 所示。

4) 闭塞方式定义

信号闭塞数据是为用户灵活地定义信号显示的一种手段。用户可以根据不同国家的情况或不同的设计方案来研究列车运行效果。

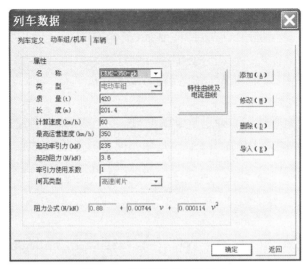

图 12-13　机车数据录入界面(1)

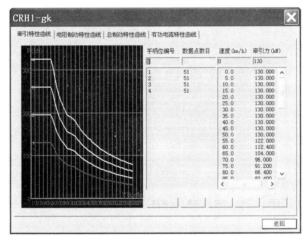

图 12-14　机车数据录入界面(2)

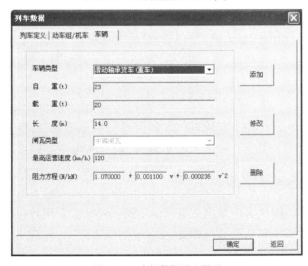

图 12-15　车辆数据录入界面

三、GTMS 计算参数定义

计算参数定义是让用户来描述所分析的对象及环境条件,包括线路条件、列车条件、计算原则、(多列车下的)信号配置以及牵引供变电参数等。为适应不同用户,系统对一些可能非必需的参数设置了默认参数,用户发现不当时可以修改。

1. 列车控制方式选择

图 12-16 描述了参数定义的第一层界面。用户可以采用以下两种方式控制列车运行过程:

1) 自动方式

选择"自动方式"时,列车将在计算机控制下按选定原则自动运行,无须用户中途干预。

2) 手动方式

手动方式是为用户提供的一种更直接地操纵列车运行的方式,旨在体现用户的目标,改善自动计算条件下某些不够满意的运营指标。GTMS 提供的手动控制方式主要是针对单列车的。

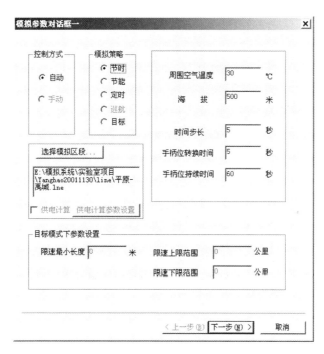

图 12-16 参数定义(1)

2. 计算策略选择

计算策略是指列车运行控制策略,主要包括节时、定时、节能、巡航等策略。节时模式是寻求列车最小运行时分的一种模式。节能模式是给定运行时分条件下使列车运行能耗减少的列车运行模式。定时策略是它综合考虑了线路条件和机车牵引性能,研究给定两点间运行时分条件下的比较切合实际的牵引策略。巡航策略是针对地铁设计提出的,适用于城市地铁列车的设计与运行测试,即列车除了进、出站外,在区间或区间的某一段线路上以某一固定的速度即巡航速度运行。

3. 列车选择

列车定义是计算的基础。在定义完所需列车后,用户可以进入列车选择菜单。参数定义的第二层界面如图 12-17 所示,在选择列车时不能对列车参数进行修改。对每一列车,还需要输入车站停站股道、列车停站时分等信息。需要指出的是,当列车停站时分定义为 0 时,表示列车将不停车通过该车站。

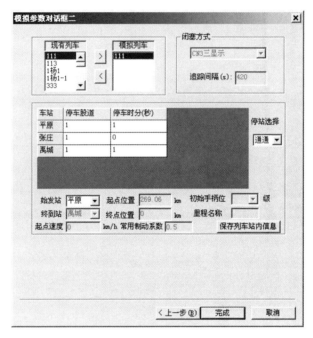

图 12-17 参数定义(2)

四、GTMS 的运行

1. 初始化

参数定义完毕后,需在计算开始前先进行初始化。初始化的主要目的包括检查系统配置、确定线路最终限速和提高计算效率。初始化完成后,系统将显示线路、车站位置以及线路限速。初始化后的系统界面如图 12-18 所示。

2. 运行

完成初始化后,点击"运行计算"按钮,GTMS 开始列车运行计算过程。图 12-19 给出了系统运行过程显示的一条曲线。

3. 显示参数设置

用户可以根据屏幕情况改变显示坐标的比例,以取得较好的演示效果。可以通过选择"结果输出"中的"显示参数设置"来改变显示参数。对屏幕显示来说,适当的参数需要用户根据界面大小与显示器设置不断尝试来取得。图 12-20 是参数定义的界面。

五、GTMS 系统输出

系统输出是通过专门的设计向用户提供不同的输出手段。输出方式主要有屏幕输出、打印机/绘图仪输出两大类。用户还可以选择将计算结果以 AutoCAD 文件形式存盘。

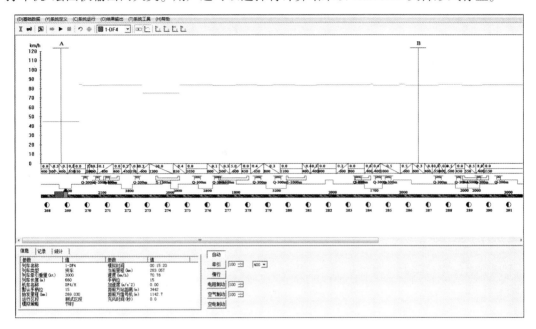

图 12-18　系统初始化后的界面

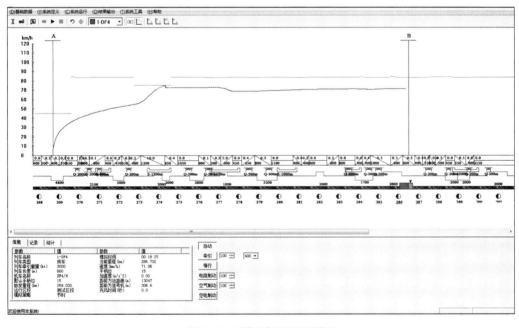

图 12-19　系统运行过程显示界面

1. 当前结果显示

在进行计算的同时,系统可以通过屏幕同步显示运行计算的结果。系统可同步显示的数据包括以下三项:

(1) $v\text{-}s$ 曲线,即列车运行的速度-距离曲线。多列车运行条件下,系统将显示所有列车的曲线。图 12-21 是 $v\text{-}s$ 曲线图。

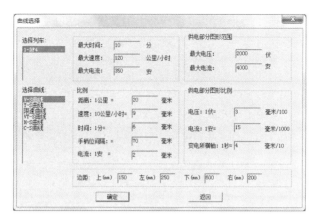

图 12-20　更改显示参数以得到合适的图形显示

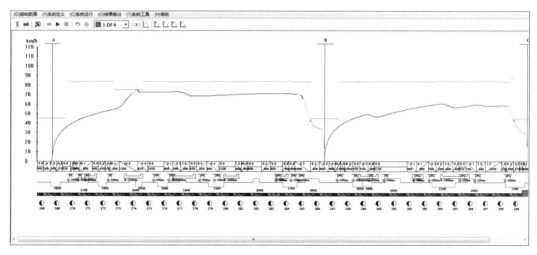

图 12-21　$v\text{-}s$ 曲线图

（2）$vt\text{-}s$ 曲线。系统可同时显示列车运行时间-距离曲线、速度-距离曲线。图 12-22 是 $vt\text{-}s$ 曲线图。

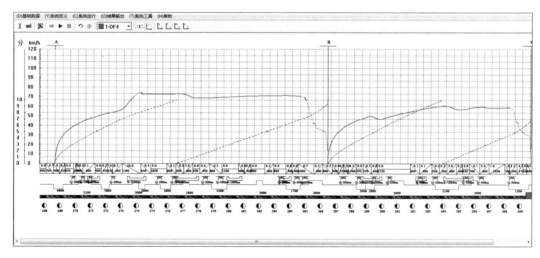

图 12-22　$vt\text{-}s$ 曲线图

(3) $h\text{-}s$ 曲线,即列车运行工况曲线。图 12-23 是 $h\text{-}s$ 曲线图。

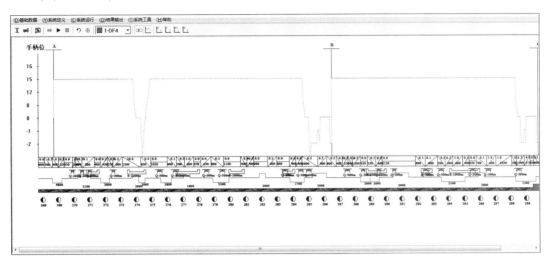

图 12-23　$h\text{-}s$ 曲线图

2. 输出方式选择

除屏幕显示外,系统提供了打印机、绘图仪两种输出方式,可以协助用户打印页面大小不同的数据或图形。此外,用户还可以选择将计算结果保存为文本文件、系统存储文件以及 AutoCAD 文件。其中,系统存储文件方式是 GTMS 专用方式,它只能通过 GTMS 打开并读取。AutoCAD 文件方式是 GTMS 为 AutoCAD 输出而提供的一个接口,以该方式存储的文件可以直接用 AutoCAD 打开并显示,如图 12-24 所示。

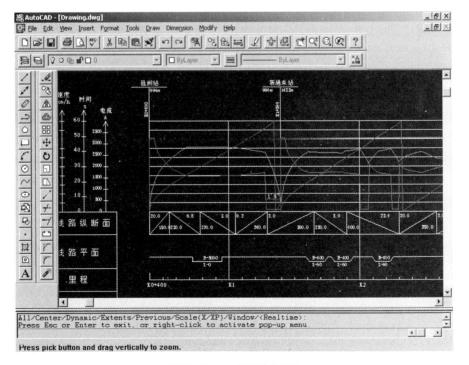

图 12-24　AutoCAD 输出显示

第3节　通用列车运行计算系统(GTMS)的应用

一、列车节能操纵指导系统

GTMS在开发之初主要应用于城市轨道交通和干线铁路的线路规划设计以及列车运行速度的确定等。随着我国轨道交通网络的不断增长,城市轨道交通和干线铁路的运量也在快速增长,相应的列车运行能耗激增。为降低列车运行能耗,GTMS的单列车运行计算模块被应用于列车节能驾驶。北京交通大学在GTMS系统基础上,开发了基于运行计算的列车节能操纵指导系统,该系统可安装于司机操纵室,用于实时指导司机控制机(动)车,如图12-25所示。

图12-25　列车节能操纵指导系统示意图

在列车运行过程中,列车节能操纵指导系统动态读取列车运行监控记录装置中的实时信息,在保证运行安全、平稳、正点的前提下,以降低行车能耗为主要目标,在线计算基于当前运行环境的节能优化操纵指导方案。该系统总体结构设计如图12-26所示,主要包括动态通信、基础数据、初始化计算、运行过程计算与控制以及显示输出模块。

基础数据模块和初始化计算模块仍与GTMS保持一致,列车运行过程计算与控制模块和系统显示输出在GTMS上进行了一定改进,其中系统显示输出界面如图12-27所示。

与GTMS相比,列车节能操纵指导系统增加了动态通信模块。该模块的功能是从机车上既有的列车运行监控记录装置实时读取列车运行速度、位置、机车信号、机车工况、柴油机转速以及牵引质量、列车编组等信息,在对其进行可靠性分析后将上述数据输送至运行过程计算与控制模块。若列车运行信息读取有误或超时,系统将上一个步长的计算结果作为输入信息输送至运行过程计算与控制模块。

既有线为期一年的测试表明,列车节能操纵指导系统在满足列车运行安全、准时和平稳等要求的前提下,通过增加惰行比例、避免不必要制动调速以及合理运用动能闯坡等节能运行操纵策略,能快速有效地实时计算给出列车运行前方节能操纵优化方案,为乘务员操纵提供实时指导,使列车运行能耗降低5.88%,初步实现了轨道交通列车的安全节能操纵。

二、信号布点与能力检算系统

近年来,我国铁路技术水平有了较大的提升,在高原铁路技术、机车车辆装备技术、客运专线技术、既有线提速技术、重载运输技术及运输调度技术等领域取得了较大成果。铁路列车的大面积提速与铁路客运专线网规模的不断扩大,提高了铁路运输企业的服务质量与市场竞争力,相应地,也对铁路运输系统的技术装备和运营管理提出了更高的要求,需要确保列车在高密度、高速度条件下的安全运行。

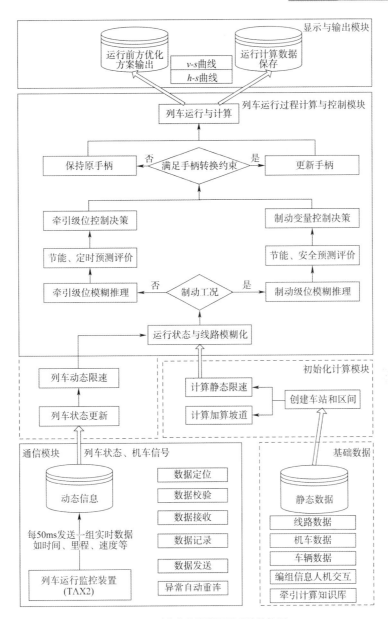

图 12-26 列车节能操纵指导系统结构图

  信号闭塞方式及闭塞分区长度的设置与列车运行安全及运输能力密切相关。为此,北京交通大学与中铁第四勘察设计研究院集团有限公司合作,以 GTMS 为基础开发了铁路区间信号布点与能力检算系统,用于分析与优化信号机空间布局。信号布点与能力检算系统主要包括牵引计算模块与信号布点及能力检算模块,系统设计结构如图 12-28 所示。

  牵引计算模块以 GTMS 为基础,分为粗略的牵引计算及精确的牵引及追踪间隔计算。粗略的牵引计算以基础数据的输入为基础,输出列车运行时分、能耗等数据及统计指标;精确的牵引及追踪间隔计算是以信号布点及能力检算模块的初步输出结果为输入条件,通过牵引计算模块的运行,检算信号布点的合理性,并输出信号机的位置及追踪间隔时间等信息。

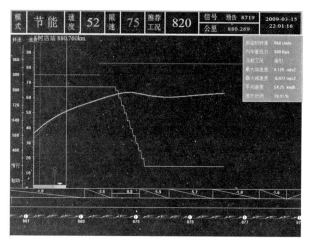

图 12-27 列车节能操纵指导系统运行曲线输出界面

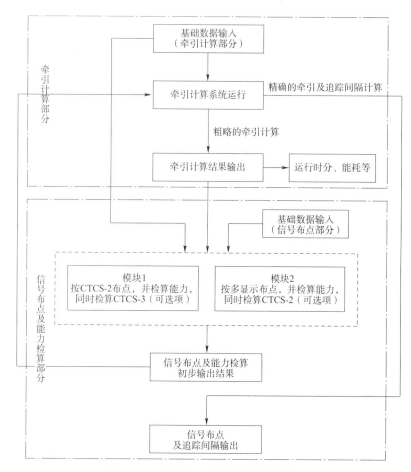

图 12-28 信号布点与能力检算系统结构设计

信号机布点及能力检算模块的输入条件不仅包括基础数据部分,还包括粗略牵引计算的输出结果。根据闭塞方式的不同,信号布点及能力检算模块又分成按 CTCS-2 布点和按多显示布点两个不同的子模块,可输出信号布点和能力检算的初步结果,但初步的输出结果并不能作为最终的信号机布局方案,需将初步方案反馈到牵引计算模块中做精确校正后,才能得到信号机布点和能力检算的最终结果。

信号布点及能力检算系统的显示界面如图 12-29 所示。

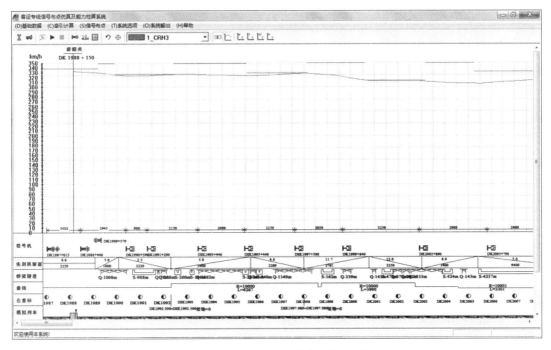

图 12-29　信号布点与能力检算系统显示界面

该系统的主要功能包括给定运行条件和目标速度下的区间停车标及信号机布置方案的初始生成与验算、列车追踪间隔时间和车站作业间隔时间的自动计算。该系统目前在轨道交通设计院得到了推广与应用,为我国客运专线的信号机布局与优化提供了技术依据。

三、高速铁路列车运行仿真系统

在 GTMS 的基础上,结合现有高速动车组及列控系统的性能,充分考虑一线动车组司机操纵规则以及我国高速铁路列车运行的特点,研制了高速铁路列车运行仿真系统。

1. 主要功能需求

(1) 增添 ATP 计算模块,实现更真实反映运营环境特征的列车运行仿真

《技规》规定列车最高速度大于 160km/h 时,必须配备 ATP 系统,以保证列车的安全运行。目前,正常情况下我国高速铁路都是基于 CTCS-2 和 CTCS-3 级列车运行控制系统来行车。GTMS 并未设计 ATP 自动防护曲线的计算模块,这导致既有软件的仿真结果与现实情况存在一定差异。所以考虑 ATP 计算方法和控车特点,实现 ATP 防护下的列车运行仿真,是高速铁路列车运行仿真系统的主要升级需求之一。

(2) 考虑列车操纵规范要求,实现反映司机驾驶行为特征的列车运行仿真

GTMS 列车操纵行为的刻画都是基于节时、节能或定时模式的,对于高速列车在起动、加速、恒速运行、过分相、制动、对标停车等部分细节的司机操纵描述不够深入,导致仿真软件的模拟结果与实际运营曲线存在一定差异,进而导致各项牵引计算结果存在一定的误差。

为了提高仿真软件计算精度,高速铁路列车运行仿真系统需实现运行仿真时考虑列车操纵规则和司机驾驶特征。

(3)实现手动操纵列车运行功能

即便在相同的列车和线路条件下,不同司机的驾驶行为仍有差异,难以用统一的模型来描述。因此,软件中需添加手动操纵功能,通过手动选择手柄位时,实现不同操纵策略与方案下的列车运行过程仿真。软件应可以通过鼠标点击来选取牵引、惰行或制动手柄位,用"0"表示惰行,用正数表示牵引,用负数表示制动,并且可以显现列车当前运行速度。

(4)实现区间起停车功能

为分析信号机和电分相布局方案对列车运行的影响,有必要实现区间起停的非正常运行仿真功能。正常运行时,用户应选择车站起停,列车通过在车站起车和车站停车实现正常运行。当用户选择区间起停时,需手动填写起、停里程信息,列车从所填写的起动里程处开始起动,在所填写的停站里程处停站。

2. 系统框架结构

高速铁路列车运行仿真系统主要由基础数据管理模块、ATP 计算模块、列车运行仿真模块和结果输出模块组成,系统总体框架如图 12-30 所示。

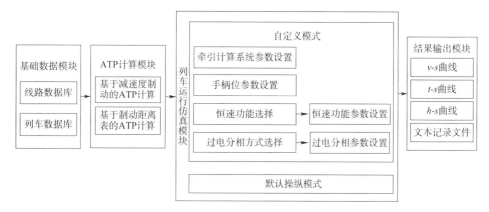

图 12-30　高速铁路列车运行仿真系统框架结构

基础数据模块是列车运行仿真的基础,包括线路数据和列车数据。

ATP 计算模块是列车运行仿真的主要约束条件,在现实操纵中,列车均在自动防护系统 ATP 的监控下运行,列车运行速度除了受线路工程限速、机车构造速度限制外,还受 ATP 系统的动态限速曲线限制。高速铁路列车运行仿真系统中提供了基于减速度制动的 ATP 曲线计算方法和基于制动距离表制动的 ATP 曲线计算方法两种主流 ATP 超速防护曲线计算方法。

列车运行仿真模块为整个系统的核心。该模块将列车的运行过程按照时间步长离散化处理,通过分析列车在每一时间步长内的受力情况来计算列车运行距离、运行时分等技术指标。此外,高速铁路列车运行仿真系统应实现给定线路和列车条件下的操纵方案自动生成和手动模拟,自动生成操纵方案时需考虑动车组操纵规则及司机驾驶行为特点。在系统运行仿真前,用户需要根据实际需要选择不同的运行模式以及列车运行防护模式(基于减速度制动的 ATP 防护或基于制动距离表制动的 ATP 防护模式)。在确定上述参数和模拟策略后,系统可自动仿真列车运行过程,并计算相关技术指标。

结果输出模块向用户输出系统的仿真结果数据,供用户进行各方案的优劣对比分析。其输出的主要结果有列车区间运行时分、仿真过程的 $v\text{-}s$ 曲线图、$t\text{-}s$ 曲线图以及 $h\text{-}s$ 曲线图。

习题

1. 举例说明列车运行计算软件的发展阶段及其特点。
2. 分析国内外列车运行计算软件的特点与差异。
3. 分析列车运行计算软件的主要应用范围。
4. 阐述列车运行仿真的关键技术。
5. 探讨列车运行仿真的发展趋势。

附录 部分机车牵引计算数据表

附表 1

DF₄(货)型内燃机车牵引计算主要数据表

计算质量 P(t)	黏着质量 P_μ(t)	计算黏着系数 μ_j	最低计算速度 v_{jmin}(km/h)	持续牵引力 F_{jmax}(kN)	计算动轮直径 D_j(mm)	最大起动牵引力 F_q(kN)	计算起动阻力 ω_q'(N/kN)	齿轮传动比 μ_c	最大速度 v_g(km/h)	机车全长 L_j(m)
135		$0.248+5.9/(75+20v)$	20.0	302.1	1013	401.7	5.00	4.50	100	21.1

机车牵引力 F (kN)

速度 v(km/h)	0	10	20	30	40	50	60	70	80	90	100
电流、黏着限制牵引力	311	356.9	344.9	—	—	—	—	—	—	—	—
手柄位数 8	167	16.5/128.5	70.6	52.5	41.7	34.3	29.4	26.5	22.6	—	—
手柄位数 12		7/364.8	193.3	137.3	103	82.9	68.7	57.9	50	43.2	—
手柄位数 15		14/350.4	279.6	193.3	145.2	115.8	96.6	81.4	68.2	56.4	—
手柄位数 16		16.5/347.7	302.1	216.8	164.8	131.5	108.9	92.2	78.5	65.2	—

| 单位基本阻力 ω_0' (N/kN) | — | 2.59 | 2.94 | 3.32 | 3.74 | 4.19 | 4.68 | 5.20 | 5.76 | 6.36 | 6.99 |

手柄位	0	8	12	15	16
牵引运行燃油消耗量 e_y (kg/min)	—	3.00	5.27	7.29	8.33
最低空转燃油消耗量 e_0 (kg/min)	0.35	—	—	—	—

DF₈型内燃机车牵引计算主要数据表

附表 2

计算质量 $P(t)$	黏着质量 $P_\mu(t)$	计算黏着系数 μ_j	最低计算速度 v_{jmin} (km/h)	持续牵引力 F_{jmax} (kN)	计算动轮直径 D_j (mm)	最大起动牵引力 F_q (kN)	计算起动阻力 ω'_q (N/kN)	齿轮传动比 μ_c	最大速度 v_g (km/h)	机车全长 L_j (m)
138		$0.248+5.9/(75+20v)$	31.2	307.3	1013	442.2	5.00	4.50	100	22.0

速度 v(km/h)	0	10	20	30	40	50	60	70	80	90	100
黏着限制牵引力	442.2	364.8	352.6	347.6	307.3						
机车牵引力 F(kN) 柴油机转速 n_e (r/min) 680	400.0	271.7	167.6	111.8	76.5	59.0	49.0	41.4	34.9	29.0	23.3
840	442.2	15.2/356.8	295.2	210.3	160.5	128.4	106.2	90.1	78.0	68.6	61.0
960	442.2	364.8	25.0/349.6	292.3	224.2	179.8	150.5	129.8	113.2	96.5	76.5
1000	442.2	364.8	352.6	27.6/348.5	243.2	194.3	163.0	141.9	125.0	106.5	81.7
单位基本阻力 ω'_0(N/kN)	2.46	2.60	2.82	3.11	3.49	—	3.94	4.47	5.08	5.77	6.53
机车电阻动力 B_d(kN)	21.0/223.0	27.2/168.3	184.0	39.0/227.0	180.0	0.0	147.0	74.1/119.0	90.0	57.0	32.0

柴油机转速 n_e (r/min)	400	680	840	960	1000
牵引运行燃油消耗量 e_y (kg/min)	—	3.81	7.50	10.51	11.62
电阻制动燃油消耗量 e_d (kg/min)	—	—	1.15	—	—
最低空转燃油消耗量 e_0 (kg/min)	0.37	—	—	—	—

附表 3

DF$_{11}$型内燃机车牵引计算主要数据

计算质量 P(t)	黏着质量 $P_μ$(t)	计算黏着系数 $μ_j$	最低计算速度 v_{jmin}(km/h)	持续牵引力 F_{jmax}(kN)	计算动轮轮直径 D_j(mm)	最大起动牵引力 F_q(kN)	计算起动阻力 $ω'_q$(N/kN)	齿轮传动比 $μ_c$	最大速度 v'_g(km/h)	机车全长 L_j(m)
138		$0.248+5.9/(75+20v)$	65.6	160.0	1013	253.0	5.00	76.29	170	21.3

速度 v(km/h)		0	10	20	30	40	50	60	70	80	90	100
电流限制牵引力		253.0	253.0	253.0	253.0	253.0	—	—	—	—	—	—
机车牵引力 F (kN)	柴油机转速 n_e (r/min) 680	150.0	216.0	115.0	94.0	78.4	65.0	55.4	48.2	42.5	38.0	34.2
	840	216.0	6.7/150.0	19.8/216.0	176.0	144.1	119.4	101.8	88.6	78.1	69.7	62.8
	960	244.0	244.0	244.0	34.3/244.0	217.2	179.9	153.5	133.4	117.7	105.1	94.6
	1000	253.0	253.0	253.0	253.0	38.5/253.0	203.1	173.2	150.6	132.9	118.6	106.8
单位基本阻力 $ω'_0$ (N/kN)		—	0.94	1.06	1.22	1.43	1.68	1.97	2.31	2.69	3.12	3.58
机车电制动力 B_d (kN)		0.0	17.9	34.2	51.2	68.3	84.8	100.0	116.0	83.5/134.5	120.0	106.0

速度 v(km/h)		110	120	130	140	150	160	170				
机车牵引力 F (kN)	柴油机转速 n_e (r/min) 680	31.0	28.3	25.9	23.9	22.0	20.4	19.0				
	840	57.0	51.9	47.6	43.9	40.5	37.5	34.9				
	960	85.9	78.2	71.8	66.1	61.0	56.5	52.6				
	1000	96.9	88.3	81.0	74.6	68.9	63.9	59.4				
单位基本阻力 $ω'_0$ (N/kN)		4.10	4.65	5.25	5.89	6.58	7.31	8.08				
机车电制动力 B_d (kN)		96.5	88.5	82.0	76.5	56.8	44.0	34.0				

柴油机转速 n_e (r/min)	400	680	840	960	1000
牵引运行燃油消耗量 e_y (kg/min)	—	3.94	7.24	10.91	12.31
电阻制动燃油消耗量 e_d (kg/min)	—	—	1.24	—	—
最低空转燃油消耗量 e_0 (kg/min)	0.37				

附录 部分机车牵引计算数据表

附表 4

HXN₃ 型内燃机车牵引计算主要数据表

速度 v(km/h)		0	10	20	30	40	50	60	70	80	90	100	110	120
机车牵引力 F(kN)	电流限制牵引力	620.0	609.0	598.0	—	—	—	—	—	—	—	—	—	—
	手柄位 8	620.0	608.5	598.0	23.0/593.6	353.4	283.6	235.3	202.0	176.6	156.7	141.8	128.9	116.2
单位基本阻力 ω_0'(N/kN)		—	0.90	1.07	1.35	1.72	2.20	2.77	3.45	4.22	5.10	6.07	7.14	8.32
机车电制动力 B_d(kN)		0.0	1.0/379.0	379.0	379.0	36.0/379.0	267.6	222.5	190.1	166.1	147.5	133.7	121.5	110.4

手柄位	0	8
牵引运行燃油消耗量 e_y (kg/min)	—	15.50
电阻制动燃油消耗量 e_d (kg/min)	—	0.31
最低空转燃油消耗量 e_0 (kg/min)	0.25	—

附表 5

HXN₅ 型内燃机车牵引计算主要数据表

速度 v(km/h)		0	10	20	30	40	50	60	70	80	90	100	110	120
机车牵引力 F(kN)	电流限制牵引力	620.0	620.0	22.3/620.0	457.8	348.9	281.2	235.0	201.9	176.6	156.8	140.6	127.2	116.1
	手柄位 8	620.0	—	—	—	—	—	—	—	—	—	—	—	—
单位基本阻力 ω_0'(N/kN)		—	1.02	1.19	1.47	1.84	2.31	2.88	3.55	4.31	5.18	6.15	7.22	8.38
机车电制动力 B_d(kN)		351.1	351.1	351.1	351.1	41.0/351.1	287.9	240.0	205.8	180.2	160.1	144.0	130.7	119.2

手柄位	0	8
牵引运行燃油消耗量 e_y (kg/min)	排放优先模式	—	16.62
	油耗优先模式	—	15.53
电阻制动燃油消耗量 e_d (kg/min)	—	0.51
最低空转燃油消耗量 e_0 (kg/min)	0.33	—

附表6

SS₁型电力机车牵引计算主要数据表

计算质量 P(t)	黏着质量 P_μ(t)	计算黏着系数 μ_j	最低计算速度 v_{jmin} (km/h)	最大计算牵引力 F_{jmax} (kN)	供电电流制（单相交流）	受电弓处网压 U_w (V)	牵引电动机额定电压 U_d (V)	计算动能直径 D_j (mm)	计算起动牵引力 F_q (kN)	计算起动阻能 ω'_q (N/kN)	齿轮传动比 μ_c	最大速度 v_g (km/h)	机车全长 L_j (m)
138		$0.24+12/(100+8v)$	43.0	301.2	50Hz	25000	1500	1200	487.3	5.00	4.63	95	20.4

速度 v(km/h)	0	10	20	30	40	50	60	70	80	90	95
黏着限制牵引力	487.4	415.2	248.2	—	—	—	—	—	—	—	—
	430.0	56.4	13.2/403.9	—	—	—	—	—	—	—	—
	—	—	173.6	71.1	—	357.4	353.2	—	—	—	—
	—	—	387.4	143.2	71.6	—	—	—	持续制		
	—	—	26.5/377.0	269.8	124.6	75.5	—	43.0	47.9	52.9	57.4
	—	—	—	32.6/369.8	203.0	115.8	—	301.2	272.7	246.2	224.6

运行级位	机车牵引力 F(kN)
5	
9	
13	
17	
21	42.2
25	74.6
29	100.1
33m	100.1
33-Ⅰ	138.3
33-Ⅱ	174.6
33-Ⅲ	204.0

续上表

速度 v (km/h)		0	10	20	30	40	50	60	70	80	90	95
运行级位	5	—	2.0	—	—	—	—	—	持续制			
	9	—	44.0	24	—	—	—	v	43.0	47.9	52.9	57.4
	13	—	12.4/91.0	54	28	—	—	I_p	201.0	200.0	199.0	198.0
	17	—	18.6/121	112	62	39	25	—	—	—	—	—
	21	—	—	24.8/151	116	72	50	38	—	—	—	—
	25	—	—	—	31.0/180	115	77	59	49	59	50	47
	29	—	—	—	37.0/209	174	113	85	69	67	57	53
	33m	—	—	—	—	41.2/230	128	96	78	92	84	81
	33-Ⅰ	—	—	—	—	47.9/200	182	127	105	119	111	108
	33-Ⅱ	—	—	—	—	—	52.9/199	157	133	136	126	123
	33-Ⅲ	—	—	—	—	—	57.4/198	185	153	—	—	—
电阻制动力 B_d (kN)		0.0	88.7	177.5	266.2	37.7/334.5	250.2	209.0	181.5	159.9	143.2	135.4
单位基本阻力 ω_0' (N/kN)		—	2.47	2.76	3.11	3.52	4.00	4.54	5.15	5.82	6.55	6.94

注：表中带"/"的数据，"/"前为运行速度，"/"后为表速度下的数据。

附表 7

SS_4 型电力机车牵引计算主要数据表

计算质量 P(t)	黏着质量 P_μ(t)	计算黏着系数 μ_j	最低计算速度 v_{jmin}(km/h)	最大计算牵引力 F_{jmax}(kN)	供电电流制（单相交流）	受电弓处网压 U_w(V)	牵引电动机额定电压 U_d(V)	计算动轮直径 D_j(mm)	计算起动牵引力 F_q(kN)	计算起动阻力 ω'_q(N/kN)	齿轮传动比 μ_c	最大速度 v_g(km/h)	机车全长 L_j(m)
184		$0.24+12/(100+8v)$	51.5	431.6	50Hz	25000	1010	1200	649.8	5.0	4.19	100	32.8
速度 v(km/h)			0	10	20	30	40	50	60	70	80	90	100
黏着限制牵引力			649.8	554.0	517.0	497.0	484.8	476.5	470.6				—
机车牵引力 F(kN)	运行级位	4	0.0~2.0/94.2	4.0/46.2	6.0/23.0				\multicolumn{4}{c	}{持续制}	
		8	0.0~4.5/348.0	72.0	15.0/21.6								
		12	0.0~7.0/466.0	15.0/92.0	23.5/26.0				v	51.5	57.0	63.6	73.2
		16	550.0	554.0	105.9	38.0			F	431.6	394.8	353.8	307.8
		20	602.4	15.0/531.7	206.0	78.0	35.0/53.0						—
		24	628.0	554.0	19.5/517.8	162.0	79.0	37.0					—
		28	—	—	—	—	—	107.0	68.0	—	—	—	—
		32	—	—	11.5/11.5/546.0	497.0	50.0/476.5	51.5/431.6	247.2	149.1	100.1	70.6	53.0
		32-Ⅰ	—	—	—	—	—	57.0/394.8	319.8	200.1	143.2	107.9	82.4
		32-Ⅱ	—	—	—	—	—	—	63.6/353.8	262.9	188.4	139.3	104.0
		32-Ⅲ	—	—	—	—	—	—	—	73.2/307.8	242.5	186.5	159.9

附录 部分机车牵引计算数据表

续上表

速度 v(km/h)		0	10	20	30	40	50	60	70	80	90	100
运行级位	4	2.5/17.8	4.0/16.0	6.0/14.9	—	—	—	—	持续制			73.2
	8	4.0/37.3	23.8	—	—	—	—	v	51.5	57.0	63.6	73.2
	12	7.0/69.5	15.0/37.5	17.0/32.5	—	—	—	I_p	305.5	300.9	295.5	287.5
	16	—	11.5/126.7	18.5/43.5	21.5/36.5	—	—	—	—	—	—	—
	20	—	15.0/126.7	18.5/87.5	33.5	35.0/36.5	—	—	—	—	—	—
	24	—	—	19.5/139.6	68.5	45.5	45.0/41.5	74.5	—	—	—	—
	28	—	—	—	210.8	123.5	90.5	202.5	151.5	126.5	109.5	96.5
	32	—	—	—	—	50.0/325.5	51.5/305.5	265.5	196.5	161.5	138.5	124.5
	32-Ⅰ	—	—	—	—	—	57.0/300.9	63.6/295.5	251.5	203.5	173.5	159.5
	32-Ⅱ	—	—	—	—	36.7/376.7	47.0/482.7	—	73.2/287.5	241.5	205.5	188.5
	32-Ⅲ	—	—	—	28.7/482.7			374.7	321.8	280.7	250.2	225.6
电阻制动力 B_d(kN)		0.0	168.7	333.5	—	—	—	—	—	—	—	—
单位基本阻力 ω_0'(N/kN)		—	2.47	2.76	3.11	3.52	4.00	4.54	5.15	5.82	6.55	7.35

注：表中带"/"的数据，"/"前为运行速度，"/"后为该速度下的数据。

附表 8

SS_8 型电力机车牵引计算主要数据表

计算质量 P(t)	黏着质量 P_μ(t)	计算黏着系数 μ_j		最低计算速度 v_{jmin} (km/h)	最大计算牵引力 F_{jmax} (kN)	供电电流制	受电弓处网压 U_w (V)	牵引电动机额定电压 U_d (V)	计算动轮直径 D_j (mm)	计算起动牵引力 F_q (kN)	计算起动阻力 ω'_q (N/kN)	齿轮传动比 μ_c	最大速度 v_g (km/h)	机车全长 L_j (m)
88		$0.24+12/(100+8v)$		99.7	127.0	单向交流 50Hz	25000	1100	1200	230.0	5.00	2.484	177	17.5
速度 v(km/h)				0	10	20	30	40	50	60	70	80	90	100
电流限制牵引力				230.0	—	—	—	—	—	—	—	—	—	—
机车牵引力 F(kN)	运行级位	5		75.0	75.0	75.0	75.0	44.0/75.0	—	—	—	—	—	—
		9		157.0	157.0	157.0	157.0	157.0	157.0	—	—	84.0/0.0	—	—
		13		230.0	221.7	213.6	205.3	197.1	188.9	157.0	75.0/157.0	84.0/160.9	156.0	99.7/127.0
		17		230.0	221.7	213.6	205.3	197.1	188.9	180.7	75.0/168.3	84.0/160.9	156.0	99.7/127.0
		18		230.0	221.7	213.6	205.3	197.1	188.9	180.7	75.0/168.3	84.0/160.9	156.0	99.7/127.0
机车有功电流 I_p(A)	运行级位	5		—	16.0	25.5	34.0	44.0/50.0	0.0	—	—	84.0/28.7	87.0/0.0	—
		9		—	43.5	61.0	79.0	96.0	113.0	132.0	75.0/158.0	87.0/195.0	98.0/164.0	102.0/169.3
		13		—	43.8	72.5	96.0	117.5	136.0	153.0	75.0/177.0	87.0/195.0	98.0/164.0	102.0/169.3
		17		14.1	43.8	72.5	96.0	117.5	136.0	153.0	75.0/177.0	87.0/195.0	98.0/164.0	102.0/169.3
		18		0.0	12/136.0	136.0	136.0	136.0	136.0	136.0	72.0/136.0	122.0	108.2	98.0
电阻制动力 B_d(kN)				—	1.10	1.26	1.51	1.84	2.26	2.76	3.35	4.03	4.79	5.63
单位基本阻力 ω'_0 (N/kN)				110	120	130	140	150	160	170	177			
速度 v(km/h)				—	120.0/0.0	—	—	—	—	—	—	—	—	—
电流限制牵引力				112.0/118.0	—	—	—	—	—	—	—	—	—	—
机车牵引力 F(kN)	运行级位	13		120.0	114.0	106.0	97.0	155/82.0	74.0	164.0/0.0	—	—	—	—
		17		120.0	114.0	106.0	97.0	155/82.0	74.1	59.0	42.0			
		18												

续上表

速度 v(km/h)		0	10	20	30	40	50	60	70	80	90	100
机车有功电流 I_p(A)	运行级位 13	112.0/118.0	0.0	—	—	—	—	—	—	—		
	17	180.0	177.7	175.4	173.1	155.0/156.2	150.0	165.0/0.0	—			
	18	180.0	177.7	175.4	173.1	155.0/156.2	150.0	136.5	128.0			
电阻制动力 B_d(kN)		90.0	82.0	75.0	70.0	64.0	59.2	54.0	50.0			
单位基本阻力 ω_0'(N/kN)		6.56	7.57	8.67	9.86	11.13	12.49	13.93	14.99			

注：表中带"/"的数据，"/"前为运行速度，"/"后为该速度下的数据。

附表9 HXD$_1$型电力机车牵引计算主要数据表

轴重 (t)	计算质量 P(t)	黏着质量 P_μ(t)	最低计算速度 v_{jmin} (km/h)	最大计算牵引力 F_{jmax}(kN)	受电弓处网压 U_w(V)	计算起动牵引力 F_q(kN)	计算起动阻力 ω_q'(N/kN)	最大速度 v_g(km/h)	机车全长 L_j(m)
23	184		70	493.7	25000	700.0	5.0	120	35.2
25	200		65	531.7		760.0			

速度 v(km/h)		0.0	10.0	20.0	30.0	40.0	50.0	60.0	70.0	80.0	90.0	100.0	110.0	120.0
机车牵引力 F(kN)	23t	0.0~5.0/700.0	684.2	652.5	620.8	589.1	557.4	525.7	493.7	432.0	384.0	345.6	314.2	288.0
	25t	0.0~5.0/760.0	741.0	702.9	664.9	626.8	588.8	65.0/531.7	493.7	432.0	384.0	345.6	314.2	288.0
机车用电有功电流 I_p(A)	23t	28.6	116.2	193.2	260.8	319.9	371.7	417.1	457.6	457.6	457.6	457.6	457.6	457.6
	25t	26.1	129.3	212.5	280.1	336.6	386.7	65.0/457.6	457.6	457.6	457.6	457.6	457.6	457.6
机车电制动力 B_d(kN)		0	3.0/461.0	461	461	461	461	461	75.0/460.8	432	384	345.6	314.2	288
再生制动发电有功电流 I_z(A)		0.0~1.6/0.0	41.7	90.9	140	189.3	238.5	287.6	75.0/362.4	362.4	362.4	362.4	362.4	362.4
单位基本阻力 ω_0'(N/kN)		—	1.29	1.44	1.65	1.91	2.22	2.59	3.02	3.51	4.04	4.64	5.29	6.00

注：表中带"/"的数据，"/"前为运行速度，"/"后为该速度下的数据。

附表 10

HXD$_{1D}$ 型客运电力机车牵引计算主要数据表

计算质量 P(t)	黏着质量 $P_μ$(t)	最低计算速度 v_{jmin}(km/h)	最大计算牵引力 F_{jmax}(kN)	受电弓处网压 U_w(V)	计算起动牵引力 F_q(kN)	计算起动阻力 $ω_q'$(N/kN)	最大速度 v_g(km/h)	机车全长 L_j(m)
126	0.0~5.0/420.0	80	324	25000	420	5.0	160	22.5

速度 v(km/h)	机车牵引力 F(kN)	机车用电有功电流 I_p(A)	机车电制动 B_d(kN)	再生制动发电有功电流 I_z(A)	单位基本阻力 $ω_0'$(N/kN)
0.0					
10.0	413.6	78.9	5.0/210.0	17.6	1.53
20.0	400.8	128.6	210	40.1	1.64
30.0	388	174.3	210	62.5	1.81
40.0	375.2	215.9	210	85	2.04
50.0	362.4	253.4	210	107.4	2.33
60.0	349.6	286.8	210	129.8	2.68
70.0	336.8	316.1	210	152.3	3.10
80.0	324	343	210	174.7	3.57
90.0	288	343	210	197.2	4.10
100.0	259.2	343	210	219.6	4.70
110.0	235.6	343	210	242	5.36
120.0	216	343	210	264.5	6.07
130.0	199.4	343	123.0/210.7	123.0/270.0	6.85
140.0	185.1	343	185.1	270	7.69
150.0	172.8	343	172.8	270	8.59
160.0	162	343	162	270	9.55

注:表中带"/"的数据,"/"前为运行速度,"/"后为该速度下的数据。

附表 11

HXD₃ 型电力机车牵引计算主要数据表

轴重 (t)	计算质量 P (t)	黏着质量 P_μ (t)	最低计算速度 v_{jmin} (km/h)	最大计算牵引力 F_{jmax} (kN)	受电弓处网压 U_w (V)	计算起动牵引力 F_q (kN)	计算起动阻力 ω_q' (N/kN)	最大速度 v_g (km/h)	机车全长 L_j (m)
23	138		70	370.3	25000	520	5	120	20.8
25	150		65	398.8	25000	570	5		

速度 v (km/h)		0.0	10.0	20.0	30.0	40.0	50.0	60.0	70.0	80.0	90.0	100.0	110.0	120.0
机车弓力 F (kN)	23t	0.0	520.0	495.0	470.0	445.0	420.0	395.0	370.3	324.0	288.0	259.2	235.6	216.0
	25t	0.0	570.0	539.1	508.2	477.3	446.4	65.0/398.8	370.3	324.0	288.0	259.2	235.6	216.0
机车用有功电流 I_p (A)	23t	20.3	85.4	144.0	196.0	241.5	280.4	312.7	336.0	336.0	336.0	336.0	336.0	336.0
	25t	20.3	89.6	151.4	205.7	252.5	291.7	65.0/336.0	336.0	336.0	336.0	336.0	336.0	336.0
机车电制动力 B_d (kN)	23t	0.0~5.0/0.0	15.0/370.0	370.0	370.0	370.0	370.0	370.0	370.3	324.0	288.0	259.2	235.6	216.0
	25t	0.0~5.0/0.0	15.0/400.0	400.0	400.0	400.0	400.0	400.0	370.3	324.0	288.0	259.2	235.6	216.0
再生制动发电有功电流 I_z (A)	23t	0.0~2.6/0.0	28.5	67.2	105.9	144.6	183.2	221.9	261.0	261.0	261.0	261.0	261.0	261.0
	25t	0.0~2.6/0.0	30.6	72.4	114.1	155.9	197.7	65.0/260.5	260.5	260.5	260.5	260.5	260.5	260.5
单位基本阻力 ω_0' (N/kN)		—	1.29	1.44	1.65	1.91	2.22	2.59	3.02	3.51	4.04	4.64	5.29	6.00

注：表中带 "/" 的数据，"/" 前为运行速度，"/" 后为该速度下的数据。

HXD$_{3D}$型客运电力机车牵引计算主要数据表

附表 12

计算质量 P(t)	黏着质量 P_μ(t)	最低计算速度 v_{jmin}(km/h)	最大计算速引力 F_{jmax}(kN)	受电弓处网压 U_w(V)	计算起动牵引力 F_q(kN)	计算起动阻力 ω'_q(N/kN)	最大速度 v_g(km/h)	机车全长 L_j(m)
126		80	324	25000	420	5	160	23

	黏着质量	速度 v(km/h)															
速度 v(km/h)	0.0	10.0	20.0	30.0	40.0	50.0	60.0	70.0	80.0	90.0	100.0	110.0	120.0	130.0	140.0	150.0	160.0
机车牵引力 F(kN)	0.0~5.0/420.0	413.6	400.8	388.0	375.2	362.4	349.6	336.8	324.0	288.0	259.2	235.6	216.0	199.4	185.1	172.8	162.0
机车用电有功电流 I_p(A)	24.4	78.2	128.1	174.2	216.5	254.9	289.5	320.4	347.0	347.0	347.0	347.0	347.0	347.0	347.0	347.0	347.0
机车电制动 B_d(kN)	0.0~5.0/0.0	125.0	15.0/250.0	250.0	250.0	250.0	250.0	250.0	250.0	250.0	250.0	103.7/250.0	216.0	199.4	185.1	172.8	162.0
再生制动发电有功电流 I_z(A)	0.0~6.0/0.0	10.8	37.9	65.1	92.2	119.3	146.5	173.6	200.7	227.9	255.0	103.7/266.0	266.0	266.0	266.0	266.0	266.0
单位基本阻力 ω'_0(N/kN)	—	1.53	1.64	1.81	2.04	2.33	2.68	3.10	3.57	4.10	4.70	5.36	6.07	6.85	7.69	8.59	9.55

注：表中带"/"的数据，"/"前为运行速度，"/"后为该速度下的数据。

参 考 文 献

[1] 胡思继. 铁路行车组织[M]. 2版. 北京:中国铁道出版社,2009.
[2] 林瑜筠. 区间信号自动控制[M]. 3版. 北京:中国铁道出版社,2020.
[3] 芦建明. 城市轨道交通列车牵引与操纵[M]. 2版. 西安:西安交通大学出版社,2016.
[4] 马国忠. 轨道交通运载工具与列车牵引计算[M]. 成都:西南交通大学出版社,2011.
[5] 毛保华. 城市轨道交通规划与设计[M]. 3版. 北京:人民交通出版社股份有限公司,2020.
[6] 钱立新. 世界高速铁路技术[M]. 北京:中国铁道出版社,2003.
[7] 饶忠. 列车牵引计算[M]. 3版. 北京:中国铁道出版社,2010.
[8] 饶忠. 列车制动[M]. 2版. 北京:中国铁道出版社,2010.
[9] 王月明. 动车组制动技术[M]. 北京:中国铁道出版社,2010.
[10] 国家铁路局. 列车牵引计算 第1部分:机车牵引式列车:TB/T 1407.1—2018[S]. 北京:中国铁道出版社,2018.
[11] 中国铁路总公司. 铁路技术管理规程(高速铁路部分)[M]. 北京:中国铁道出版社,2014.
[12] 中国铁路总公司. 铁路技术管理规程(普速铁路部分)[M]. 北京:中国铁道出版社,2014.
[13] 国家铁路局. 高速铁路设计规范:TB 10621—2014[S]. 北京:中国铁道出版社,2015.
[14] 国家铁路局. 铁路信号设计规范:TB 10007—2017[S]. 北京:中国铁道出版社,2017.
[15] 中华人民共和国住房和城乡建设部. 地铁设计规范:GB 50157—2013[S]. 北京:中国建筑工业出版社,2014.
[16] 城市轨道交通2023年度统计和分析报告[R]. 北京:中国城市轨道交通协会,2023
[17] 高速铁路列车运行关键技术与模拟研究[R]. 武汉:中铁第四勘察设计院集团有限公司,2017.
[18] 丁勇. 列车运行计算与操纵优化模拟系统的研究[D]. 北京:北京交通大学,2005.
[19] 刘海东. 基于准移动闭塞的铁路区间信号布置模型及优化算法研究[D]. 北京:北京交通大学,2011.
[20] 王玉明. 城市轨道交通系统能耗影响因素的量化分析[D]. 北京:北京交通大学,2011.
[21] 柏赟,白骁,孙元广,等. 地铁线路区间纵断面节能设计优化模型[J]. 铁道学报,2020,42(9):10-16.
[22] 柏赟,毛保华,周方明,等. 基于功耗分析的货物列车节能运行控制方法研究[J]. 交通运输系统工程与信息,2009,9(3):43-51.
[23] 陈垚,毛保华,柏赟,等. 列车属性对城市轨道交通牵引能耗的影响及列车用能效率评

价[J].中国铁道科学,2016,37(2):99-105.
[24] 邓学寿.CRH2型200km/h动车组牵引传动系统[J].机车电传动,2008(4):1-7.
[25] 丁勇,刘海东,柏赟,等.地铁列车节能运行的两阶段优化模型算法研究[J].交通运输系统工程与信息,2011,11(1):96-101.
[26] 丁勇,毛保华,刘海东,等.列车节能运行模拟系统的研究[J].北京交通大学学报,2004,28(2):76-81.
[27] 丁勇,毛保华,刘海东,等.定时约束条件下列车节能操纵的仿真算法研究[J].系统仿真学报,2004,16(10):2241-2244.
[28] 黄问盈,孙中央.高速与重载列车3个牵引计算参数的界定值[J].铁道机车车辆,2011,33(4):19-25.
[29] 刘剑锋,毛保华,侯忠生,等.基于遗传算法的区间自动闭塞信号机布局优化方法[J].铁道学报,2006,28(4):54-59.
[30] 毛保华,何天键,袁振洲,等.通用列车运行模拟软件系统研究[J].铁道学报,2000,22(1):1-6.
[31] 欧俊杰,柏赟,骆晖,等.高速铁路闭塞分区布置优化研究[J].铁道运输与经济,2022,44(7):119-126.
[32] 张子健,邓亚伟,杨清祥,等.CRH型电动车组制动距离计算与监控装置制动模式曲线设计[J].铁道机车车辆,2007,27(6):1-5.
[33] HO T K,MAO B H,YUAN Z Z,et al. Computer Simulation and Modeling in Railway Application[J]. Computer Physics Communications,2002,143:1-10.
[34] WONG K K,HO T K. Coast control for mass rapid transit railways with searching methods[J]. IEE Proc. Electr. Appl. ,2004,151(3):365-376.